넉넉히 이기는 신앙

넉넉히 이기는 신앙

발행 | 2017년 5월 1일 초판 1쇄

지은이 | 피영민
디자인 | 성수희
교열·교정 | 이혜영

발행처 | 검과흙손
발행인 | 피영민
등록번호 | 제16-3265호
등록일자 | 2005년 5월 21일

주소 | 서울특별시 강남구 학동로46길 5
전화 | 02-546-3221
팩스 | 02-546-3225
URL | www.kjbc.or.kr

이 책의 저작권은 〈검과흙손〉에 있습니다.
값은 표지에 있습니다.

넉넉히 이기는 신앙

피영민 지음

검과흙손

| 차례 |

요한복음 서론 약속된 승리 _ 06

I
환상으로 본 그리스도 (계 1:13-16)

01 요한계시록의 해석원리 (계 1:1~3) _ 12
02 요한계시록의 중심되신 그리스도 (계 1:7~8) _ 24
03 환상으로 본 그리스도 (계 1:13~16) _ 35

II
일곱 교회가 받은 말씀
- 칭찬, 책망, 도전 (계 1:20)

04 에베소교회 (계 2:4~5) _ 48
05 서머나교회 (계 2:8~11) _ 59
06 버가모 교회 (계 2:12~17) _ 70
07 두아디라 교회 (계 2:18~29) _ 81
08 사데교회 (계 3:1~6) _ 91
09 빌라델비아 교회 (계 3:7~13) _ 102
10 라오디게아 교회 (계 3:14~22) _ 113

III

하늘 보좌의 환상
– 구속, 심판, 위로(계 4:1)

11 하늘의 보좌(계 4:1~11) _ 122
12 인봉한 책을 펼 자가 누구냐(계 5:1~14) _ 130
13 개봉되는 여섯 개의 인(계 6:1~17) _ 140
14 환난 당하는 교회를 향한 위로(계 7:1~17) _ 151
15 일곱째 인을 떼실 때(계 8:1~13) _ 161
16 일곱 나팔의 재앙(계 9:1~21) _ 170
17 힘센 천사와 작은 책(계 10:1~11) _ 183
18 성전 척량(계 11:1~2) _ 195
19 두 증인의 순교와 승리(계 11:3~14) _ 203
20 일곱째 나팔(계 11:14~19) _ 215
21 영적 전쟁의 3대 진리(계 12:1~17) _ 224
22 두 짐승(계 13:1~18) _ 230
23 요한이 본 천국의 장면(계 14:1~20) _ 240
24 일곱 대접 심판의 준비(계 15:1~8) _ 248
25 일곱 대접의 심판(계 16:1~21) _ 254

IV

최후 승리와 영광(계 19:6-8)

26 바벨론과 짐승(계 17:1~18) _ 264
27 내 백성아 거기서 나오라(계 18:4~7) _ 277
28 어린 양의 혼인잔치(계 19:1~6) _ 290
29 천년의 문제(계 20:1~15) _ 299
30 새 예루살렘 성(계 21:1~8) _ 312
31 생명나무(계 22:1~5) _ 322
32 마지막으로 계시된
    그리스도(계 22:6~16) _ 330
33 초청과 경고와 열망(계 22:17~21) _ 343

| 요한계시록 서론 |

약속된 승리

　　인생의 길에서 '내일의 일'은 두려움과 희망이 공존하는 영역입니다. 그래서 인간은 끊임없이 내일을 알기를 소망했습니다. 과학과 통계에 의한 예측이 광범위하게 가능한 시대임에도 불구하고 알 수 없는 질병과 불의의 사고로 또는 자연재해로 인해 여전히 안전이 보장되지 않는 세상에서 살고 있습니다. 광야를 통과하던 이스라엘 민족이 느꼈을 두려움이 오늘 우리에게도 동일하게 반복되고 있습니다. 그러나 내일의 불확실성이 두려움을 낳는다면 내일을 향한 확신은 희망을 가져다 줄 것입니다. 우리가 모르는 것에 대해 걸려 넘어질 것이 아니라 아는 것을 확신하고 체득하여 삶의 일부로 삼는다면 소망이 있는 인생이 되는 것입니다. 그러므로 21세기를 살아가는 우리는 내세의 소망에 대해 기록된 단 하나의 책, 성경을 통해 이기는 법을 배우도록 해야 하겠습니다.

　　성경전체가 예수그리스도와 하나님 나라를 가르치고 있지만, 그 중에서도 집중적으로 장차임할 영광의 나라와 그리스도에 대해 이야기하고 있는 책이 요한계시록입니다.

그 형식과 상징, 목적 및 의미에 있어서 요한계시록은 실로 아름답습니다. 일곱 금 촛대 사이를 걸으시는 인자의 존귀한 모습의 묘사와, 하늘의 군대가 뒤를 따르고 피 뿌린 옷을 입고 흰 말을 타고 승리를 향하여 전진하는 참되고 신실하신 그리스도의 산 모습을 능가할만한 표현을 어느 문헌에서 볼 수 있겠습니까? 또한 바벨론의 멸망과 예루살렘의 황금성의 즐거움과의 뚜렷한 대조를 어디서 볼 수 있겠습니까? 하늘의 보좌와 하늘에서의 축복받은 생활이 이보다 더 고요하고도 순박하게 그러나 그 순박함을 아름다운 방법으로 묘사함이 이보다 더 한 것이 어디 있겠습니까?

동시에 요한계시록은 묵시문학의 형태인 상징적인 글로 기록되었기 때문에 그 내용을 파악하기에는 매우 난해하고 이해하기 어려운 책입니다. 상징이란 문자적으로 해석해서는 안 됩니다. 요한계시록을 잘못 해석한 20세기 말 시한부 종말론과 21세기에 이단들의 출현은 요한계시록의 바른 해석의 근거한 성경공부와 말씀 선포가 얼마나 중요한가를 말해주고 있습니다.

따라서 성도는 요한계시록을 부지런히 읽고, 듣고, 교훈을 받아 삶에 적용하려는 책임성 있는 태도가 필요합니다. 이 책임성 있고 성실하게 적용하려고 하는 신앙적 태도가 대단히 중요합니다.

이 책은 33편의 설교로 구성되어 있고, 그 내용으로는 그리스도와 교회를 통해서 고난 중에서도 믿음을 지키며 살아가는 성도들에게 구속과 심판과 위로의 메시지로 최후 승리와 영광을 얻게 될 것을 선포하고 있습니다.

핍박을 받고 어려워도 신앙을 지키고 낙심하지 말라는 것이 요한계시록의 중심된 주제이며 목적입니다. 사도요한은 로마황제 도미티아누스가 통치하던 A.D. 81-96년에 밧모섬에 유배되었습니다. 성도들이 핍박을 당하여 추방당하고 투옥되어 순교에 이르던 상황에 놓여있었습니다. 거짓 이단들도 출몰했습니다. 계시록은 사물이 보이는 것과 그 실제가 다르다는 것을 우리에게 보여주기 위해 쓰여 졌습니다. 무저갱에서 나온 짐승이 승리할 것처럼 보여도 실제로 승리하는 것은 성도입니다. 그리스도와 그의 교회인 성도가 용과 용을 따르는 무리들과 싸워 승리합니다.

이 놀라운 예언을 기록한 책을 통하여 그리스도를 승리자 즉 정복자로 묘사하고 있습니다. 그리스도는 죽음, 용, 음부, 짐승, 거짓선지자 그리고 짐승에게 경배하는 무리들을 이기셨으므로, 비록 우리가 절망적인 패배자 같을지라도 넉넉히 이기는 자가 되게 해 주셨습니다. 하나님은 절망적 상황에 있던 요한에게 천상에서 왕 노릇하는 교회의 순교자들과 교회를 핍박하고 악을 따르는 자들을 심판하시는 것을 보여주어, 악의 세력과 대항하여 싸우는 전투적 교회를 위로하고 격려하셨습니다.

하나님께서 성도들의 눈물을 보고 계시고(7:17, 21:4) 그들의 기도는 세상에 감화와 영향을 끼치며 그들의 죽음마저 존귀하게 여기신다는 것입니다. 그리스도의 승리로 인해 성도에게 최후승리는 확증되어 있고 흘린 피는 보상받을 것이며, 그리스도께서 살아서 만물을 영원히 통치하실 것입니다.

이처럼 계시록의 주된 목적은 핍박과 고통을 받고 있는 성도를 위한 도움과 위로로 가득 차 있습니다.

저희가 어린양으로 더불어 싸우려니와 어린 양은 만주의 주시오 만왕의 왕이시므로 저희를 이기실터이요 또 그와 함께 있는 자들 곧 부르심을 입고 빼내심을 얻고 진실한 자들은 이기리로다 (17:14)

우리 성도의 승리는 약속되어 있습니다. 마지막 날에는 이기는 것입니다. 어린양 예수 그리스도가 역사의 주인이 되셔서 마지막에는 교회에 승리를 주신다는 것이 요한계시록의 대주제입니다. 전쟁의 주관자도, 최후의 승리자도 하나님이십니다. 하나님의 승리는 결국 우리의 승리입니다. 따라서 우리는 이길 사람입니다. 우리는 넉넉히 이깁니다. 이미 큰 점수 차로 이긴 결과를 알고 있는 운동경기를 다시 보면서 긴장하고 안절부절 하는 사람은 없습니다. 이 사실을 확신한다면 현재 당하는 어떤 고난도 능히 감당할 수 있습니다. 믿음과 인내로 승리한 이들은 그리스도의 거룩한 신부로서 고통과 눈물과 사망이 없는 새하늘과 새 땅에서 영원히 거하게 될 것입니다.

2017년 4월

피 영 민 목사

I 환상으로 본 그리스도

01 요한계시록의 해석원리 (계 1:1~3)
02 계시록의 중심되신 그리스도 (계 1:7~8)
03 환상으로 본 그리스도 (계 1:13~16)

01

요한계시록의
해석 원리 요한계시록 1:1-3

"예수 그리스도의 계시라 이는 하나님이 그에게 주사 반드시 속히 될 일을 그 종들에게 보이시려고 그 천사를 그 종 요한에게 보내어 지시하신 것이라 요한은 하나님의 말씀과 예수 그리스도의 증거 곧 자기의 본 것을 다 증거하였느니라 이 예언의 말씀을 읽는 자와 듣는 자들과 그 가운데 기록한 것을 지키는 자들이 복이 있나니 때가 가까움이라"

    요한계시록은 큰 책이며 어려운 책입니다. 그래서 마구잡이로 공부하면 안 됩니다. 존 칼빈의 경우에도 다른 주석은 다 기록했지만 요한계시록에 대한 주석은 쓰지 않았습니다. 이유는 요한계시록을 완전히 알 수 없기 때문입니다. 만약 완전히 알 수 있다고 말하는 사람이 있다면 그는 자신의 실력을 과신하는 사람입니다. 계시록은 한 사람이 다 알아서 파악할 수 있는 책이 아니며 그만큼 난해하고 이해하기 어려운 책입니다. 그 이유는 요한계시록이 상징으로 기록되었기 때문입니다. 상징이란 문자적으로 해석할 수 있는 것이 아닙니다. 상징은 시대에 따라 다른 깨달음이 나올 수도 있습니다. 그러므로 요한계시록에 대한 해석은 매우 어렵습니다.

    지금까지 출간된 요한계시록의 주석들을 보면 방향성과 해석의 원리에 따라 해석도 천차만별 달라집니다. 요한계시록을 한 절, 한 절 연구하는 방식으로 해석하면 잘못된 방향으로 빠질 염려가 있습니다. 그런 점에서 한 절씩 연구하는 것보다는 큰 부분으로 나누어 이 부분이 말하는 핵심이 무엇인가를 공부하는 방식이 더 합당합니다. 요한계시록을 한 절씩 세세하게 공부하려다가 자칫 엉뚱한 길로 빠질 가능성이 많으므로 각 부분이 다루고 있는 광범위한 주제에 대해서 연구하고 그것이 말하고자 하는 전반적인 주제에 주목해서 공부하는 것이 가장 합당한 방법입니다.

요한계시록은 대단히 어렵고 상징적인 책이지만 닫혀진 책은 아닙니다. 요한계시록은 열린 책입니다. 요한계시록 22장 10절은 그 의미를 잘 보여줍니다. "또 내게 말하되 이 책의 예언의 말씀을 인봉하지 말라 때가 가까우니라"(계 22:10). 사도 요한이 계시록의 말씀을 계시 받은 1세기에도 이 책은 인봉된 책이 아니었습니다. 요한이 유배당했다는 밧모 섬에 가보면 요한이 늙어서 힘이 없음에도 기도를 했고, 기도하려고 일어날 때마다 손을 짚은 자리가 파여있습니다. 그리고 바위에 이마를 대고 기도하여 바위가 파인 곳이 있습니다. 약간은 과장된 것 같지만 요한이 기도를 그만큼 많이 했음을 알 수 있습니다. 그런 요한에게 하나님이 하늘 문을 열어 계시록을 계시하셨다는 생각을 했습니다.

1세기에 사도 요한이 계시를 받았을 때에도 인봉된 것이 아닌 열려 있는 책이었던 요한계시록은 모든 시대, 모든 사람들에게 열려서 읽히고 삶에 적용될 수 있는 책이라는 것을 알 수 있습니다. 어려운 책이지만 읽지 못할 만큼 어려운 책은 아니며 어렵다고 중도에 포기하고 공부하지 않아도 될 만한 책은 아니라는 것입니다.

요한계시록을 공부하고 삶에 적용하는 사람들에게는 위대한 축복이 약속되어 있습니다. "이 예언의 말씀을 읽는 자와 듣는 자들과 그 가운데 기록한 것을 지키는 자들이 복이 있나니 때가 가까움이라"(계 1:3). 요한계시록은 먼저 혼자 읽어야 합니다. 그 다음에는 들어야 합니다. 듣는다는 것은 혼자서 할 수 있는 것이 아닙니다. 이는 교제를 의미합니다. 그리고 듣고 지켜야 합니다. 그런 점에서 읽고, 듣고, 지키는 세 가지 동사가 중요하며, 그런 사람들에게 하나님이 축복을 약속하셨습니다. 요한계시록을 읽고, 듣고, 계시록의 진리를 삶에 적용하는 사람들에게 하나님이 복을 주실 것입니다.

우리가 요한계시록을 공부해야 하는 이유는 축복이 약속되어 있기 때문입니다. 이 한 가지만으로도 요한계시록을 공부할 동기는 충분합니다. 요한계시록을 공부하는 사람들에게는 세 가지 태도가 있습니다. 어떤 사람들은 해석을 한 가지 방법으로 하고 그것이 절대적으로 옳다고 하며 광신적으로 믿는 사람들이 있습니다. 예를 들어 1948년에 이스라엘 독립과 함께 예수님이 오신다고 한 사람들이 있습니다. 또한 "한 세대"를 40년으로 잡고 해석하여 1988년, 1992년, 1999년에 예수님이 오신다고 한 사람들이 대표적인 예입니다. 이런 사람들을 광신주의자라고 합니다. 광신주의에서 나온 종말론을 통해 이단들이 많이 나오고 있습니다. 오늘날 이단들은 바로 이 종말론에서 가장 큰 문제를 보이고 있습니다. 그러므로 이런 광신주의로 해석해서는 안 됩니다.

어떤 사람은 요한계시록은 너무 어려우니 덮어두고, 공부하지 않고, 외면하는 태도를 가진 사람들이 있습니다. 이 또한 잘못된 해석입니다. 서두에 말씀드린 것처럼 요한계시록은 인봉된 책이 아니라 열려있는 책입니다. 그리고 이 책은 읽고, 듣고, 지킬 때에 축복이 약속되어 있는 책입니다. 그러므로 요한계시록은 광신하지도 않고 외면하지 않는 자세로 공부해야 합니다.

성도는 요한계시록을 부지런히 읽고, 듣고, 교훈을 받아 삶에 적용하려는 책임성 있는 태도가 필요합니다. 이 책임성 있고 성실하게 적용하려고 하는 신앙적 태도가 대단히 중요합니다. 역사적으로 수많은 사람들이 요한계시록의 잘못된 해석으로 인해 광신주의에 빠지기도 했지만 시간이 지나며 시행착오를 겪어 가면서 요한계시록에 대한 이해는 점점 깊어졌습니다. 1세기에도 열린 책인 요한계시록은 21세기인 지금도 열려있는 책입니다.

스펄전 목사님도 요한계시록에 대해서 많은 설교를 했습니다. 그러나 스펄전 자신도 요한계시록의 몇몇 주제는 아무리 연구해도 모르겠다며 확실한 견해를 밝히지 않은 경우가 있습니다. 예를 들어 스펄전 목사님은 천년왕국에 대해서 잘 모르겠다고 했습니다. 따라서 어떤 때는 전천년주의자와 같은 설교를, 다른 때는 후천년주의자와 같은 설교를 했습니다. 본인도 잘 모르는 주제였기에 때마다 달라지기도 했던 것입니다. 지금은 19세기에 잘 몰랐던 것을 20세기에 조금 더 알게 되었고, 21세기에는 조금 더 알게 되어 점진적으로 조금씩 연구가 깊어졌습니다.

책의 구조

2천 년 동안 요한계시록에 대한 해석을 많은 사람들이 해왔습니다. 그리고 지금 요한계시록을 해석하는 데 있어서 세 가지 중요한 학파가 형성되었습니다. 바로 과거주의자, 미래주의자, 역사주의자입니다.

■ 과거주의자(Preterist View)

과거주의자들은 요한계시록이 1세기에서 3세기 콘스탄틴 황제가 A.D. 313년에 밀라노 칙령을 통해 기독교를 공인된 종교로 세우기 이전에 기독교와 로마와의 관계에 대한 말씀이라고 해석합니다. 즉 교회를 핍박하던 로마제국이 멸망함으로 요한계시록의 내용은 이미 과거에 다 실현되었다고 보는 것입니다. 그러므로 과거주의자들은 요한계시록은 미래에 대한 예언이 아니라 당시 사람들에게 있어서 3세기 혹은 4세기 초에 관한 예언에 불과하며, 1세기에 예언되고 4세기에 지나갔으므로 요한계시록은 과거에 이미 실현된 책이라는 입장입니다.

■ 미래주의자(Futurist View)

미래주의적 해석은 요한계시록이 모두 미래에 실행될 예언으로 봅니다. 요한계시록 1~3장에는 일곱 교회가 나옵니다. 이 교회들은 1세기에서 21세기까지의 교회를 연대기적으로 의미한다고 해석합니다. 사도 요한이 성령에 이끌려 하늘에 올라간 것(계 4:1)을 교회의 휴거로 해석하고, 요한계시록 4장 2절부터 19장까지는 교회가 하늘로 휴거된 이후에 이 땅에 들림을 받지 못한 사람들에게 임하는 대환란에 대한 이야기라고 말합니다. 그러므로 교회는 아직 들림을 받지 못했기 때문에 4장부터 19장까지의 말씀은 모두 미래에 일어날 이야기라고 해석합니다. 교회는 이미 하늘로 올라갔기 때문에 대환란하고는 아무 상관이 없으며 환란당하는 세상을 위에서 내려다본다고 해석합니다. 교회는 환란을 당하지 않으며 이 땅에서만 일어나는 것입니다. 그러므로 요한계시록은 앞으로 어느 7년에 있을 대환란에 관한 예언이며 미래적인 사건으로 해석하는 것입니다. 20장부터 22장은 미래에 다가올 천년왕국과 백보좌 심판, 그리고 새 하늘과 새 땅에 대한 예언으로 봅니다. 이런 미래주의적 해석방법은 20세기에 만연한 세대주의 종말론자들의 해석방법입니다. 그러나 이 방법도 문제가 있습니다. 사도 요한이 1세기 사람들에게 몇 천 년 후에 있을 일들을 기록했다는 것이 납득하기 어렵다는 점입니다.

■ 역사주의자(Historicist View)

역사주의적 해석방법은 요한계시록의 내용이 교회 역사 전체에 걸쳐서 관련되어 있다고 해석합니다. 1~22장까지의 모든 내용이 초림부터 재림까지의 사건이 연대기적으로 기록되었다고 보는 것입니다. 과거주의 해석방법은 초대교회로 국한하지만 역사주의적 해석방법은 교회시대 전체에 걸쳐서 연대기적으로 이루어진다는 해석입니다.

이 세 가지 해석방법은 부분적으로 옳은 면들이 있기는 하지만 전체적으로 적용하면 무리한 해석이 됩니다. 그런 점에서 이 세 가지 해석방법은 요한계시록에 전체적으로 적용할 수 있는 방법은 아닙니다. 부분은 옳지만 전체적으로는 옳지 않습니다. 그러므로 이 세 가지 방법은 부분적인 타당성은 있지만 전반적으로 타당하지는 않다고 결론을 내릴 수 있습니다.

가장 도움이 되는 견해

■ 점진적 병행법(progressive parallelism)

그렇다면 지금 현재 요한계시록을 해석하는 가장 합당한 방법은 무엇일까요? 그것은 바로 "점진적 병행법"입니다. 이 방법은 윌리암 헨드릭스가 요한계시록 주해「넉넉히 이기는 자」라는 책을 통해 소개하였고, 지금은 학자들이 일반적으로 받아들이는 방법입니다.

이 점진적 병행법은 요한계시록이 초림부터 재림까지가 아닌 초림과 재림이 일곱 번 반복되고 있다는 것입니다. "7"은 요한계시록에서 중요한 숫자이며 완전수입니다. 요한계시록에서는 이 숫자가 총 42회나 등장합니다. 일곱 별, 일곱 교회, 일곱 나팔, 일곱 금 촛대, 일곱 인, 일곱 대접 등 계속적으로 등장합니다. 요한계시록에서 숫자는 문자적으로 해석하기보다는 상징적으로 해석해야 하며 숫자 7은 일반적으로 완전수, 충만수, 완전, 완성수를 의미합니다. 그러므로 해석해보면 요한계시록은 일곱 부분으로 나누어져 있다는 것입니다. 예를 들어 심판도 일곱 번이나 나와 있으며 한 번에 몰아서 나오는 것이 아니라 전체에 걸쳐서 나옵니다. 주님이 재림하셔서 악인을 심판한다는 메시지가 일곱 번이나 나오고 있습니다. 이렇게 특정 사건들이 병행되어 나오므로 병행법이라고 이야기합니다. 또한 병행되어 있는 이 일곱 번의 사건들이 점진적으로 의미가 깊어진다고 말합니다.

일곱 번 중에 처음부터 세 번째까지는 교회가 핍박을 받습니다. 그리고 다른 네 가지는 교회가 핍박받는 이유가 사단이 존재하기 때문이며 그리스도와 사단과의 투쟁 때문에 교회에 핍박이 오는 것이라고 말합니다. 첫 번째부터 세 번째는 현상적인 이야기를 하고 있고, 네 번째부터 일곱 번째는 영적인 이야기를 하고 있는 것입니다. 의미가 현상적인 것에서 영적인 의미로 점진적으로 깊어지고 있는 것입니다. 이런 해석방법을 가리켜 점진적 병행법이라고 말합니다.

지금의 보수적인 신학교에서 가장 많이 받아들이는 방법이 바로 점진적 병행법입니다. 이것이 역사주의와 다른 점은 역사주의는 1장부터 22장까지를 초림부터 재림까지 연대기적으로 보고 일회적으로 바라보지만, 점진적 병행법은 일곱 번 반복되며 사건이 연대기적으로 기록되어 있지는 않다고 본다는 점에서 차이가 있습니다.

일곱이란 숫자가 많이 나오는데 인, 나팔, 대접 등의 순서로 나옵니다. 1~3장까지는 복음서 시대, 교회 시대에 나오는 다양한 교회 유형을 설명하고 있습니다. 미래주의자들은 이것을 각 세기에 맞는 교회의 모습으로 설명하는데, 이것은 틀린 해석입니다. 교회가 각 세기에 따라 하나의 모습으로 정형화될 수 없습니다. 라오디게아 교회처럼 모두 미지근한 교회만 존재하는 시대는 없습니다. 오히려 일곱 교회는 모든 세대에 보여 지는 교회의 다양한 모습을 이야기하는 것입니다. 오늘날에도 에베소 교회, 서머나, 두아디라, 라오디게아, 빌라델비아 교회와 같은 교회들이 있습니다. 1~3장은 모든 시대에 존재하는 다양한 교회의 유형을 보여주는 것입니다.

4~7장까지는 일곱 인의 재앙입니다. 천상에 계신 어린 양 그리스도가 일곱 인을 떼는데 이것은 땅에 있는 교회가 받을 환란과 핍박을 말하고 있습니다. 일곱 인을 하나씩 뗄 때마다 교회는 환란을 받습니다. 하지만 교회는 이 모든 환란을 이기고 어린 양이 그들의 목자가 되시고 하나님이 눈물을 씻어 주시는 축복으로 끝이 납니다(계 7:17). 즉 교회는 환란을 당하지만 예수님이 재림하셔서 위로해주시는 것으로 끝이 납니다. 그러나 핍박자들은 어린 양의 큰 진노를 받아 "산과 바위에게 이르되 우리 위에 떨어져 보좌에 앉으신 이의 낯에서와 어린 양의 진노에서 우리를 가리우라"(계 6:16)고 애원합니다. 한마디로 "바위야 내 위에 떨어져라. 내가 차라리 떨어지는 바위에 깔려죽는 것이 더 행복할 것 같다."고 외치는 것입니다. 핍박자는 이렇게 망하게 됩니다. 하지만 핍박받은 교회는 결국 환란을 이기고 어린 양이 목자가 되어 눈물을 씻겨 주십니다. 지금도 신앙생활을 하면서 핍박받는 사람이 있다면 어린 양이신 그리스도가 주시는 위로와 하나님이 주시는 축복을 누리게 될 것임을 기억하시기 바랍니다.

8~11장은 일곱 나팔의 심판입니다. 나팔을 분다는 것은 전쟁이 있음을 이야기합니다. 즉 일곱 나팔을 분다는 것은 교회시대 전체에 걸쳐서 일반적으로 일어나는 전쟁에 관한 예언입니다. 전쟁과 분쟁이 일어나도 교회는 복을 얻고 전쟁을 통해 핍박하는 사람들에게 하나님의 심판이 따른다는 것입니다.

민수기에 나팔 규례가 나옵니다. 나팔을 분다는 것은 전쟁이 일어난다는 뜻이며 일곱 나팔은 전쟁이 일어난다는 것을 상징합니다. 나팔은 전쟁 심판입니다. 갖가지 전쟁이 일어난다는 것입니다. 그러나 "이방들이 분노하매 주의 진노가 임하여 죽은 자를 심판하시며 종 선지자들과 성도들과 또 무론대소하고 주의 이름을 경외하는 자들에게 상 주시며 또 땅을 망하게 하는 자들을 멸망시키실 때로소이다 하더라"(계 11:18)고 말합니다. 전쟁을 일으켜서 땅을 망하게 하는 사람들은 주님이 망하게 하시며, 주의 이름을 경외하는 자들에게는 상을 주신다고 약속하십니다. 주의 이름을 경외하는 사람은 예수님이 재림하셔서 상을 주십니다. 1~11장까지의 내용은 교회는 지상에서 핍박을 받지만 결국 승리한다는 것을 말하고 있습니다.

12~22장은 교회가 왜 지상에서 핍박을 받는지에 대한 영적인 배경을 설명하고 있습니다. 교회가 핍박받는 이유는 사단과 그의 추종자들이 교회를 미워하기 때문입니다. 그러나 결국은 그리스도와 그의 교회가 승리하게 된다는 것을 말하고 있습니다.

1~11장은 제1부로서 현상적인 사건이고, 12~22장은 제2부로 영적인 이유를 설명하고 있습니다. 이처럼 요한계시록은 초림, 재림을 반복하면서 의미가 깊어지고 있습니다. 12~14장까지는 용과 그 추종자들이 나옵니다. 이들은 모두 짐승이며 바다에서 나오고, 땅에서도 나옵니다. 이것들은 모두 적그리스도들입니다. 정치적인 힘과 종교적인 힘을 가지고 교회를 핍박합니다. 사단은 힘이 없는 것이 아니라 정치적인 힘과 종교적인 힘을 가지고 있습니다. 이들은 강한 힘을 통해 교회를 핍박합니

다. 그러나 이들은 결국 심판받고 쫓겨나게 된다는 것이 결론입니다.

15~16장은 진노의 일곱 대접에 관한 말씀입니다. 악인에게 하나님이 진노하시며 진노의 심판을 부으신다는 것입니다. 이것이 일곱 대접 심판의 주제입니다. 16~19장은 바빌론의 멸망입니다. 바빌론은 큰 음녀이며 교회를 대적하는 종교적인 세력을 상징합니다. 결국 그리스도의 재림으로 바빌론은 멸망하고 20~22장은 짐승들, 곧 바빌론의 머리인 용이 심판을 받고 무저갱에 빠지게 되고, 불 못에 빠지며 그들을 추종하던 사람들도 함께 불 못에 빠지고 하나님의 백성들은 새 하늘과 새 땅에서 영생을 하게 된다는 내용입니다.

주의사항

요한계시록은 복잡하고 어려운 것 같지만 초림과 재림이 일곱 번 반복되며 진행될수록 현상적인 의미에서 영적인 의미로 점진적으로 깊어지고 있습니다. 사도 요한은 로마황제 도미시안(Domician)이 통치하던 A.D. 81~96년까지 밧모섬에 유배가 되었습니다. 그리고 그곳에서 계시를 받았습니다. 계시록을 쓸 당시에 성도들은 핍박을 받았고, 추방당했고, 투옥, 순교의 상황에 놓여 있었습니다. 그런 상황에서 거짓 이단들이 출몰했습니다. 이런 상황에서 사도 요한은 핍박받는 교회를 위로하고 격려하기 위해 이 책을 썼습니다. 핍박자들은 아무리 강해도 심판받고 멸망하게 됩니다. 교회를 핍박하는 자는 멸망하고 하나님의 교회는 승리하게 될 것입니다. 순교자들은 목 베임을 당하여 망한 것처럼 보이는 절망적 상황에서 하나님은 천상에서 왕노릇하는 교회의 순교자들의 모습을 보여줌으로 승리하고 있음을 사도 요한에게 보여주었습니다. 오히려 망한 자들은 교회를 핍박하고 악을 따르는 자들이었습니다. 하나님이 그들을 불 못에 빠뜨려 심판하심을 보여줍니다. 그러므로 사도 요한은 핍박을 받고 어려워도 신앙을 지키라고 권면하는 것입니다. 신앙을 굳게 지키고 낙심하지 말라는 것이 요한계시록의 중심된 주제이며 목적입니다. 우리는 요한계시록을 읽으면서 신앙이 더욱 커지고 하나님이 주시는 복을 누리기를 바랍니다.

02 요한계시록의 중심되신 그리스도 요한계시록 1:7-8

"볼지어다 구름을 타고 오시리라 각인의 눈이 그를 보겠고 그를 찌른 자들도 볼 터이요 땅에 있는 모든 족속이 그를 인하여 애곡하리니 그러하리라 아멘 주 하나님이 가라사대 나는 알파와 오메가라 이제도 있고 전에도 있었고 장차 올 자요 전능한 자라 하시더라"

사람들은 성경의 내용을 허무맹랑하다고 말하며 믿지 않는 경우가 있습니다. 특히 요한계시록은 황당무계하다며 소설취급을 합니다. 화가 나는 것은 믿지 않는 사람들이 이런 말을 하면 그런가 보다 하겠지만 믿는다는 사람들, 특히 공부 좀 했다고 하는 사람들이 이런 말을 한다는 것입니다. 요한계시록은 소설이 아닙니다. 요한계시록은 우리가 어려운 시절에도 믿음을 지키며 살라는 격려의 말씀입니다. 요한계시록 1장은 예수 그리스도가 중심임을 잘 보여주고 있습니다.

"예수 그리스도의 계시라 이는 하나님이 그에게 주사 반드시 속히 될 일을 그 종들에게 보이시려고 그 천사를 그 종 요한에게 보내어 지시하신 것이라"(계 1:1). 계시는 하나님이 보여주기 전에는 알 수 없는 것을 말합니다. 그러나 요한계시록의 계시는 하나님이 예수 그리스도에게 먼저 계시를 주셨습니다. 예수 그리스도는 그 계시를 다시 천사들에게 주었고, 천사들이 받은 계시를 예수 그리스도의 종 요한에게 줍니다. 그리고 사도 요한은 그 계시를 받아서 그의 종들에게 전달합니다.

"요한은 하나님의 말씀과 예수 그리스도의 증거 곧 자기의 본 것을 다 증거하였느니라"(계 1:2). 사도 요한은 자신이 본 모든 것을 증거했다고 합니다. 요한계시록은 하나님이 예수 그리스도를 통해 준 계시를 천사에게 받아 요한 자신이 본 모든 것을 증거한 것입니다. 요한계시록은 그런 의미에서 닫힌 책이 아니라 열려있는 책입니다. 열려있다는 것은 우리가 이해하고 은혜를 받을 수 있다는 말입니다.

"이 예언의 말씀을 읽는 자와 듣는 자들과 그 가운데 기록한 것을 지키는 자들이 복이 있나니 때가 가까움이라"(계 1:3). 예언의 말씀을 읽는 자와 듣는 자, 그리고 지키는 자에게는 복이 있습니다. 읽는 것은 혼자 할 수 있지만 듣는 것은 혼자 할 수 없습니다. 말하는 사람이 있어야 듣는 사람도 있는 것입니다. 이것은 교회 안에서 하는 것이 좋습니다. 교회 밖에서 진행하는 성경공부를 다니시면 안 됩니다. 교회 밖의 성경공부는 이단들이 가장 많이 사용하는 방법입니다. 교회 밖에서 성경공부를 할 필요가 없으며 교회 안에서 충분히 가능합니다. 교회라는 상황 안에서 말씀을 읽고, 듣고, 그 가운데 기록한 것을 지키는 사람은 복이 있습니다. 왜냐하면 때가 가까우며 반드시 속히 될 일이기 때문입니다.

예수님께서 다시 오신다고 약속하신지 약 2000년이 지났습니다. 어떤 사람은 "2000년이 지났는데 뭐가 속히 되냐?"고 할 수 있습니다. 하지만 베드로후서 3장 8절을 보면 "사랑하는 자들아 주께는 하루가 천 년 같고 천 년이 하루 같은 이 한 가지를 잊지 말라"(벧후 3:8)고 합니다. 하루가 천 년 같고 천 년이 하루 같다고 합니다. 인간의 관점과 하나님의 관점은 많이 다르다는 것입니다. 우리에게는 더딘 일 같지만 하나님 입장에서는 속히 될 일입니다. 곧 이루어질 일에 불과한 것입니다.

4절에서 6절까지의 말씀을 보면 요한은 아시아에 있는 일곱 교회를 향해 인사를 합니다. "요한은 아시아에 있는 일곱 교회에 편지하노니 이제도 계시고 전에도 계시고 장차 오실 이와 그 보좌 앞에 일곱 영과 또 충성된 증인으로 죽은 자들 가운데서 먼저 나시고 땅의 임금들의 머리가 되신 예수 그리스도로 말미암아 은혜와 평강이 너희에게 있기를 원하노라 우리를 사랑하사 그의 피로 우리 죄에서 우리를 해방하시고 그 아버지 하나님을 위하여 우리를 나라와 제사장으로 삼으신 그에게 영광과 능력이 세세토록 있기를 원하노라 아멘"(계 1:4-6). 요한이 소아시아에 있는 일곱 교회에 편지를 합니다. 일곱 교회는 에베소, 서머나, 버가모, 두아디라, 사데, 빌라델비아, 라오디게아로 지리적으로 말발굽 형태로 위치해 있습니다. 사도 요한은 일곱 교회에 편지하면서 삼위일체 하나님을 모두 소개하고 있습니다. 4절 중반을 보면 "이제도 계시고 전에도 계시고 장차 오실 이"라고 소개합니다. 이 분은 성부 하나님입니다. 성부 하나님은 이제도 계시고 전에도 계셨으며 장차 오실 분입니다. "그 보좌 앞에 일곱 영"은 성령님입니다. 그리고 5절에 "충성된 증인으로 죽은 자 가운데서 먼저 나신 분"은 예수 그리스도입니다. 즉 소아시아 일곱 교회에 편지해서 성부 하나님, 성령님, 성자 예수님, 삼위일체 하나님을 다 소개하는 것입니다. 하나님은 이제도 계시고 전에도 계시고 장차 오실 분입니다. 성부 하나님은 네 가지 속성이 있습니다.

첫째는 영원한 분, 영원성을 가지고 있습니다. 과거, 현재, 미래 중 하나님이 존재하지 않으신 적이 없으며 존재하지 않은 시간이 없다는 말입니다. 두 번째는 자존성을 가지고 있습니다. 시간성으로 보면 전에도 계셨고 이제도 있었고 장차 올 자라고 표현해야 하지만 성경은 "이제도 계시고 전에도 계시고 장차 오실 이"(계 1:4)고 기록되어 있습니다. 현재 존재하고 있음을 먼저 밝히고 있습니다. 그러므로 언제, 어느 시간이나 현재 하나님이 존재하고 계신다는 하나님의 자존성을 이야기하는 것입니다. 하나님은 영원한 분이시며 스스로 존재하는 분입니다. 하나님은 언제 계십니까? 지금 계십니다. 전에도 계셨고, 미래에도 계시겠지만, 지금 계신 영원하고 자존한 하나님입니다.

요한계시록 1장 8절은 하나님의 포괄성을 잘 나타내고 있습니다. "주 하나님이 가라사대 나는 알파와 오메가라 이제도 있고 전에도 있었고 장차 올 자요 전능한 자라 하시더라"(계 1:8). 하나님은 시작이며 끝입니다. 하나님은 포괄적인 분입니다. 사도 바울은 하나님의 포괄성을 "이는 만물이 주에게서 나오고 주로 말미암고 주에게로 돌아감이라 영광이 그에게 세세에 있으리로다 아멘"(롬 11:36)이라고 밝히고 있습니다. 하나님으로부터 피할 수 있는 것은 아무것도 없고, 멀어질 수 있는 것도 없습니다. 하나님은 만물을 포괄하고 있는 분입니다. 8절 후반을 보면 하나님의 전능성을 밝히고 있습니다. 하나님은 영원성, 자존성, 포괄성, 전능성을 가지고 있는 분입니다. 이 세상에 어떤 존재가 전능하고 자존하며, 영원한 존재가 있겠습니까? 그런 분은 오직 하나님 한 분뿐입니다.

성부 하나님을 소개한 다음 성령님을 소개합니다. 성령님은 하나님 보좌 앞에 있는 일곱 영이라고 합니다. 왜 일곱 영입니까? 일곱이라는 숫자는 완전수입니다. 그러므로 일곱 영은 완전한 영이라는 것을 가리킵니다. 그러나 요한계시록은 성부 하나님, 성령님에게 초점이 있는 것이 아니라 성자 예수 그리스도에게 초점이 있습니다.

예수 그리스도의 위격에 관한 세 가지 설명

■충성된 증인

"또 충성된 증인으로 죽은 자들 가운데서 먼저 나시고 땅의 임금들의 머리가 되신 예수 그리스도로 말미암아 은혜와 평강이 너희에게 있기를 원하노라 우리를 사랑하사 그의 피로 우리 죄에서 우리를 해방하시고"(계 1:5). 이 구절은 예수님을 세 가지로 말하고 있습니다. 첫째는 충성된 증인이라고 밝히고 있습니다. 예수님이 무엇을 증언하러 오셨습니까? 진리를 증거하러 오셨습니다. "빌라도가 가로되 그러면 네가 왕이 아니냐 예수께서 대답하시되 네 말과 같이 내가 왕이니라 내가 이를 위하여 났으며 이를 위하여 세상에 왔나니 곧 진리에 대하여 증거하려 함이로라 무릇 진리에 속한 자는 내 소리를 듣느니라 하신대"(요 18:37). 예수님은 충성된 증인입니다. 증인이란 말은 순교자와 동일어입니다. 증거하다가 죽을 수 있다는 의미입니다. 실제로 예수님은 진리에 대하여 증언하다가 죽은 증인입니다. 그런 점에서 우리도 예수 그리스도의 증인으로 산다는 것은 때론 조롱받고 무시당하고 대가를 치를 수 있습니다. 사회에서 직장생활을 하다가 예수님을 증거하면 사람들이 "저 인간 광신도 아냐?"하면서 놀리기도 하고, 욕도 먹고 핍박도 당하기도 합니다. 그럼에도 우리는 예수님이 충성된 증인이기에 그렇게 살아가야 합니다.

■ 죽은 자들 가운데 먼저 나신 자

두 번째로 예수님은 죽은 자 가운데에서 먼저 나신 자입니다. 이것은 예수님의 부활을 가리키는 것이 분명합니다. "곧 산 자라 내가 전에 죽었었노라 볼찌어다 이제 세세토록 살아 있어 사망과 음부의 열쇠를 가졌노니"(계 1:18). 예수님은 죽으신 분이 아닌 부활하여 살아계신 분입니다. 이전에는 죽었으나 지금은 살아계신 그리스도임을 밝히고 있습니다. 우리의 구주 예수 그리스도는 지금도 살아서 소망이 되고 승리의 원동력이 됩니다.

또한 예수님은 죽은 자 가운데서 홀로 나신 것이 아니라 먼저 나셨다고 합니다. 이 차이는 큽니다. 만약 예수님이 홀로 나셨다고 한다면 부활은 예수님만 하는 것입니다. 그런데 예수님은 먼저 나신 자라고 합니다. 먼저 부활하였다는 이야기는 뒤따라서 부활할 사람들이 있음을 이야기하는 것입니다. "그러나 이제 그리스도께서 죽은 자 가운데서 다시 살아 잠자는 자들의 첫 열매가 되셨도다 사망이 사람으로 말미암았으니 죽은 자의 부활도 사람으로 말미암는도다 아담 안에서 모든 사람이 죽은 것 같이 그리스도 안에서 모든 사람이 삶을 얻으리라"(고전 15:20-22). 아담 안에 있는 모든 사람은 다 영적으로 죽었지만 그리스도 안에 있는 모든 사람들은 다 영생을 얻어서 부활하게 됩니다. 예수님이 부활의 첫 열매가 되셨고,

믿는 자들은 죽은 자 가운데서 모두 살아날 것입니다. 그러므로 예수님은 충성된 진리의 종이며, 죽은 자 가운데 먼저 나신 자이므로 예수를 믿는 사람은 모두 부활을 할 것입니다.

■ 땅의 임금들의 머리가 되신 그리스도

세 번째로 예수님은 땅의 임금들의 머리가 되신다고 합니다. 사도 요한이 밧모섬에 유배되어 핍박을 받을 때에는 로마 황제가 핍박하던 때입니다. 사도 요한을 핍박하고 밧모섬에 유배시킨 왕은 도미시안 황제와 네로 황제라는 입장으로 나뉘어져 있기는 합니다만 우리는 그런 것을 상관할 필요는 없습니다. 분명한 것은 로마 황제 치하에서 기독교인들 그리고 사도 요한이 핍박을 받았다는 것은 확실하기 때문입니다. 로마 황제가 힘을 가지고 성도들을 핍박했습니다. 하지만 요한계시록이 이야기하는 것은 예수 그리스도는 로마 황제보다 높은 분임을 이야기하고 있습니다. 왕이나 황제가 권세와 힘이 있는 것처럼 보이지만 그보다 더 높은 머리는 바로 예수 그리스도임을 말씀하고 있습니다. 예수 그리스도는 땅의 임금들의 머리가 됩니다. 어느 통치자이든 그들의 머리는 예수님입니다.

예수 그리스도의 사역

요한계시록을 보면 예수님은 충성된 진리의 증인이고, 죽은 자들 가운데 부활하신 살아계신 그리스도이며, 땅의 임금들의 머리가 되신 예수님이십니다. 그렇다면 예수님께서 무슨 일을 했는지 알아보겠습니다.

■ 사랑하심

"우리를 사랑하사 그의 피로 우리 죄에서 우리를 해방하시고 그 아버지 하나님을 위하여 우리를 나라와 제사장으로 삼으신 그에게 영광과 능력이 세세토록 있기를 원하노라 아멘"(계 1:5하-6). 예수님이 하신 일은 먼저 우리를 사랑하시는 일을 했습니다. 우리를 사랑하셔서 십자가에서 대신 죽으심으로 사랑을 보여주셨습니다. 예수님이 우리를 사랑하신 것은 영원 전부터 사랑하신 영원의 사랑입니다.

■ 죄에서 해방하심

두 번째로 그의 피로 우리 죄에서 우리를 해방하셨습니다. 예수님께서 우리에게 해주신 일은 주님의 피로 우리의 죄를 씻어주고 죄에서 해방시켜주는 일을 하셨습니다.

"또한 이와 같이 피로써 장막과 섬기는 일에 쓰는 모든 그릇에 뿌렸느니라 율법을 좇아 거의 모든 물건이 피로써 정결케 되나니 피흘림이 없은즉 사함이 없느니라"(히 9:21-22), "우리가 그리스도 안에서 그의 은혜의 풍성함을 따라 그의 피로 말미암아 구속 곧 죄사함을 받았으니"(엡 1:7).

우리가 이 세상 어떤 소식도 "너희의 죄를 용서한다."는 이런 소식은 없습니다. 이 소식은 오직 예수 그리스도의 피밖에 없습니다. "당신은 죄 사함을 받았습니까?"는 중요한 질문입니다. 이 질문은 "당신은 예수 그리스도를 구주로 믿습니까?"와 동일한 질문입니다. 예수님을 구주로 믿는 사람은 하나님의 사랑을 입어 죄 사함을 받은 사람입니다. 저는 예수 믿기 전에 죄 의식이 많이 있었습니다. "내가 이렇게 살아도 되나?", "내가 의롭게 살기를 원했는데 왜 이렇게 죄를 짓고 살게 되었을까?" 하지만 예수 그리스도를 믿자 그 죄 의식이 없어지고 죄 사함을 받음으로 마음의 평안함을 누리고 성령님을 받아들임으로 변화의 삶을 살게 되었습니다. 예수님은 우리를 사랑하시는 일, 그리고 우리를 그의 피로 죄에서 해방하는 일을 하십니다.

■ 제사장으로 삼으심

세 번째는 6절에서 아버지 하나님을 위하여 우리를 나라와 제사장으로 삼으셨다고 밝히고 있습니다. 먼저 나라는 하나님 나라, 즉 교회를 말합니다. 하나님 나라는 지상의 왕국, 윤리적인 나라가 아닙니다. 하나님 나라는 예수 그리스도의 피로 죄 사함을 받은 구원 받은 사람들이 하나님의 나라를 형성합니다. 그래서 하나님의 나라와 교회는 동일한 말입니다. 하나님은 우리를 교회로 삼아주셨습니다. 믿는 나 자신이 바로 교회입니다. 교회는 건물이 아닙니다. 구원 받은 우리 성도들이 교회입니다.

또 우리를 제사장으로 삼아주셨다고 했습니다. 제사장은 가톨릭의 사제를 이야기하는 것이 아닙니다. 우리 모두가 제사장입니다. 예수를 믿는 모든 성도가 제사장입니다. 제사장은 하나님께 접근하는 사람입니다. 하나님을 섬기는 사람입니다. 하나님의 일을 수종드는 사람입니다. 우리가 하나님의 일을 수종들어야 합니다. 교회에 와서 얼굴만 비치고 가는 것이 할 일을 다하는 것이 아닙니다. 수종을 들어야 합니다. 하나님의 일에 노력이 필요하면 노력하고 돈이 필요하면 돈도 드릴 수 있어야 합니다. 이것이 우리에게 복이 됩니다. 어떤 사람은 그런 것을 아까워합니다. 자신의 노동력을 착취한다고 하는데, 하나님에게 복이 되는 길을 알지 못하고 하는 이야기입니다. 우리가 하나님께 수종 들 때 우리의 삶을 하나님이 책임져 주시는 복을 누릴 수 있습니다.

예수 그리스도는 충성된 증인이고, 죽은 자 가운데 먼저 나신 자이며, 땅의 임금들의 머리가 되시는 분인데, 그분이 하신 일은 우리를 사랑하셔서 우리 죄를 용서하시고 우리를 제사장으로 삼아주신 것입니다. 나 자신이 제사장입니다. 제사장은 하나님께 가까이 가서 일을 하는 사람입니다. 멀리 있는 사람이 아닙니다.

예수 그리스도의 재림

마지막으로 7절에서 밝히고 있습니다. "볼지어다 구름을 타고 오시리라 각인의 눈이 그를 보겠고 그를 찌른 자들도 볼 터이요 땅에 있는 모든 족속이 그를 인하여 애곡하리라"(계 1:7). 예수님은 다시 오신다고 말씀하고 있습니다. 요한계시록에서 일곱 번이나 반복해서 예수님이 다시 오신다고 말씀합니다.

이렇게 놀라운 그리스도가 바로 우리의 구주입니다. 우리는 제사장으로 하나님을 섬기며 살고 있습니까? 예수님이 재림할 그때에 애곡할 사람입니까? 기뻐할 사람입니까? 어떤 사람들은 애곡할 것입니다. "저

분이 예수님이구나. 저분이 하나님이고 하나님의 아들이구나. 내가 핍박했는데 저분이 진짜 오셨다." 애곡하며 "산들아 내 위에 무너져라. 바위야 차라리 내 머리에 떨어져서 즉사하게 해줘라."하며 빌 것입니다. 그러나 그들의 바람은 이루어지지 않을 것입니다. 그들은 심판받고 영원한 불 못이 있는 지옥으로 갈 것입니다. 반대로 예수님께 제사장으로 충성한 사람들은 주님 오신 것을 기뻐하게 되고 우리는 영원한 복을 누리게 될 것입니다. 우리는 영원한 복을 누릴 사람입니다. 그 예수님을 소망하는 성도가 되어야 합니다.

03

환상으로 본 그리스도 요한계시록 1:13-16

"촛대 사이에 인자 같은 이가 발에 끌리는 옷을 입고 가슴에 금띠를 띠고 그 머리와 털의 희기가 흰 양털 같고 눈 같으며 그의 눈은 불꽃 같고 그의 발은 풀무에 단련한 빛난 주석 같고 그의 음성은 많은 물소리와 같으며 그 오른손에 일곱 별이 있고 그 입에서 좌우에 날선 검이 나오고 그 얼굴은 해가 힘있게 비취는 것 같더라"

9절을 보면 요한이 밧모 섬에 유배되어 있는 상황을 보여줍니다. "나 요한은 너희 형제요 예수의 환난과 나라와 참음에 동참하는 자라 하나님의 말씀과 예수의 증거를 인하여 밧모라 하는 섬에 있었더니"(계 1:9). 밧모 섬은 실제로 가보면 그리 크지 않은 섬입니다. 그리고 상당히 지내기 불편한 섬으로 보입니다. 그렇다면 요한이 유배된 당시에는 더욱 불편했을 것임을 생각할 수 있습니다. 그런 곳에서 받은 계시를 우리에게 전하고 있습니다.

"주의 날에 내가 성령에 감동하여 내 뒤에서 나는 나팔 소리 같은 큰 음성을 들으니"(계 1:10). 여기에서 "주의 날"에는 두 가지 이론이 있습니다. 하나는 하나님이 심판하시는 날, 다른 하나는 예수 그리스도의 부활을 기념하는 주일로 오늘날의 일요일이라고 보는 이론이 있습니다. 대부분

일요일인 주일을 주의 날로 생각하고 있습니다. 주일이 되어 예배를 드리다가 성령의 특별한 방식으로 계시를 받았다고 보고 있습니다.

주의 날에 성령의 감동을 통해 뒤에서 나는 나팔소리 같은 음성을 들었다고도 하고, "음성을 알아 보려고 하여 돌이킬 때에 일곱 금 촛대를 보았다"(계 1:12)고도 했습니다. 즉 요한은 들은 계시와 본 계시가 모두 있음을 말하는 것입니다. 그러나 가장 중요한 것은 촛대 사이에 서 계신 예수 그리스도이며 예수 그리스도가 계시의 핵심입니다. 예수님이 일곱 금 촛대 사이에 거닐고 계셨다는 것이 중요합니다. 여기에서 예수님에 대해 네 가지를 알 수 있습니다.

그리스도의 신성

첫째는 예수 그리스도의 신성을 명확히 밝히고 있습니다. 예수 그리스도는 하나님이십니다. "내가 볼 때에 그 발 앞에 엎드러져 죽은 자같이 되매 그가 오른손을 내게 얹고 가라사대 두려워 말라 나는 처음이요 나중이니 곧 산 자라 내가 전에 죽었었노라 볼지어다 이제 세세토록 살아 있어 사망과 음부의 열쇠를 가졌노니"(계 1:17-18). 지금 요한에게 말하는 분이 바로 예수님입니다. "내가 전에 죽었다. 하지만 나는 지금 살아있다. 보아라. 이제 내가 영원히 살아서 사망과 음부의 열쇠를 가졌다. 내가 지금 세세토록 살아있는 존재이다."라고 말하는 이 분이 예수님입니다. 예수님이 자신에 대해 말씀하시길 "나는 처음이요 나중이라."고 말씀하십니다. 구약성경을 보면 "처음이요 나중이라."는 말은 여호와 하나님에게 적용되는 말씀입니다. 이사야 44장 6절을 보면 "이스라엘의 왕인 여호와 이스라엘의 구속자이신 만군의 여호와가 말하노라 나는 처음이요 나는 마지막이라 나 외에 다른 신이 없느니라"고 합니다. 즉 이사야 44장 6절에서 말하는 "나는 처음이요 나는 마지막이라."는 말씀은 여호와 하나님이 자신에 대해 하신 말씀이며 "나는 처음이요 나중이라."고 하신 예수님은 자신의 신성을 명백하게 말씀하는 것입니다.

"이스라엘 하나님의 영광이 동편에서부터 오는데 하나님의 음성이 많은 물소리 같고 땅은 그 영광으로 인하여 빛나니"(겔 43:2). 하나님의 영광이 나타나는 모습을 기록하고 있는 장면입니다. "그의 발은 풀무에 단련한 빛난 주석 같고 그의 음성은 많은 물소리와 같으며"(계 1:15). 요한계시록에 나오는 예수님의 영광이 나타나는 모습입니다. 하나님의 영광이 나타나는 장면과 예수님의 영광이 나타나는 모습이 모두 "많은 물소리 같다."는 공통점을 보여주고 있습니다. 이것은 예수 그리스도의 신성을 나타내고 있습니다. 구약성경에 하나님에 대해서 말씀하신 것이 모두 예수 그리스도에게 적용되고 있습니다. 또한 다니엘서에서도 "내가 보았는데 왕좌가 놓이고 옛적부터 항상 계신이가 좌정하셨는데 그 옷은 희기가 눈 같고 그 머리털은 깨끗한 양의 털 같고 그 보좌는 불꽃이요 그 바퀴는 붙는 불이며"(단 7:9)라고 이야기합니다. 이 구절도 요한계시록에서 그대로 적용됩니다. "그 머리와 털의 희기가 흰 양털 같고 눈 같으며 그의 눈은 불꽃같고"(계 1:14). 다니엘 7장 9절에서 하나님에 대해서 이야기하는 것과 요한계시록 1장 14절에서 예수님에 대해 이야기하는 것이 동일함을 알 수 있습니다. 결국 구약성서에서 여호와 하나님에 대해 기록된 말씀이 성령의 감동에 의해 기록한 사도 요한도 요한계시록에서 모두 예수 그리스도에게 이 구절을 적용하고 있습니다. 그러므로 이것은 먼저 일곱 금 촛대 사이에 다니시는 예수님이 하나님이심을 말하고 있습니다. 예수 그리스도의 신성을 명백하게 말씀하고 있습니다. 이것은 성경 전체의 증거와 완전히 일치합니다.

"예수께서 가라사대 빌립아 내가 이렇게 오래 너희와 함께 있으되 네가 나를 알지 못하느냐 나를 본 자는 아버지를 보았거늘 어찌하여 아버지를 보이라 하느냐"(요 14:9), "이는 하나님의 영광의 광채시요 그 본체의 형상이시라 그의 능력의 말씀으로 만물을 붙드시며 죄를 정결케 하는 일을 하시고 높은 곳에 계신 위엄의 우편에 앉으셨느니라"(히 1:3).

요한계시록 1장 9절에서 20절은 예수님이 하나님이라는 사실을 가장 중요하게 소개하고 있습니다. 오늘날 사람들에게 신을 믿느냐고 하면 신을 믿는다고 합니다. 하지만 예수를 믿느냐고 하면 안 믿는다고 합니다. 이것은 엉터리입니다. 신을 믿으면 예수를 믿어야 합니다. 예수님께서 말씀하시길 "아들을 공경하지 않는 자는 그를 보내신 아버지를 공경하는 것이 아니하느니라"(요 5:23)라고 했습니다. 아들을 공경하는 자는 반드시 아버지를 공경합니다. 하나님을 믿는 사람은 예수님을 믿는 것이고, 하나님을 사랑하는 사람은 예수님을 사랑하는 것이고, 하나님을 공경하는 사람은 예수님을 공경하는 사람입니다.

반대로 예수님을 공경하는 사람이 하나님을 공경하는 것이고, 예수님을 사랑하는 사람이 하나님을 믿는 것이고 예수님을 믿는 사람이 하나님을 사랑하는 것입니다. 그러므로 신을 믿는다 하지만 예수는 안 믿는

다는 사람은 신을 믿는 것이 아닙니다. 참된 신이신 여호와를 믿는다면 예수를 믿어야 합니다. 왜냐하면 예수님이 하나님이시기 때문입니다. 예수를 믿는다는 것과 하나님을 믿는다는 것은 완전히 동일한 말씀입니다.

사망 권세를 이기신 분

두 번째로 예수님은 사망 권세를 이기신 분임을 증거하고 있습니다. "곧 산 자라 내가 전에 죽었었노라 볼지어다 이제 세세토록 살아있어 사망과 음부의 열쇠를 가졌노니"(계 1:18), "또 충성된 증인으로 죽은 자들 가운데서 먼저 나시고"(계 1:5). 예수님께서는 죽은 자 가운데서 먼저 부활하신 분이시고, 사망 권세를 가지신 분임을 알 수 있습니다. 예수님은 사망과 음부의 열쇠를 가지신 분입니다. 여기에서 음부라는 말은 "하데스"라고 합니다. 지옥하고는 개념이 다릅니다. 지옥은 형벌을 받는 곳이며 영원한 형벌을 받는 곳입니다. 그러나 음부는 죽은 자가 가는 곳이라는 개념이 강합니다. 죽은 사람이 있는 영역을 통틀어서 음부라고 합니다. 즉 죽은 사람이 가는 영역 가운데 벌 받는 영역을 지옥이라고 하는 것입니다. 음부가 영역이 더 크다고 보면 됩니다. 사람이 죽으면 다 음부로 갑니다. 구약시대에는 천국과 지옥의 구별이 명확하지 않았습니다. 그래서 사람이 죽으면 음부에 간다고 했습니다. 하지만 신약시대에 와서 예수 그리스도를 믿는 사람은 천국에 가고 믿지 않는 사람은 지옥에 간다는 개념 구별이 명확하게 나오게 되었습니다.

예수님은 사망과 음부의 열쇠를 가지고 있습니다. 예수님이 사망에 대한 권세를 가지고 있다는 것입니다. 사망만큼 인간에게 현실적으로 다가오는 것은 없습니다. 사망을 피할 인간은 없으며, 사람은 모두 죽습니다. 그래서 사망이 인간 최고의 원수입니다. 그리고 사망은 인간의 죄의 결과입니다. 사람이 하나님을 거역하고 죄를 지었기 때문에 사망이 오게 되었습니다. 사람은 누구나 사망을 피하고 영원히 살고 싶을 것입니다. 옛날에 진시황제가 죽지 않으려고 전 세계를 다 돌아다녔지만 결국 불로초를 얻지 못하고 죽었습니다. 그러나 예수님은 자신을 믿는 사람은 영생을 얻는다고 말씀했습니다. 그러므로 사망을 극복하는 유일한 약은 예수님 밖에 없습니다. 예수님은 사망 자체에 대한 권세를 가지고 있습니다. 음부의 권세와 열쇠를 가지고 계셔서 그곳에 있는 사람을 나오게 할 수 있다는 것입니다. 음부에 있는 사람을 다시 나오게 한다는 것은 부활을 한다는 것입니다. 예수를 믿는 사람은 음부에 갇혀있지 않고 나오게 될 것입니다. 왜냐하면 구주이신 예수 그리스도께서 열쇠를 가지고 있기 때문에 음부의 문을 여시고 우리를 나오게 할 것이기 때문입니다. 우리는 예수님이 사망권세에 대해서 열쇠를 가지고 계시고 음부의 열쇠를 가지고 계시므로 사망에 대해서 더 이상 두려워 할 필요가 없습니다.

    그러나 사람들이 사망은 어차피 오는 것이기에 두려워하지 않으나 죽는 방식에 대해서는 두려워합니다. 병들어 죽을 것인지, 차에 치여 죽을 것인지, 밥 먹다 죽을 것인지, 잠자다가 죽을 것인지, 그 방식을 두려워합니다. 그래서 기도할 때 "하나님 저는 평안하게 잠자다가 죽게 해주십시오."라는 기도를 합니다. 사망이 인류의 원수이기는 합니다. 하지만 본문은 예수님이 사망과 음부의 열쇠를 가지신 분이라고 분명히 말씀하므로 우리가 사망을 두려워 할 필요도 없고 죽는 방식도 예수님에게 달려 있기 때문에 그것도 두려워 할 필요가 없습니다. 어차피 죽는 것은 같습니다. 그러므로 우리는 어떤 방식으로 죽는 지도 두려워할 필요가 없습니다. 이 세상에서 우리는 나그네 인생을 사는 것입니다. 잠시 여행을 온 것입니다. 우리는 본향으로 돌아갑니다. 본향으로 돌아갈 때 갑자기 가는 사람도 있고 비행기 표 사서 제대로 가는 사람도 있는 것입니다. 중요한 것은 본향으로 간다는 것 자체입니다. 예수님은 사망 권세를 가지고 계시고 음부의 열쇠를 가지신 분입니다. 그러므로 우리가 죽음의 세계, 음부의 세계로 가더라도 열어서 다시 생명을 회복시키고 부활시키고 영생을 누리게 하는 분입니다.

그리스도의 영광

세 번째로 예수님은 영광스러운 분입니다. 영광스럽다는 것은 승리자라는 의미입니다. 요한계시록 1장 13절부터는 예수님의 영광스런 모습을 잘 보여주고 있습니다. *"촛대사이에 인자 같은 이가 발에 끌리는 옷을 입고 가슴에 금띠를 띠고"*(계 1:13). 발에 끌리는 옷을 입고 가슴에 금띠를 띤다는 것은 왕이나 제사장의 모습을 보여주는 것이며 위엄있는 모습을 보여주고 있는 것입니다. 금띠를 띠고 발에 끌리는 옷을 입었다는 것은 위엄과 권세의 상징을 나타내는 것입니다.

"그 머리와 털의 희기가 흰 양털 같고 눈 같으며 그의 눈은 불꽃 같고 그의 발은 풀무에 단련한 빛난 주석 같고 그의 음성은 많은 물소리와 같으며 그

오른손에 일곱 별이 있고 그 입에서 좌우에 날선 검이 나오고 그 얼굴은 해가 힘있게 비취는 것 같더라"(계 1:14-16). 예수님의 영광을 보여주고 있으며 사람을 능히 압도하는 영광을 가지고 있습니다. 이 말들이 주는 자세하고 구체적인 의미는 모릅니다. 하지만 전반적으로 예수님이 영광스러운 분이라는 것은 분명합니다. 그러므로 사도 요한은 로마 황제의 핍박을 받아서 밧모 섬에 유배되어 고통을 받아 망한 사람이며 패배자 같지만, 자신에게 나타나서 말씀하시며 계시하시는 예수님, "나는 너를 사랑하는 너의 친구이다. 내가 지금도 너의 친구이다."라고 말씀하시는 예수님은 영광스러운 분이며 승리자임을 힘있게 증거하는 것입니다. 예수님은 십자가에 매달려 돌아가셨다고 패배자가 아닙니다. 위대한 승리자입니다. 로마제국이 예수 믿는 사람을 핍박하고 이기는 것 같았지만 아닙니다. 로마 제국은 패배자이고 결국은 망할 나라인 것입니다. 그러나 예수님은 망할 수 없고 이 세상에 어떤 무기도 어떤 권세도 핵무기도 억만의 권세도 예수님의 영광을 거스를 수 없는 위대한 승리자입니다.

우리가 믿는 구주 예수님은 승리자입니다. 무시해도 좋은 존재가 아닙니다. 예수님을 무시하고 업신 여기는 사람들은 나중에 영광스러운 예수님 앞에 고개도 들 수 없게 될 것입니다. 예수님은 영광스러운 구주입니다. 예수님은 하나님입니다. 예수님은 음부의 권세와 열쇠를 가지신 분입니다. 그러므로 우리가 기도할 때에도 영원한 신성을 가지신 예수 그리스도 그리고 음부의 열쇠를 가지신 예수 그리스도, 승리자의 영광을 가지신 예수 그리스도로 부르며 기도한다는 것은 이런 예수님의 속성을 잘 이해하는 것입니다.

그리스도는 교회 사이에 계신 분이시라

네 번째로 예수님은 교회 사이에 계시는 분입니다. 일곱 금 촛대는 소아시아의 일곱 교회를 가리킵니다. 예수님은 13절에서 보면 "촛대 사이에 계신다"고 합니다. 16절에서는 "그 오른손에 일곱 별이 있다"고 이야기합니다. 20절을 보면 "일곱 별은 일곱 교회의 사자요, 일곱 금 촛대는 일곱 교회니라"고 하고 있습니다. 그러므로 예수님은 일곱 금 촛대 사이를 다니시면서 일곱 별을 붙들고 계십니다. 즉 지역교회 사이를 다니시면서 지역교회의 사자를 붙들고 계신다는 말입니다. 사자는 보통 하늘의 천사를 나타내지만 여기에서는 하나님의 메시지를 증거하고 전하는 메신저를 말하는 것입니다. 그러므로 일곱 별은 일곱 교회를 목회하고 있는 사람들을 말합니다. 예수님은 교회 사이에 계시면서 목회자들을 붙들고 계십니다. 예수님, 이 영광스러운 하나님이 무엇에 관심을 갖고 계십니까? 지역교회의 문제에 관심을 갖고 계십니다. 우리교회가 안고 있는 문제에 예수님이 관심을 가지고 계시는 것입니다. 그러므로 걱정할 필요가 없습니다. 교회에 어려운 문제가 있어도 교회의 머리는 예수님이시고 일곱 금 촛대 사이에 다니시며 일곱 교회를 붙들고 계신 예수님이 관심을 가지고 주도하고 계시다는 것을 생각한다면 우리가 걱정하고 염려할 일이 아무것도 없는 것입니다.

결론

사도 요한은 지금 밧모 섬에 유배를 당해 먹을 것도 없고, 친구도 없으며 쓸쓸하고 배고픈 상황에 있지만 예수님이 영광스러운 모습으로 나타났습니다. 예수님이 육신으로 계실 때에는 안기기도 했지만 지금은 너무 영광스러우므로 안기기는커녕 엎드려서 죽은 자처럼 됐습니다. 그런데 예수님이 왼손을 얹지 않으시고 오른손을 얹으시고 "두려워 말라. 나는 처음이고 나중이라. 내가 산 자라. 내가 영원토록 살아있느니라. 내가 사망과 음부의 열쇠를 가졌노라. 내가 일곱 금 촛대 사이에 지금도 다니고 있노라. 요한아 나는 지금도 너를 사랑하는 친구다."라고 말씀하시는 것입니다.

우리는 지금도 예수님이 교회 사이에 다니면서 우리를 위로하시고 "내가 너희의 친구다. 너는 죽음과 어떤 방식으로 죽을지 두려워하지만 두려워하지 마라. 어차피 이 세상에서 영원히 살 수는 없다. 네가 죽음 이후에 음부로 갈지라도 두려워하지 마라. 내가 음부의 열쇠를 가지고 너를 음부에서 나오게 할 것이며 너에게 영광스런 육신을 주고 영원히 살게 할 것이다."라고 하십니다. 신성을 가진 영광스러운 예수님이 오늘도 우리를 사랑하시는 친구임을 잊어서는 안 됩니다. 이 세상을 살다보면 여러 가지 염려와 걱정, 질병, 예기치 않은 사고, 죽음 등으로 꿈자리도 뒤숭숭하고 불안이 엄습하기도 합니다. 하지만 음부의 열쇠를 쥐고 있는 예수님을 생각하며 그분에게 모든 것을 맡겨야 합니다. 모든 걱정을 맡기시고 "나의 친구 되시는 예수님, 나를 오늘도 도와주시고 내 영혼에 평강을 주옵소서." 하면서 예수님의 영광을 찬양하고 하나님을 사랑하는 성도가 되기를 바랍니다.

II 일곱 교회가 받은 말씀
(칭찬, 책망, 도전)

04 에베소교회(계 2:4~5)

05 서머나교회(계 2:8~11)

06 버가모 교회(계 2:12~17)

07 두아디라 교회(계 2:18~29)

08 사데교회(계 3:1~6)

09 빌라델비아 교회(계 3:7~13)

10 라오디게아 교회(계 3:14~22)

04
에베소 교회

요한계시록 2:4-5

"그러나 너를 책망할 것이 있나니 너의 처음 사랑을 버렸느니라 그러므로 어디서 떨어진 것을 생각하고 회개하여 처음 행위를 가지라 만일 그리하지 아니하고 회개치 아니하면 내가 네게 임하여 네 촛대를 그 자리에서 옮기리라"

사도 요한이 밧모 섬에 유배되었을 때 아마도 고된 노동을 했을 것입니다. 터키 밧모 섬을 둘러봤을 때 많은 고생과 기도를 했을 것임을 짐작할 수 있었습니다. 이 고난의 상황 속에서 예수 그리스도의 영광스러운 모습을 보는 엄청난 계시를 사도 요한은 받았습니다. 그 영광이 얼마나 컸는지 그 발 앞에 엎드러져서 죽은 것같이 되었다고 요한은 고백하고 있습니다.

일곱 교회에 대한 계시

예수님이 요한에게 계시를 주셨으며 요한계시록 2장과 3장은 당시 소아시아의 일곱 교회에 대한 계시입니다. 이 일곱 교회가 의미하는 것이 무엇인지에 대해서는 다양한 해석이 있습니다. 예를 들어 세대주의 종말론을 취하는 사람들은 일곱 교회는 초림부터 재림까지의 일곱 시대를 상징한다고 해석합니다. 에베소 교회는 사도 시대의 교회이고, 서머나 교회는 순교 시대의 교회이고, 버가모 교회는 로마 가톨릭이 세상과 타협했던 타협의 시대이고, 두아디라 교회는 로마 가톨릭의 시대이며, 사데 교회는 종교 개혁의 시대이고, 빌라델비아 교회는 교회 부흥의 시대이고, 라오디게아 교회는 말세에 일어나는 교회 세속화의 시대라고 설명합니다. 하지만 이런 해석은 들을 때는 기발하기도 하고 그럴듯하지만 바른 이해는 아닙니다. 왜냐하면 종교개혁을 한 교회를 죽은 교회인 사데 교회라고 말해야 하며, 말세 교회는 다 라오디게아 교회라고 해야 하는 억지를 써야 합니다.

이 일곱 교회는 어느 시대를 막론하고 다 발견이 가능합니다. 오늘날도 에베소 교회 같은 곳이 있고, 사데 교회 같은 곳도 있으며, 라오디게아 교회 같은 곳, 빌라델비아 교회 같은 곳이 있습니다. 지금도 선교에 열심인 교회가 있으며, 죽은 것 같은 교회, 세상과 타협한 교회가 있는 것입니다. 어느 시대나 이런 일곱 가지 유형은 발견이 가능한 것입니다. 그러므로 예수님은 사도 요한을 통해서 그가 살고 있던 소아시아에 존재하는 일곱 교회를 모델로 해서 모든 시대에 이 일곱 가지 교회의 유형에 대해 말씀하고 있다고 보는 것이 바른 이해입니다.

■ 에베소 교회의 배경

이 본문은 에베소 교회를 이야기하고 있습니다. 에베소는 현재 이

즈밀이라는 아름다운 도시입니다. 에베소 교회를 설립한 사람은 바울이며 소아시아에서 가장 모범적인 교회였습니다. 그가 3차 전도여행에서 자리 잡아서 두란노 서원을 만들고 3년 동안 소아시아 모든 사람들에게 말씀을 가르친 교회입니다. 바울이 사역을 하다가 후에 디모데를 보내서 목회한 교회입니다.

그리고 에베소 교회는 사랑의 사도인 사도 요한이 말년에 사역했던 교회입니다. 위대한 사도들이 거쳐 간 교회였습니다. 1세기 말에는 예수 그리스도께서 직접 말씀하신 대상이 된 교회이며 일곱 교회 가운데 첫 번째 으뜸이 된 교회였습니다. 엄청난 특권을 누린 교회였음을 알 수 있습니다.

에베소 교회는 당시 존재하던 소아시아 교회들의 모 교회라고 할 수 있습니다. 여기에서 말씀을 배워서 나간 사람들이 교회를 개척해서 세웠기 때문입니다. 예를 들어 골로새 교회도 바울이 에베소에서 말씀을 가르쳤을 때 배운 사람들이 세운 교회입니다.

일곱 교회 계시의 구조

일곱 교회에 말씀하는 형식은 비슷합니다. 말씀하시는 주체, 말씀의 대상, 칭찬의 내용, 책망의 내용, 약속 형태의 구조를 보여줍니다. 먼저 말씀하시는 주체는 교회의 머리가 되시는 예수 그리스도입니다. "에베소 교회의 사자에게 편지하기를 오른손에 일곱 별을 붙잡고 일곱 금 촛대 사이에 다니는 이가 가라사대"(계 2:1). 여기 일곱 금 촛대는 요한계시록

1장 20절에 나옵니다. "네 본 것은 내 오른손에 일곱 별의 비밀과 일곱 금 촛대라 일곱 별은 일곱 교회의 사자요 일곱 촛대는 일곱 교회니라"(계 1:20). 일곱 금 촛대는 일곱 교회를 상징하고 있으며, 일곱 별은 일곱 교회의 사자를 나타내고 있습니다. 여기에서 사자는 하나님이 교회에 붙여주신 천사로 볼 수 있습니다. 하지만 다른 가능성도 있습니다. "앙겔로스" 천사는 메시지를 전하는 메신저로 보는 것이 맞습니다. 그렇다면 에베소 교회의 사자라고 하는 것은 에베소 교회를 목회하고 있는 목회자들(그것이 한 사람이든 여러 사람이든)을 가리키는 것으로 보는 것입니다. 저는 후자가 더 옳다고 보고 있습니다.

예수님께서 목회자들을 붙들고 계시다는 것입니다. 목회자들은 비록 나이도 어리고 세상 경륜이 짧아도 하는 말이 자기 생각을 말하면 별거 아니지만 성경을 말할 때는 다릅니다. 왜냐하면 하나님 말씀을 증거하는 사자가 되기 때문입니다. 예수님이 일곱 별을 그 손에 붙들고 있습니다. 그러므로 목회자가 나이가 어리다고 무시하면 안 됩니다.

예수님이 일곱 별을 다니면서 교회 일에 관심을 가지고 계십니다. 우리는 사람만 교회 일을 알고 예수님은 모르는 것처럼 행동합니다. 그러나 예수님은 교회의 일을 정확히 다 아시는 분입니다. "내가 네 행위와 수고와 네 인내를 알고"(계 2:2상), "내가 네 환난과 궁핍을 아노니"(계 2:9상), "내가 어디 사는 것을 내가 아노니"(계 2:13상), "내가 네 사업과 사랑과 믿음과 섬김과 인내를 아노니"(계 2:19상), "내가 네 행위를 아노니"(계 3:8상), 이렇게 예수님이 일곱 교회를 전부 아신다고 기록하고 있습니다. 이런 점에서 우리는 지역교회의 문제를 예수님이 일일이 알고 있다는 것,

성도의 모든 언행을 알고 계시다는 것을 생각하면서 두려움과 용기를 얻을 수 있습니다. 때론 내가 교회를 위해서 헌신하고 목회자를 섬기었음에도 아무도 알아주지 않는 것 같고 사람들이 감사할 줄도 몰라 상처를 받곤 합니다. 하지만 예수님은 이런 모든 문제를 다 알고 계심을 생각하면서 위로를 받으시기 바랍니다.

성도들에게 주시는 도전 – 칭찬

■ 인내하며 섬긴 교회

예수 그리스도는 교회의 모든 문제, 모든 행위를 다 알고 계시며 그로인해 칭찬도 책망도 하십니다. 예수님은 에베소 교회를 향해서 세 가지를 칭찬합니다. 첫째는 인내하고 섬기기를 잘했다는 것입니다. 고생하고 많이 인내했으며 어려운 것을 참고 예수님을 섬기었음을 알고 있다고 칭찬합니다. 우리도 주님을 섬기는 것에 고생하고 힘들어도 참고 견디면 예수님이 그것을 칭찬해주신다는 것입니다. *"내가 네 행위와 수고와 네 인내를 알고"*(계 2:2상), *"또 네가 참고 내 이름을 위하여 견디고 게으르지 아니한 것을 아노라"*(계 2:3). 부지런하게 견디고, 인내하고, 참고, 섬기는 것을 주님이 다 아시고 칭찬하고 있습니다.

그렇다면 에베소 교회의 성도들이 한 일은 무슨 일이었겠습니까?
교회인 만큼 복음을 전파하는 일을 했을 것입니다. 이방인들 한 가운데 있던 상황에서 하나님의 말씀을 가르치고 복음을 전파하는 일, 에베소 주변에 목회자들을 보내 교회를 개척하는 일을 했을 것입니다. 또 교회 안에서 자녀들에게 하나님 말씀을 교육하는 일을 했습니다. 에베소서 6장 4절을 보면 "아비들아 너희 자녀를 노엽게 하지 말고 오직 주의 교양과 훈계로 양육하라"(엡 6:4)고 말합니다. 에베소에는 아데미 여신을 섬기는 엄청나게 큰 신전이 있었습니다. 이 신전을 가보면 아데미 여신의 가슴이 여러 개가 달려있는 모양으로 음탕하게 생겼습니다. 자녀들이 어려서부터 그런 것을 보고 자라 곤란하게 되었고, 그래서 에베소 교회 성도들은 자녀들이 어렸을 때부터 하나님의 말씀을 교육하고 양육하는데 힘을 썼습니다. 이런 점은 오늘날 우리도 배워야 합니다.

그리고 에베소 교회는 구제 사역도 많이 했을 것입니다. 병든 자도 돌보고, 약한 자도 돌보았을 것입니다. 당시에는 국가적인 구제 기관이 없었기 때문에 교회가 그런 일들을 많이 했습니다. 이런 좋은 일들을 인내하면서 부지런히 했기 때문에 주님이 칭찬하셨습니다. 그러므로 우리는 주님을 섬기는데 낙망하지 말고 부지런히 섬겨야 합니다. 사람은 나이를 먹으면서 건강과 돈도 잃어버리고 죽게 됩니다. 그 때 "내가 건강할 때 좀 더 일할 걸.", "내가 돈 있을 때 좀 더 도우며 살 걸."하며 후회해봤자 소용없습니다. 있을 때 잘해야 합니다.

■ 도덕적으로 선한 교회

두 번째로 에베소 교회는 도덕적으로 선한 교회였습니다. "또 악한 자들을 용납지 아니한 것과"(계 2:2)라고 했습니다. 에베소 교회는 선과 악에 대한 분별력을 가지고 있었습니다. 선을 육성하고 악을 물리친 교회였습니다. 선을 악이라 하지 않고 악을 선이라고 하지 않고 도덕적으로 악한 사람들을 용납하지 않았습니다. 교회는 악한 사람 한두 명이 와서 휩쓸고 다니면 안 됩니다. 그러므로 성도들은 그런 사람을 분별해서 물리쳐야 합니다. 악한 사람들이 들어와 교회를 흐리도록 하면 안 되기 때문입니다. 에베소 교회는 악한 자들을 용납하지 않았으며 그리하여 도덕적으로 깨끗한 교회였음을 주님이 칭찬하셨습니다.

■ **영적 분별력이 있는 교회**

세 번째로 영적인 분별력이 있는 교회였습니다. "**자칭 사도라 하되 아닌 자들을 시험하여 그 거짓된 것을 네가 드러냈다**"(계 2:2), "**니골라 당의 행위를 미워하는도다 나도 이것을 미워하노라**"(계 2:6). 에베소 교회는 영적인 진리와 비진리를 구별하여 진리는 받아들이고, 비진리는 거부했습니다. 1세기 교회에는 이단이 난무했습니다. 비진리가 난무하고 속이는 자들이 많았습니다. 이런 사람들이 자기 스스로를 사도라고 합니다. 요즘도 자신을 사도라고 하는 사람들이 있습니다. 이런 사람들은 거짓을 전파하는 사람들입니다. 오늘날엔 우리가 그런 사람들을 분별하기가 쉽습니다. 왜냐하면 성경이 완성되어 그 완성된 계시를 가지고 있기 때문입니다. 하지만 1세기 교회는 신약성서가 없었습니다. 그런 상태에서 영적인 사기꾼들을 분별하는 것이 쉽지 않았습니다. 이들은 자신들이 사도라고 하면서 그리스도가 자신들을 보냈다고 거짓말을 하는 사람들이었습니다. 특히 니골라 당의 니골라는 원래 집사였지만 영지주의에 빠졌습니다. 영지주의란 어떤 신들과의 교제를 통해 비밀 된 지식을 받았다고 하는 것입니다. 즉 자신에게 비밀한 지식이 있다고 하면서 사람들을 미혹하는 것입니다. "내가 남들이 모르는 은밀한 계시를 받았다."고 하면서 유혹을 하는 것입니다. 은밀한 계시의 은자만 나와도 사기꾼이라고 단정해도 됩니다. 있는 계시도 모르는 사람이 무슨 은밀한 계시를 알겠습니까? 그 받았다는 계시도 들어보면 별 거 없습니다.

제가 미국에서 목회할 때 한 사람이 박사과정을 하다가 시험에 몇 번 떨어져서 정신 분열이 일어났습니다. 그러더니 이 사람이 이상한 이야기를 많이 합니다. 자신에게 천사가 직접 말했다. 오늘 저녁에는 유리창에 천사의 얼굴이 보였다. 재림 예수가 언제 온다. 이런 이야기를 합니다. 그래서 기도해주며 "사탄아 물러가라."했더니 자신은 사탄은 아니고 아파서 그런 것 같다고 했습니다. 은밀한 계시를 받았다고 하는 사람들과 하는 행동이 다르지 않았습니다.

그러나 이 교회를 통해 그리스도께서 성도들에게 주시는 경고도 있다

에베소 교회는 부지런 했고, 도덕적으로 깨끗했고, 영적인 분별력이 있는 교회였습니다. 이런 세 가지만 봐도 에베소 교회는 좋은 교회입니다. 그러나 이런 교회를 향해서도 예수님이 강력하게 경고를 하고 책망을 합니다. **"그러나 너를 책망할 것이 있나니 너의 처음 사랑을 버렸느니라 그러므로 어디서 떨어진 것을 생각하고 회개하여 처음 행위를 가지라 만일 그리하지 아니하고 회개치 아니하면 내가 네게 임하여 네 촛대를 그 자리**

에서 옮기리라"(계 2:4-5).

교회를 없애버리겠다는 강력한 경고입니다.

에베소 교회가 책망 받은 것은 예수 그리스도와의 개인적인 관계에 큰 문제가 생겼기 때문입니다. 예수님과의 개인적인 관계, 즉 교제가 없다는 것입니다. 개인적인 관계에서 그리스도를 향한 첫사랑을 버렸다는 것이 에베소 교회를 책망한 가장 큰 원인입니다. 봉사 면에서 열심 있고, 도덕적으로 선하고, 영적으로 옳다고 해도 예수 그리스도를 사랑하는 사랑에서 금이 가고 예수님과의 일대일 관계가 멀어지면 예수님이 촛대를 옮길 수 있는 위태한 상태에 들어가게 되는 것입니다.

우리가 예수 그리스도를 향한 첫사랑을 회복는 첫 번째 길은 예수 그리스도를 더욱 아는 것입니다. 예수 그리스도를 더욱 아는 방법은 하나님의 말씀인 성경을 더 가까이 하는 것입니다. 말씀을 통해 그리스도를 알아야 사랑을 할 수 있게 됩니다. 그래서 저는 설교를 하고 준비하는 일이 어렵습니다. 저는 교회에서 항상 새로운 설교를 하려고 합니다. 이것이 쉬운 일이 아닙니다. 그러나 하나님 말씀을 읽고 묵상하고 생각하고 기도하면서 오는 기쁨은 말로 다 할 수 없습니다. 그냥 읽는 것하고 깊이 묵상하는 것의 차이는 엄청나게 큽니다. 그러므로 말씀을 가까이 해야 합니다.

두 번째는 하나님과 개인적으로 기도하는 시간이 필요합니다. 예수님도 죄가 없는 분이지만 하나님과 수시로 일대일의 시간을 가졌습니다. 예수님이 그러셨다면 우리도 마땅히 기도생활을 가져야 합니다.

세 번째는 우리 성도들에게도 남아있는 죄가 있습니다. 누구에게나 있습니다. 이 남아있는 죄하고 끊임없이 싸워서 이겨야 합니다. 이것이 그리스도를 사랑하는 일에 최대의 장애물이 됩니다. 죄하고 싸워 이기고, 말씀과 기도로 예수 그리스도를 가까이 해야 우리 마음속에서 예수님에 대한 첫사랑이 뜨겁게 다시 일어나게 됩니다.

예수 그리스도와 개인적인 관계에 대한 권면

우리가 열심히 봉사하고 깨끗하게 살고 올바른 진리를 안다는 것도 중요하지만 예수 그리스도와 개인적인 관계를 지속적으로 갖는 것이 가장 중요합니다. 이것이 에베소 교회를 통한 우리에게 주시는 메시지입니다. 그러므로 내가 지금 예수 그리스도를 사랑하는 것이 시원찮게 느껴진다면 어디에서 떨어졌는지 생각해 봐야 합니다. 언제 내가 성경으로부터 멀어졌는지, 기도생활을 중지했는지, 남아있는 죄에 굴복하고 타협하고 싸우기를 중지했는지 이것을 생각해 봐야 합니다.

이렇게 생각을 하고 회개하여 처음 행위를 가져야 합니다. 그렇게 할 때 약속이 있습니다. *"귀 있는 자는 성령이 교회들에게 하시는 말씀을 들을지어다 이기는 그에게는 내가 하나님의 낙원에 있는 생명나무의 과실을 주어 먹게 하리라"*(계 2:7). 생명나무의 과실이 무엇인지는 모릅니다. 애초에 아담이 선악과를 먹었을 때, 생명나무도 먹을까봐 하나님이 막았습니다. 아담이 선악과를 먹은 후에 생명나무 과실까지 먹으면 죄인으로 영생하게 되니 그것을 하나님이 막았습니다. 그러나 그 생명나무 과실이 하나님의 낙원인 천국에 있습니다. 생명나무 과실이 무엇인지는 모르지만 하늘에 있다는 것은 확실합니다. 그렇다면 하늘에 있는 온갖 좋은 것을 우리에게 주시겠다는 약속입니다. 요즘 이단자들은 한두 마디 단어로 사람을 미혹합니다. "생명나무 과실이 무엇인지 알아?"라며 사람을 미혹합니다. 생명나무 과실이 무엇인지는 성경에 정확하게 묘사되어서 나온 적이 없어 알 수 없습니다. 다만 분명한 것은 이것은 하늘에 있는 좋은 것이라는 것입니다. 이것이 영생일수도, 행복, 거룩, 축복, 성령의 은총이 될 수도 있습니다. 무엇인지는 모르지만 분명한 것은 아담이 먹을 수 없도록 막아버린 과실이며, 하늘에 있는 것이며, 아주 좋은 것임은 분명합니다. 이런 하늘의 축복을 우리에게 주시겠다고 약속하는 것입니다.

결론

그러므로 우리는 에베소 교회에 주는 이 말씀을 통해서 교회에 열심히 봉사하는 것도 중요하지만 개인적으로 그리스도를 사랑하고 개인적인 관계를 밀접하게 유지하여 하나님이 하늘의 복을 우리에게 주신다는 진리를 가슴에 새겨야 합니다.

05
서머나 교회

요한계시록 2:8-11

"서머나 교회의 사자에게 편지하기를 처음이요 나중이요 죽었다가 살아나신 이가 가라사대 내가 네 환난과 궁핍을 아노니 실상은 네가 부요한 자니라 자칭 유대인이라 하는 자들의 훼방도 아노니 실상은 유대인이 아니요 사단의 회라 네가 장차 받을 고난을 두려워 말라 볼지어다 마귀가 장차 너희 가운데서 몇 사람을 옥에 던져 시험을 받게 하리니 너희가 십일 동안 환난을 받으리라 네가 죽도록 충성하라 그리하면 내가 생명의 면류관을 네게 주리라 귀 있는 자는 성령이 교회들에게 하시는 말씀을 들을지어다 이기는 자는 둘째 사망의 해를 받지 아니하리라"

서머나는 소아시아에서 로마 여신 숭배가 가장 먼저 시작된 곳입니다. 그래서 이곳을 "사단의 위가 있는 곳"이라고 말합니다. 이곳에서 하나님의 교회가 핍박을 받고 있었습니다. 서머나 교회를 통해서 인생의 네 가지 중요한 요소에 대한 올바른 견해를 생각해보려고 합니다.

참된 부요란

첫째로 사람이 참되게 부요하다는 것은 무엇인가? 돈 많다고 부요한 것인가? 참된 부요가 무엇인지를 보여주고 있습니다. "내가 네 환난과 궁핍을 아노니 실상은 네가 부요한 자니라"(계 2:9). 서머나 교회 사람들은 환난과 궁핍을 겪고 있었습니다. 여기에서 궁핍이란 말은 헬라어로

"πτωχεία"(프토케이아)이며 이것은 아무것도 가진 것이 없는 극도의 빈곤함을 말합니다. 즉 서머나 교회는 세상 기준으로 볼 때 물질적으로 대단히 가난했습니다. 게다가 환난까지 당하고 있었습니다. 그리스도를 믿는 신앙으로 인해 로마 황제 숭배에 참여하지 않는다는 이유로 극심한 환난을 당하였고, 그로인해 궁핍이 온 교회라고 말할 수 있습니다.

그렇다면 이 교회의 성도들은 진짜 가난한 성도입니까? 아닙니다. 성경을 보면 환난과 궁핍을 알지만 실상은 부요한 자라고 선언합니다. 비록 환난을 당하고 가난하고 고생하지만 사실은 부요하다는 것입니다. 어떤 사람은 이 땅에서 엄청나게 쌓아두지만 천국에는 쌓아두는 것이 없습니다. 그런 사람들은 60년 동안은 부자인지 몰라도 영원한 부자는 아닙니다. 그런 사람들은 영원히 가난한 사람들입니다. 이 땅에서 잠깐은 환난과 궁핍이 와도 천국에서 영원히 부요한 사람은 실질적으로 부요한 사람입니다. 시간적으로 부요하고, 영적으로 부요하고, 대단히 부요한 사람이라고 말씀하는 것입니다. 그러므로 지금 우리는 이 세상을 살면서 돈 많고, 권력 있고, 지위 있으면 부자라고 생각하지만 하나님은 그런 것을 부자라고 말씀하지 않습니다. 천국에 하나님의 상급이 쌓여 있는 사람이 진짜 부자라고 말씀합니다.

이 땅에서 가난하고 천국에서 부요하고, 이 땅에서 부요하고 천국에서 가난하고, 이 땅에서 부요하고 천국에서도 부요한 경우가 있다면 어떤 경우가 제일 좋을까요? 솔직하게 말하면 이 땅에서도 부요하고 천국에서도 부요한 것이 좋을 것입니다. 성도들이 모두 이런 복을 누릴 수 있었으면 좋겠다는 것은 제 개인적인 바램입니다.

서머나 교회의 사람들은 이 땅에서 비록 환난과 궁핍이 왔어도 하나님이 너희가 진실로 부요한 자이며, 영원히 부요한 자라고 말씀을 하셨습니다. 하나님이 영원 전부터 택하여 주시고, 예수 그리스도로 인해 화목한 관계가 되었고, 하나님의 자녀가 되어 하나님의 왕국을 소유하게 되었고, 예수 그리스도를 구주로 믿는 믿음을 소유하고, 이 세상을 넘어서 오는 세상에 대한 소망도 갖게 되었고, 또 하나님을 사랑하게 되었고, 성도들을 사랑하고, 성령의 은혜를 받고 부활과 영생의 확실한 약속을 갖게 되었고, 이 모든 것을 생각할 때에 서머나 교회의 사람들은 대단히 부요한 사람이라는 것입니다.

우리가 오늘날 물질적으로 살만한 부요한 시대에 살고 있습니다. 우리 역사를 통틀어 오늘날만큼 잘 사는 시대는 없었습니다. 이런 시점에서 우리가 생각할 것은 "과연 성경적으로 부요한 자인가?", "영적으로 부요한 자인가?"입니다. 이것을 생각하고 이 땅에서 부요하면 천국에서도 부요한 자인지 생각해보는 사람이 되어야 할 것입니다. 참된 부는 성서적인 부요, 영적인 부요, 천국의 부요입니다. 그러므로 세상의 부에 대한 탐욕으로 인해 참된 부요를 잊지 말아야 합니다. 세상 것을 얻으려고 참된 것을 잃어버린다면 그것은 어리석은 것입니다. 하다못해 이사를 가는 것도 이 일이 내 영에 도움이 되는가를 생각해보아야 합니다. 예를 들어 새벽 기도 잘 드리던 사람이 교회에서 먼 곳으로 이사 가서 "이제는 새벽기도 안 나가도 되겠다."라는 자세를 가진다면 영적으로 가난해지는 것입니다. 이런 행동은 참된 부요를 모르는 것입니다. 일시적인 안락을 위해서 참된 부요를 잃어버리는 행동입니다. 집을 사거나, 이사를 가거나, 직장을 구할 때 이것이 나의 참된 부요에 도움이 되는가를 생각하여 언제든지 현세와 내세를 함께 생각하고 무엇보다 내세에 부요가 되는지를 봐야합니다. 현세나 내세에 부요가 되는 것은 금상첨화이지만, 현세에 부요가 되지만 내세의 부요를 막는다면 이를 택하면 안 됩니다. 현세에 부요가 되지 않지만 내세에 부요가 된다면 그 길을 택해야 합니다. 서머나 교회는 우리에게 참된 부요는 천국의 부요, 영원한 부요, 믿음의 부요임을 말해주고 있습니다.

하나님의 자녀가 되는 조건

둘째, 서머나 교회를 향한 말씀을 통해서 하나님의 자녀는 어떻게 되는지와 사람은 어떻게 하나님의 자녀가 되는지를 말씀해주고 있습니다. **"자칭 유대인이라 하는 자들의 훼방도 아노니 실상은 유대인이 아니요 사단의 회라"**(계 2:9하). 서머나에 살던 유대인들은 복음에 강력하게 대적하던 사람들이었습니다. 이 지역은 역사적으로 폴리캅이라는 교부가 있던 곳이었습니다. 그는 이그네시오스라는 사람의 일곱 편지를 수집한 것으로 유명한 사람입니다. 그는 86세에 그의 하인이 로마 당국에 밀고하여 노년에 잡히게 되었습니다. 그 자리에서 "너의 믿음을 부인하면 살려주겠다."는 말을 듣게 됩니다. 그러자 폴리캅은 "86년 동안 나를 축복해 주신 나의 구주를 부인할 수 없다. 너희가 내 육신은 죽여도 내 영혼은 죽일 수 없다."라고 고백했고, 로마는 그를 화형시켰습니다. 사실 폴리캅의 순교사화를 보면 화형을 시키려고 불에 태우기 위해 장작을 쌓고 불을 지폈는데, 그 불이 폴리캅을 피하고 장작을 쌓았던 사람들을 덮쳐서 죽였다고 합니다. 그것을 본 로마 군인이 이 사람은 불로 죽일 수 없다며 칼로 찔러서 죽였다는 이야기가 전해지고 있습니다. 바로 이 폴리캅의 순교사화가 있는 곳이 서머나 지역입니다.

그런데 유대인들이 밀고도 하고, 나쁜 짓을 하면서 복음을 대적하였습니다. 아버지가 아브라함이라서 하나님의 자녀가 된다는 유대인의 말에 서머나 교회는 그렇지 않다고 말하였습니다. 혈통으로나 육신으로 하나님의 자녀가 되는 것이 아닙니다. 아버지가 예수님을 믿는다고 자녀가 그리스도인이 되지는 않습니다. 아버지가 목사라고 그 아들이 그리스도인이 아닙니다. 믿음은 혈통으로나 육신으로 나는 것이 아니라 오직 영적으로 하나님으로부터 나는 것입니다. 즉 하나님의 성령의 역사로 되는 것입니다. 침례교회가 장로교회와 다른 점은 유아세례를 주지 않는다는 것입니다. 유아세례에는 언약의 자손이라는 의미가 있습니다. 그들은 믿음이 혈통으로 난다고 이야기하는 것입니다. 하지만 침례교는 그렇게 이야기하지 않습니다. 하나님의 성령이 각 사람에게 은혜를 주셔야 성령으로 거듭나고 구원받게 된다는 것입니다. 그러므로 침례교인은 자녀가 태어나면 성령으로 거듭나고 믿음의 사람으로 자라게 해달라고 기도하는 것입니다. 하나님의 자녀는 육신으로 되는 것이 아닙니다. 역사를 보면 목사의 자녀임에도 잘못된 사례들이 많습니다. 공산주의 이론을 만든 칼 마르크스, 그리고 기독교 집안의 자녀였던 김일성 같은 사람들이 대표적입니다. 믿음이라고 하는 것은 혈통을 따라 나오는 것이 아니고, 믿음은 오로지 각 사람이 다 성령으로 거듭나고 믿음으로 구원받게 되는 것이며 하나님의 자녀가 되는 것이 침례교의 정신입니다. "대저 표면적 유대인이 유대인이 아니요 표면적 육신의 할례가 할례가 아니라 오직 이면적 유대인이 유대인이며 할례는 마음에 할지니 신령에 있고 의문에 있지 아니한 것이라 그 칭찬이 사람에게서가 아니요 다만 하나님에게서니라"(롬 2:28-29). 유대인이란 이름은 사실 명예스러운 이름이었습니다. 그런데 육체의 유대인들 가운데 핵심적인 진리를 잃어버린 사람들이 많이 있었습니다. 유대인을 특별하게 만드는 것은 마음의 할례이며 하나님의 법에 순종하는 것입니다. 그것이 그들을 특별하고 하나님의 축복을 받게 하는 것이지만 그것을 잊어버리고 아브라함이 자신의 조상이라는 것만 가지고 구원을 주장하는 것은 옳은 일이 아니라는 것입니다. 육신의 할례만 의지하고 마음의 할례를 받지 못한 것은 하나님의 자녀가 되는 올바른 길이 아니라는 것입니다.

침례요한이 사두개인과 바리새인들에게 말하는 장면이 있습니다. "속으로 아브라함이 우리 조상이라고 생각지 말라 내가 너희에게 이르노니 하나님이 능히 이 돌들로도 아브라함의 자손이 되게 하시리라"(마 3:9). 침례요한은 아브라함의 자손은 돌들로도 만들 수 있다는 것입니다. 그러므로 그런 것으로 구원받았다는 근거로 들이대지 말라는 것입니다. 심지어 예수님은 그들을 "독사의 자식"이라고 말하고 있습니다.

요한복음 3장 1절에서 8절은 외적으로 아브라함의 자손이고, 바리새인이고, 유대인의 선생이고, 관원이었던 니고데모에게 예수님이 분명하게 말씀하십니다. "네가 거듭나야 한다. 네가 거듭나지 않으면 비록 육신의 할례를 받고 아브라함의 자손이고, 바리새인이라 할지라도 천국은 들어갈 수 없다." 천국은 거듭난 사람이 가는 곳입니다. 그런데 이 거듭난다는 것을 가지고 농담을 하는 사람이 있습니다. 우스갯거리로 만들어서는 안 됩니다. 사람은 성령으로 거듭나지 않으면 천국에 들어갈 수 없습니다.

서머나에서 복음에 대적하는 유대인들도 외적인 것에만 의지하는 존재들이었고, 하나님의 자녀가 아니었습니다. 그러므로 하나님이 그들을 가리켜 사단의 무리라고 했습니다. 이런 위험은 21세기에도 존재합니다. "내가 유아세례를 받았다." 이런 것으로는 하나님의 자녀가 되지 않습니다. "내가 교인으로 등록했다." 등록은 아무나 할 수 있습니다. 그런 것들이 구원을 주는 것이 아닙니다. "내가 예수를 믿겠다고 형식적으로 고백을 했다. 마음에는 없지만 입술로 따라했다." 혹은 "내가 정말 착하게 살았다." 이런 외적인 것만 가지고 하나님의 자녀가 되는 것이 아닙니다. 하나님의 자녀가 되는 방법은 오직 한 가지입니다. 하나님에 대한 회개와 예수 그리스도에 대한 믿음, 성령의 역사로 말미암아 참된 회개와 믿음으로 각 사람의 영혼이 거듭나는 이 방법 이외에는 하나님의 자녀가 되는 다른 방법이 없습니다. 자신이 거듭났는지 불투명한 사람은 자신의 신앙을 확실하게 점검하고 하나님 앞에 회개하고 예수 그리스도를 구주로 믿어서 확실하게 거듭난 신앙을 갖고 살기를 바랍니다.

교회를 핍박하는 참된 원천

셋째, 교회를 핍박하는 참된 원천이 무엇인지를 말씀합니다. "네가 장차 받을 고난을 두려워 말라 볼지어다 마귀가 장차 너희 가운데서 몇 사람을 옥에 던져 시험을 받게 하리니 너희가 십일 동안 환난을 받으리라"(계 2:10). 서머나 교회 성도를 핍박하는 존재는 로마인이나 믿지 않는 유대인들과 같은 사람들이었습니다. 그러나 예수님은 그 배후에 사단이 있다는 것을 말씀하십니다. 사람끼리 다투는 것 같지만 영적으로 사단이 예수 그리스도를 대적하여 전쟁을 일으키고 있다는 것입니다. 성도들을 괴롭히고 공격하는 근본 세력은 사단입니다.

가정을 이루며 살다가도 사단의 공격이 오게 되면 부부싸움을 하지 말고, 앉아서 "우리의 싸움은 혈과 육에 대한 싸움이 아니니까 우리끼리 싸우지 말고, 우리 싸움의 근본 원인은 원수 마귀다."라는 것을 깨달아 손 맞잡고 큰소리로 "우리 가정을 괴롭히는 사단아 물러가라." 외치면서 기도로 이겨보는 것도 좋은 방법입니다. 우리에겐 나사렛 예수의 이름이 있고, 그 이름으로 명령할 수 있는 권세가 있습니다. 얼마나 감사한 일입니까? 집안에 환난이 있고, 어려움이 있고, 인생에 어려움이 있어도 자신을 핍박하고 괴롭히는 원천은 인간이 아니라 악한 사단입니다. 이것을 인식하고 공격의 대상을 바르게 해서 원자폭탄을 쏘아 올려야 합니다. 지금 서머나 교회 성도들에게 하나님은 "유대인이 핍박하고, 로마인이 괴롭히지만 뒤에서 조종하고 시키는 존재는 사단이니 사단과 싸워라."라고 말씀하시는 것입니다.

"우리의 씨름은 혈과 육에 대한 것이 아니요 정사와 권세와 이 어두움의 세상 주관자들과 하늘에 있는 악의 영들에게 대함이라"(엡 6:12). 영과 싸우기 때문에 우리의 무기가 영적인 무기가 되어야 합니다. 바로 하나님 말씀과 기도, 우리 입술의 담대한 명령 등을 가지고 싸워야 하는 것입니다. "우리의 싸우는 병기는 육체에 속한 것이 아니요 오직 하나님 앞에서 견고한 진을 파하는 강력이라"(고후 10:4). 기도와 말씀 그리고 경건이 우리의 무기입니다. 이것들을 가지고 마귀와 싸워 이길 수 있는 것입니다. 성도에게는 주일 예배가 중요하지만 금요기도회, 수요기도회도 꼭 나와야 합니다. 나와서 기도해야 합니다. 일주일에 30분만이라도 소리를 지르며 기도하면 사단이 그 사람을 건드리지 못합니다. 그것도 하지 못하고 밥 먹을 때나 잠깐 기도하고 끝낸다면 사단이 만만하게 보는 것입니다. 성도를 괴롭히는 원천은 사단입니다. 이것을 깨닫고 사단과 싸워 이기는 성도가 되어야 합니다.

고난에 대한 이해

넷째, 서머나 교회를 향한 말씀에서 고난을 어떻게 이해할 것인지를 이야기합니다. 10절 전반을 보면 장차 받을 고난을 두려워 말라고 했습니다. 왜 두려워하지 말아야 할까요? 성도들은 사단의 역사로 두려움이 와도 괜찮은 세 가지 이유가 있습니다. 첫째는 사단이 핍박해도 그리스도 예수가 이미 승리하셨고, 사단의 머리를 박살내서 밟고 있기 때문입니다. 예수님이 승리하셨는데 왜 교회에 고난이 올까요? 그것은 예수님이 고난을 통해서 이루려고 하는 선한 목적이 있기 때문입니다. 이미 예수님이 승리하셨기 때문에 고난으로 인해서 우리는 넘어지거나 쓰러지지 않는다는 것을 확신할 수 있습니다. 그러므로 장차 받을 고난을 두려워하지 않아도 되는 것입니다.

두 번째 이유는 고난도 한계가 있다는 것입니다. 하나님이 우리에게 때로는 시험과 환난을 주셔도 감당치 못할 시험은 허락지 않고 시험 당할 즈음에 또한 피할 길을 내사 능히 감당하게 하신다고 했습니다. 10절 중반을 보면 "너희가 십일 동안 환난을 받을 것"이라고 했습니다. 요한계시록에 나오는 숫자는 다 상징적이기 때문에 십일이 주는 의미는 정확히 알 수 없지만 "충만수"라는 것은 알 수 있습니다. 하나님은 하나님의 백성들에게 고난을 주셔도 그 한계를 명확하게 정해놓으셨다는 것은 분명합니다. 11일은 없다. 즉 10일이란 한계가 있다는 것입니다. 고난과 환난이나 어려움이 왔을 때 어떡하면 됩니까? 그냥 눌러 앉아 있는 것입니다. 시간이 지나면 끝날 때가 반드시 온다는 것입니다. 환난을 당하지만 10일까지이며 11일을 넘어가지는 않는 한계가 있다는 것입니다. 심지어 욥과 같은 극심한 고난이 와도 시간적인 한계, 고난의 한계를 명확하게 정하여 사단에게 허락을 했다는 것을 알 수가 있습니다. 하나님의 통제 아래에 한계는 것입니다.

세 번째 하나님이 고난을 주는 이유는 고난 중에 충성하는 사람이 나오기 때문입니다. 흔히 난세에 영웅이 나온다고 합니다. 평온할 때에는 영웅이 나오지 않지만 난세에는 나옵니다. 마치 임진왜란이 있었기에 이순신 장군이 나오는 것과 같은 원리입니다. 즉 고난이 있으면 하나님이 상급을 주실 일이 생긴다는 것입니다. "네가 죽도록 충성하라 그리하면 내가 생명의 면류관을 네게 주리라"(계 2:10하). 그러므로 고난이 와도 충성하면 생명의 면류관을 얻게 된다. 현세에서 조금 고난을 이겼는데 영원히 상급을 주신다. 이처럼 수지맞은 장사가 어디 있습니까? 이것을 위해서 고난에 한계를 두어서 때로는 성도들에게 고난을 허용할 때도 있다는 것입니다.

"귀 있는 자는 성령이 교회들에게 하시는 말씀을 들을지어다 이기는 자는 둘째 사망의 해를 받지 아니하리라"(계 2:11). 얼마나 감사합니까? 둘째 사망은 지옥 형벌을 받는 것을 의미합니다. 그런데 이것을 받지 않는다는 것입니다. 이것만큼 감사한 일은 없습니다.

결론

오늘날 우리가 신앙으로 산다고 하면서 가치관이나 세계관은 세상 것으로 가득 차 있는 경우가 많습니다. 돈 많은 것이 부자라고, 나를 괴롭히는 것이 인간이라고 생각할 수 있습니다. 그러나 본문 말씀은 성경적인 가치관으로 바꿀 것을 요구하고 있습니다. 세상의 안목으로 세상 문제를 바라보지 말고 서머나 교회에 주는 말씀을 통해서 신앙적인 안목 천국의 안목, 하나님의 안목으로 세상을 보고 고난을 보고 다툼을 보고, 구원을 보면서 성경적인 안목이 승리하고 세상의 안목은 패배하고 성경적인 안목으로 가치관이 점점 바뀌기를 주님의 이름으로 축원합니다.

06 버가모 교회

요한계시록 2:12-17

"귀 있는 자는 성령이 교회들에게 하시는 말씀을 들을지어다 이기는 그에게는 내가 감추었던 만나를 주고 또 흰 돌을 줄 터인데 그 돌 위에 새 이름을 기록한 것이 있나니 받는 자밖에는 그 이름을 알 사람이 없느니라"(계 2:17).

버가모는 소아시아 일곱 교회 가운데 세 번째 교회입니다. 버가모는 로마가 소아시아를 통치할 때에 수도로 삼은 도시이며 오늘날 터키 지역입니다. 그래서 이곳은 황제 숭배의 중심지였습니다. 또한 버가모는 사람들이 많이 몰려온 지역입니다. 그 이유는 에스칼라피우스라는 신이 있다는 것이었습니다. 이 신은 치료의 신으로 알려져 있으며 병든 사람들이 병을 치유하고 싶어서 에스칼라피우스에게 빌기 위해 많이 모인 지역이었습니다. 즉 버가모 지역은 황제 숭배가 심했던 동네이며, 온갖 우상들을 섬기는 우상 숭배의 중심지였습니다.

이런 버가모 교회를 향해서 예수님은 내가 좌우에 날선 검을 가졌다고 표현하고 있습니다. 좌우에 날선 검은 하나님 말씀인가? 그렇게 볼 수도 있습니다. 하지만 요한계시록에서 나올 때는 사법권을 의미합니다.

판사가 재판하는 재판권입니다. "그의 입에서 이한 검이 나오니 그것으로 만국을 치겠고"(계 19:15). 즉 만왕의 왕, 만주의 주로서 심판권을 가지신 예수님을 예리한 좌우에 날선 검을 가지신 분이라고 표현하고 있는 것입니다. 그러므로 로마가 겉으로는 재판권을 가지고 있는 것처럼 보이지만 그리스도 예수께서 재판권을 가지신 분이심을 말하고 있습니다.

이 세상에서는 불경건이 승리하는 것 같고, 악인들이 통치하는 것 같고, 권력있는 자가 통치하는 것 같지만 사실은 그리스도 예수님이 승리하셨고 통치하고 계시다는 것을 알려주는 것입니다. 그러므로 버가모 교회가 약하더라도 기죽지 말라는 것입니다. 교회가 섬기는 예수님이 온 세상을 심판하는 심판권을 가지신 주인이시라는 것을 먼저 선포하는 것입니다.

버가모 교회를 향한 칭찬

■ 사단이 거하는 곳

주님은 먼저 버가모 교회를 칭찬합니다. "네가 어디 사는 것을 내가 아노니 거기는 사단의 위가 있는데라 네가 내 이름을 굳게 잡아서 내 충성된 증인 안디바가 너희 가운데서 죽임을 당할 때에도 나를 믿는 믿음을 저버리지 아니하였도다"(계 2:13). 버가모 교회는 사단의 위가 있는 곳이라고 표현하고 있습니다. 즉 사단이 거하는 곳이라는 의미입니다. 그러나 그 곳에서 죽임을 당하면서도 예수를 믿는 믿음을 저버리지 않은 것을 칭찬하신 것입니다.

대한민국에서도 사단의 활동이 왕성한 곳이 있습니다. 예를 들면 제가 대전에 있을 때 계룡산 기슭에 가보면 수많은 점쟁이들이 신을 받겠다고 모여 있습니다. 계룡산이 대전에 있어서는 사단의 위가 있는 곳입니다. 경주에 가 봐도 마찬가지입니다. 교회 이름이 '불국사침례교회'입니다. 그곳은 '불국사'를 안 붙이면 장사도 되지 않고 교회도 되지 않는다고 이야기할 정도입니다. 그런 점에서 경주도 사단의 활동이 참 활발한 곳입니다. 제주도 같은 경우에도 토속신앙이 강해 목회하기가 쉽지 않습니다. 특히 외지 사람이라면 거의 되지 않습니다. 전 세계를 봐도 시아파 이슬람, 수니파 이슬람 등이 활동하는데 수니파는 온건하지만 시아파는 굉장히 극단적입니다. 이런 이슬람이 활동하는 곳에 가면 목회하기가 어렵습니다. 그나마 다행인 것은 대한민국은 이런 지역들이 점점 줄어들고 있다는 것입니다.

그런데 버가모는 사단의 본부가 있는 곳이었습니다. 하나님은 사단의 본부가 있는 버가모도 버리지 않고 하나님의 교회를 세우셨습니다. 이것을 생각할 때 하나님의 은혜가 얼마나 감사합니까? 많은 개종자를 얻을 수 있는 곳뿐만이 아니라 오래 개종자를 얻을 수 없는 어려운 곳이라고 해도 선교를 해야 할 것입니다. 대한민국도 처음에 선교사들이 왔을 때 바로 예수 믿은 지역이 아니었습니다. 1885년에 아펜젤러와 언더우드가 들어왔지만 첫 부흥이 1907년에 일어났다는 점에서 약 20여년이 지나서 처음으로 대한민국 부흥이 일어난 것입니다. 그 전에는 선교사들이 복음을 전해도 믿지 않고 핍박해서 선교사들이 고난 당한 국가 중 하나입니다.

오늘날 "교회성장학"이라는 학문은 열매를 많이 맺을 수 있는 곳에 가서 교회를 세우라고 권면합니다. 하지만 이것은 교회를 비즈니스로 생각하는 것입니다. 교회는 비록 열매를 맺기 어려운 곳이라고 해도 교회를 세워야 합니다. 이것이 하나님의 명령입니다. 하나님은 사단의 위가 있는 곳이라고 할지라도 교회를 세우시는 은혜의 하나님입니다. 버가모와 같이 사단의 본부가 있는 곳을 위해 하나님의 교회는 선교하는 선교사들을 위해서 기도해줘야 합니다. 이슬람 지역, 공산주의 지역 이런 곳에서 선교하는 사람들을 위해서 기도해줘야 합니다. 사단의 세력과 싸워서 이기는 길은 오직 기도밖에 없습니다.

그러나 버가모 교회는 사단의 본부가 있는 교회임에도 불구하고 주님께 충성된 교회였습니다. "네가 내 이름을 굳게 잡아서 내 충성된 증인 안디바가 너희 가운데 곧 사단의 거하는 곳에서 죽임을 당할 때도 나를 믿는 믿음을 저버리지 아니하였도다"(계 2:13). 버가모 교회는 굳은 믿음을 가진 교회였습니다. 이방 신전과 이방 신으로 가득한 버가모에서 예수 그리스도의 이름을 굳게 잡았다는 것은 그만큼 신앙적인 결단이 단단했음을 보여주고 있습니다. 우리는 복음을 증거하다가 방해가 오면 좌절하고 사람들의 무관심에도 좌절하기도 하지만 아무리 어려운 지역이라도 믿음을 굳게 잡아야 합니다. 힌두교지역, 이슬람 지역에서 선교하는 선교사들은 여러 해가 지나도 단 한 명의 개종자도 얻지 못하는 그런 경우도 있습니다. 그럼에도 주님을 의지하고 굳게 잡고 좌절하지 말아야 합니다. 자신이 가서 선교하고 교회를 많이 세우는 것만이 중요한 것이 아닙니다. 어려운데 가서 한 명도 얻지 못해도 기독교 선교사가 있음을 보여주는 것도 그 사회에 있어서 복음의 희망이 되는 것입니다. 그러므로 우리는 그런 사역을 멸시해서는 안 될 것입니다. 버가모 교회는 신앙이 굳은 교회였습니다. 이처럼 예수 믿는 우리는 믿음에 좌절되거나 꺾이지 않고 굳은 믿음을 가져야 할 것입니다.

■ 주님께 충성된 교회

두 번째 버가모 교회가 칭찬받은 이유는 예수 이름을 굳게 잡았기 때문입니다. "다른 이로서는 구원을 얻을 수 없나니 천하 인간에 구원을 얻을 만한 다른 이름을 우리에게 주신 일이 없음이로라"(행 4:12). 세상은 훌륭한 성인들이 많이 있습니다. 제가 학교 다닐 때, 공자, 맹자, 석가모니에 관한 책들 그리고 철학책도 많이 읽었습니다. 이들은 분명히 훌륭한 사람입니다. 하지만 인생을 바꾸고 구원의 능력이 있는 위대한 이름은 예수 그리스도 밖에 없습니다. 다른 이름들은 공부해봐야 저에게 구원을 줄 수 없습니다. 하지만 예수 이름을 붙들면 학벌이 있든지 없든지 보통 사람이 아닌 사람이 됩니다. 구원을 소유한 위대한 사람이 되는 것입니다. 이 버가모 교회는 굳은 결심을 가지고 예수 이름을 존중했습니다. 빌립보서 2장 10-11절에서 사도바울은 예수의 이름을 얼마나 존중했는지 볼 수 있습니다.

"하늘에 있는 자들과 땅에 있는 자들과 땅 아래 있는 자들로 모든 무릎을 예수의 이름에 꿇게 하시고 모든 입으로 예수 그리스도를 주라 시인하여 하나님 아버지께 영광을 돌리게 하셨느니라"(빌 2:10-11). 옛날 헬라 사람들은 '가이사', 자기 황제가 신이라고 하면서도 다른 많은 신들을 섬기고 숭배했습니다. 황제가 신이라고 하지만 다른 신들도 다 섬겼습니다. 하지만 그리스도인들 특별히 버가모에 있는 성도들은 한 하나님과 한 구주 예수 그리스도를 믿고 전파하였습니다. 우리도 예수 이름에 대한 굳센 믿음을 갖는 성도가 되어야 할 것입니다. 버가모 교회를 주께서 칭찬하신 다른 이유는 이들이 사망의 위협에도 움츠려 들지 않기 때문입니다. "내 충성된 증인 안디바가 너희 가운데 거할 때에 죽임을 당할 때에도 나를 믿는 믿음을 저버리지 않았다." 충성된 증인 안디바가 누구인지는 알 수 없습니다. 무엇을 하는 사람인지, 나이가 몇인지 알 수 있는 정보가 없습니다. 하지만 위대한 이름이 되었습니다. 하나님은 안디바를 "나의 충성된 순교자", "내 충성된 증인"이라는 타이틀을 주었습니다. 얼마나 위대한 타이틀입니까? 이 사람이 어디에서 살았는지 무엇을 했는지는 모르지만 위대한 타이틀을 얻게 되었습니다. 왜냐하면 복음을 증거하다가 위험이 다가와도 움츠려들지 않고 믿음을 지키고 순교하는 용기를 보여줌으로 "내 충성된 증인"이라는 인정을 받게 된 것입니다. 우리가 예수를 조금 믿다가 어려움이 온다고 믿음을 배반하고 움츠려들면 안 됩니다. 직장에서도 신앙생활하면서 예수 믿는 것이 알려질까 고민하며 식사기도도 안 걸리게 하려고 노력하지 말고 당당하게 해야 합니다. 회식자리에 가서 술을 권해도 "나는 예수 믿는 사람으로 마시지 않습니다."라고 당당하게 말할 수 있어야 합니다. 요새는 예수 믿는다고 쫓아내고 하지 않습니다. 신앙이 굳세다고 보고 더 이상 권하지 않습니다. 오히려 "뭘 이런 걸 다 주시고"하면서 다 받아먹으니까 무시당하는 것입니다. 믿음을 굳게 하고 예수 이름을 붙들고 어떤 위험이 와도 움츠려들지 않는 것을 하나님은 칭찬하는 것입니다.

버가모 교회를 향한 책망

그러나 버가모 교회도 야단맞을 일이 있었습니다. "그러나 네게 두어 가지 책망할 것이 있나니 거기 네게 발람의 교훈을 지키는 자들이 있도다 발람이 발락을 가르쳐 이스라엘 앞에 올무를 놓아 우상의 제물을 먹게 하였고 또 행음하게 하였느니라"(계 2:14). 발람은 거짓된 선지자입니다. 민수기 22장부터 24장에 기록되어 있으며 모압왕 발락에게 뇌물을 받고 이스라엘을 세 번이나 저주하려고 했습니다. 그러나 하나님이 그의 입술을 붙들어 오히려 세 번이나 축복하게 만들었습니다. 그래서 "여호와께서 축복한 자를 내가 어찌 저주하리요."라고 말했던 인물이 발람입니다. 이 발람이 민수기 25장에 가면 모압왕 발락에게 한 가지 꾀를 줍니다. 그것은 이스라엘 백성들에게 미인계를 써서 이스라엘 남자들을 유혹하고 화대로 바알을 숭배하도록 하라고 전략을 줍니다. 실제로 이스라엘 남자들은 모압 여자들을 보고 넘어가 바알을 경배하게 됩니다. 이 일로 인해 하나님이 진노하고 이만 사천 명이 염병으로 죽게 됩니다. 그때 비느하스라는 제사장이 창을 들고 모압 여인과 음행하려 하는 남녀를 단창으로 찔러 죽입니다. 그걸로 인해 염병이 멈추게 됩니다.

발람은 뇌물을 받고 하나님의 교회를 헤치려는 자입니다. 오늘날 뇌물을 뿌리고 받는 사람들은 발람의 후손입니다. 또한 여색을 이용해서 성도를 넘어뜨리려고 하는 사람들도 발람의 후손입니다. 신앙이 굳건하지 못하고 타협하고 변질하는 자들도 발람의 후손입니다. 발람은 사단의 도구였고, 거짓 선지자였습니다. 그러나 이런 자들의 말을 따르는 사람들이 버가모 교회 안에 있었다는 것입니다. 그래서 주께서 그것을 아시고 야단을 친 것입니다.

그리고 니골라 당의 교훈을 지키는 자들의 문제가 있습니다. 당을 만드는 것이 나쁘다고 할 수는 없습니다. 좋은 당을 만들어야 합니다. 그런데 니골라 당은 나쁜 당이었습니다. 이런 당은 만들어서는 안 됩니다. 계시록 2장 6절에 에베소 교회를 괴롭히는 이단도 니골라 당이고, 버가모 교회를 괴롭힌 이단도 니골라 당입니다. 2세기에 리옹의 교황이었던 이레니우스라는 교부는 니골라 당을 영지주의의 한 분파라고 이야기했습니다. 영지주의자는 영은 선하고 육은 악하다는 이분법을 이야기하는 자들로 그들은 육은 악한 것이기 때문에 무슨 악한 짓을 해도 선한 영에는 영향을 줄 수 없다고 주장했습니다. 오늘날 구원파와 같은 이론입니다. 주변에서 공짜로 성경공부 해준다고 하면 가지 마십시오. 공짜 성경공부가 결코 유익이 되지 않습니다. 그것은 여러분의 영을 망치는 지름길입니다.

결국 니골라 당은 육체의 방종을 조장하였습니다. 하나님의 율법, 도덕법을 무시한 것입니다. 율법 폐기론에 빠지게 되었고, 도덕 폐기론에 빠지게 되었습니다. 이들은 영적인 능력만 있으면 그만이고, 간음을 하던, 거짓말을 하던, 이간질을 하던 상관이 없다고 하는 악한 사상인 것입니다.

영적인 능력, 그것이 무엇인지는 모르지만 그것을 갈구해서 누가 주는지는 생각도 안하고 무조건 쫓아다니는 것은 위험한 행동입니다. 니골라 당의 사상입니다. 그래서 뭔가 능력만 나타난다면 그 다음부터는 간음도 하고, 거짓말도 하고, 이간질도 하고, 나쁜 짓도 하게 됩니다. 이것은 니골라 당의 교훈입니다. 니골라 당이 행하는 모든 악한 짓들은 불신자들도 행하지 않는 것입니다. 문제는 성도들 가운데 이런 니골라 당을 추종하는 사람들이 있었다고 성경이 말하는 것입니다. 그래서 주님이 버가모 교회에 두 파를 향해 야단을 치는 것입니다. 하나는 발람의 교훈을 따르는 자, 그리고 니골라 당의 교훈을 따르는 자들입니다. 주님은 이런 사람들에게 "회개하라. 발람과 니골라 당으로부터 돌아서라. 그렇지 않으면 내가 속히 임하여 그 입에 검으로 그들을 싸우리라."고 말씀하셨습니다. 예수님과 싸워서 이길 수 있는 사람은 아무도 없습니다. 요한계시록 19장 15절에서도 **"그의 입에서 이한 검이 나오니 그것으로 만국을 치겠다"(계 19:15상)**고 합니다. 만국과 싸워도 이기는 것이 예수 그리스도의 입에서 나오는 예리한 검이며 이런 이단 사상을 따르는 자들이 예수님과 싸워 이길 리가 없습니다. 그러므로 우리는 발람과 니골라 당의 교훈을 물리쳐야 합니다.

최근에 대한민국에서도 무료 성경공부, 무료 성경신학원들은 니골라 당의 교훈이라고 봐도 무방합니다. 그들은 보통 영지주의의 분파라고 보면 됩니다. 이들은 신령한 것 같습니다. "영은 선하다. 우리는 영적인 사람이며 영에 속한 사람이다."라고 이야기합니다. 하지만 그들의 삶에서 나오는 윤리는 엉망입니다. 영에 속한 사람들이 술 취하고 방탕하고 타락하고 돈 갖고 싸우고 간음하고 그렇습니까? 영에 속한 사람들이 이렇게 사는 것이 맞습니까? 이런 삶이 가능한 것은 그들이 영지주의의 교훈 즉 니골라 당의 교훈을 따르기 때문입니다.

이기는 자에게 주시는 약속

그렇다면 이런 악한 교훈을 떠나서 참된 믿음, 굳센 믿음을 가지고 예수 이름을 지키는 이기는 사람들에게 주께서 무엇을 주실까요? "귀 있는 자는 성령이 교회들에게 하시는 말씀을 들을지어다 이기는 그에게는 내가 감추었던 만나를 주고 또 흰 돌을 줄 터인데 그 돌 위에 새 이름을 기록한 것이 있나니 받는 자밖에는 그 이름을 알 사람이 없느니라"(계 2:17). 영적인 싸움은 이겨야 합니다. 이기는 사람들에게는 감추었던 만나를 줍니다. 감추었던 만나가 주는 의미는 정확히 알 수 없지만, 일단 생각만 해도 신나지 않습니까? 하나님이 주시는 최고의 영양식이 만나입니다. 천사들이 먹던 음식이 만나입니다. 그것을 하나님이 감추어 두었는데 지금 주시겠다고 하는 것입니다. 만나를 먹는다는 것은 우리에게 새로운 힘이 생긴다는 의미입니다. 그리고 흰 돌을 주고 이름을 새겨준다고 합니다. 흰 돌이 무엇인지 모르지만 이름을 새긴 흰 돌은 명예를 의미합니다. 하나님이 높은 명예를 주신다는 것입니다.

결론

우리가 살고 있는 21세기는 온갖 이단 사설이 횡행하는 시대입니다. 정신을 차려야 합니다. 여기저기 끌려가서는 안 됩니다. 이단 사설이 횡행하는 이런 시대, 발람의 교훈, 니골라 당의 교훈이 교회 안에 침투하고 교회 밖에서는 사단의 세력이 머리를 들고 있는 시대에 우리는 살고 있습니다. 그러므로 우리는 이런 시대에 신앙을 타협하지 말고 버가모 교회의 칭찬받은 사람들처럼 굳센 믿음을 가지고 예수 이름을 붙들고 신앙의 협박과 위협이 와도 조금도 뒤로 물러서지 않는 용기를 가지고 살아가야 합니다. 그렇게 하면 하나님이 우리에게 능력과 명예를 주실 것입니다.

07 두아디라 교회

요한계시록 2:18-29

"두아디라 교회의 사자에게 편지하기를 그 눈이 불꽃 같고 그 발이 빛난 주석과 같은 하나님의 아들이 가라사대 내가 네 사업과 사랑과 믿음과 섬김과 인내를 아노니 네 나중 행위가 처음 것보다 많도다"

두아디라 교회는 일곱 도시 가운데 가장 작은 도시입니다. 그리고 지리적으로 중요한 지역도 아닙니다. 그럼에도 불구하고 계시록에서 가장 많은 구절을 차지하고 있는 곳이 두아디라 교회입니다. 교회도 사람이 평가하는 것과 하나님이 평가하는 것이 다름을 보여주고 있습니다. 비록 두아디라 교회는 작은 교회이며 핍박받는 교회이지만 하나님이 이런 두아디라 교회도 중요하게 생각하신 다는 것을 알 수가 있습니다.

두아디라 도시는 주로 상인들이 많이 살고 있었으며, 상인 조합인 길드가 존재한 도시였습니다. 이곳에는 직물 장사, 곡물 장사, 광물 장사 등 상인들이 조합을 이루는 도시였습니다. 사도행전 16장 14절을 보면 바울이 마게도냐에 가서 첫 성인 빌립보에서 전도할 때 강가에 모인 여자들에게 말씀을 전하러 갔습니다. 그때 그 여인들 가운데 두아디라 성에서 온 자줏빛 옷감을 파는 자주 장사 루디아가 있었습니다. 이는 루디아가 두아디라 성에서 온 여자라는 기록이며 두아디라 성사람들은 주로 장사하는 사람들이 모여서 길드를 형성하고 여러 다른 도시로 장사하러 다닌다는 것을 보여줍니다.

완벽한 심판주

이 두아디라 성에도 교회는 있었습니다. 그리고 예수님은 교회를 향해 서신을 보냈습니다. 여기에서 예수님은 완벽한 심판주임을 보여주고 있습니다. "두아디라 교회의 사자에게 편지하기를 그 눈이 불꽃같고 그 발이 빛난 주석과 같은 하나님의 아들이 가라사대"(계 2:18). 그리스도의 눈이 불꽃 같다고 표현하는 것은 교회와 성도들의 모든 것을 다 보시고 다 아신다는 뜻입니다. "내가 이렇게 해도 하나님이 모르실거야."라고 생각하면 안 됩니다. 그리스도의 눈이 불꽃 같기 때문입니다. 하나님의 아들에게 숨길 것은 아무것도 없습니다. 그러므로 하나님의 아들이신 그리스도 앞에서 정직해야 합니다. 하나님을 향해서 머리를 쓰면 안 됩니다. 하나님을 향해서 숨기는 것이 있으면 안 됩니다. 하나님의 아들 앞에서 숨길 수 있는 것은 아무것도 없습니다. "지으신 것이 하나라도 그 앞에 나타나지 않음이 없고 오직 만물이 우리를 상관하시는 자의 눈앞에 벌거벗은 것 같이 드러나느니라"(히 4:13). 그리스도의 심판은 모든 것을 다 알고 행하는 심판입니다. 인간의 심판은 오판이 있을 수 있지만 그리스도의 심판은 모든 것을 다 보시고 아시는 심판입니다. "또 내가 사망으로 그의 자녀를 죽이리니 모든 교회가 나는 사람의 뜻과 마음을 살피는 자인 줄 알지라 내가 너희 각 사람의 행위대로 갚아 주리라"(계 2:23). 예수 그리스도께서는 각 사람의 행위와 생각을 다 알고 심판하시기 때문에 결코 오류가 없고 잘못이 없는 심판을 하십니다. 그리고 그리스도의 심판은 피할 수 없는 심판입니다. "그의 발은 빛난 주석과 같다."고 했습니다. 또한 계시록 1장 15절에서도 "그의 발은 풀무에 단련한 빛난 주석 같이"라고 합니다. 그리스도의 발은 빛난 주석, 그리고 풀무에 단련한 빛난 주석이며 뜨겁게 빛나는 발이고, 원수를 밟는 발이며 거기에서 피할 수 있는 원수는 아무도 없다는 것입니다. 그리스도는 두아디라 교회를 향해서 완벽한 심판주이십니다. 그러므로 그리스도가 심판주로 등장하고 있다는 것은 이 교회가 무엇인가 심판 받을 일이 있다는 것을 보여줍니다.

두아디라 교회를 향한 칭찬

심판주이신 예수 그리스도는 먼저 교회를 칭찬합니다. 예수님은 보통 칭찬을 먼저하고 야단을 치십니다. 이것은 좋은 방법입니다. 아이들을 야단칠 일이 있을 때도 처음부터 야단을 치면 기분이 상합니다. 하지만 칭찬을 먼저 해주고 야단을 치면 기분이 덜 나쁩니다. 예수님도 두아디라 교회를 향해서 먼저 칭찬하십니다. "내가 네 사업과 사랑과 믿음과 섬김과 인내를 아노니 네 나중 행위가 처음 것보다 많도다"(계 2:19). 이 말씀을 보면 신앙생활에 중요한 부분이 다 들어가 있습니다. "네 사업과, 네 사랑과, 네 믿음과, 네 섬김과, 네 인내를 내가 안다. 아는데 처음보다 점점 시간이 흐를수록 더 좋아지더라." 한 구절이지만 대단히 큰 칭찬입니다. 두아디라 교회는 예수님을 사랑했고, 형제들과 서로 사랑했습니다. 그리고 서로 섬기며 인내하고, 주님의 사업을 수행했던 교회였습니다. 훌륭한 교회입니다. 이런 은혜가 시간이 지날수록 더욱 풍성해지는 교회였습니다. 시간이 지날수록 나빠지고 악화되는 교회가 아니라 강화되는 교회였다는 말입니다. "네 나중 행위가 처음 것보다 많도다." 이 모든 일을 두아디라 성도들은 믿음으로 행하였습니다. 그러므로 주님은 한 절 칭찬하지만 두아디라 교회를 크게 칭찬한 것입니다. 주님의 칭찬은 그들의 사랑과, 믿음과, 섬김과, 인내와 사업에 대한 것 입니다. 우리 교회도 주께서 칭찬하신 모든 요소들이 다 지속되고, 날이 갈수록 발전해야 마땅합니다. 두아디라 교회는 핍박과 압박, 갖가지 도전 속에서도 훌륭한 일을 이루었음을 고려할 때 편안한 중에 신앙생활을 하는 우리가 그러지 못한다면 부끄러운 일입니다. 그러므로 우리 교회도 주님께 이렇게 칭찬받는 교회가 되기 위해 노력해야 합니다.

두아디라 교회를 향한 책망

그런데 주님은 두아디라 교회를 책망하실 것이 하나 있다고 말씀하셨습니다. "그러나 네게 책망할 일이 있노라 자칭 선지자라 하는 여자 이세벨을 네가 용납함이니 그가 내 종들을 가르쳐 꾀어 행음하게 하고 우상의 제물을 먹게 하는도다 또 내가 그에게 회개할 기회를 주었으되 그 음행을 회개하고자 아니하는도다 볼지어다 내가 그를 침상에 던질 터이요 또 그로 더불어 간음하는 자들도 만일 그의 행위를 회개치 아니하면 큰 환난 가운데 던지고 또 내가 사망으로 그의 자녀를 죽이리니 모든 교회가 나는 사람의 뜻과 마음을 살피는 자인줄 알지라 내가 너희 각 사람의 행위대로 갚아 주리라 두아디라에 남아있어 이 교훈을 받지 아니하고 소위 사단의 깊은 것을 알지 못하는 너희에게 말하노니 다른 짐으로 너희에게 지울 것이 없노라"(계 2:20-24). 두아디라 교회에는 이세벨이라고 하는 여자가 있었습니다. 그녀는 하나님의 종들을 꾀어 행음하게 하였습니다. 이것은 성적인 부패에 빠지게 했다는 말입니다. 이세벨이 어떤 교리를 가지고 했는지는 몰라도 그녀는 자칭 선지자라고 했습니다. 다른 사람이 혹은 교회가 선지자라고 임명한 것이 아니라 자칭 선지자입니다. 이 자칭 선지자가 하나님의 종들을 꾀어서 행음하게 하고 자신도 행음한 것으로 봐서는 분명히 잘못된 교리에 빠진 사람임을 알 수가 있습니다. 과거에도 보면 신령한 운동을 한다는 사람들이 "피가름"을 한다고 하면서 여러 사람을 행음하게 하는 경우가 많이 있었습니다. 이단들도 교주들이 그런 짓을 많이 합니다. 또한 옛날에 계룡산에 가보면 신령한 사람들이 많이 있었습니다. 예수님 재림이 며칠 남지 않았다고 예언하던 사람들이 많이 있었습니다. 그런 사람들이 다 "피가름"을 한다는 헛소리를 하다가 망했습니다. 이런 사람들이 역사에 보면 참 많이 있었습니다. 지금도 이런 이단 교주들이 많이 있고, 넘어가는 사람들도 많이 있습니다. 이 사람들 자신이 다 하나님께 계시를 받았다고 하면서 자칭 선지자로 활동하고 있습니다. 제발 이런 것에 속지 마시기 바랍니다.

이세벨이란 여자는 이름부터가 심각하지 않습니까? 이세벨이 누구입니까? 오므리 왕조에서 가장 악한 왕인 아합 왕의 부인입니다. 이세벨의 아버지는 바알의 제사장이었습니다. 그는 두로의 왕을 죽이고 왕이 된 인물입니다. 그의 딸 이세벨은 이스라엘에 와서 여호와 섬기는 종교를 쓸어버리고 바알 숭배를 들여온 악한 여자입니다. 그 여자의 이름을 따서 이세벨이라고 하는 것을 보면 이 여자는 벌써 뭔가 이상하다는 것을 알 수 있습니다. 이세벨이란 여자가 자칭 선지자라고 부르는 것을 보면 이 사람이 신령한 사람이라는 것은 알 수 있습니다. 뭔가 기도하면 음성을 듣고 환상을 보기도 했을 것입니다. 그러나 우리는 이런 것들을 보기 전에 성경을 먼저 보아야 합니다. 성경 66권의 계시도 완전히 보지도 못하면서 음성을 듣고 환상을 보려고 하면 그것처럼 사단이 갖고 놀기 좋은 먹잇감이 없습니다. 자칭 선지자라고 하는 것을 보면 성격도 강하고 다른 이를 제 멋대로 조종하려는 사람인 것도 예상할 수 있습니다.

이 사람은 신앙이 아주 잘못됐고, 악령의 지배를 받으면서도 신령한 척하는 여자였습니다. 이 여자가 가르친 것은 성적인 부패와 우상 제물을 먹는 것이었습니다. 이 여자의 가르침을 따르게 되면 사람들이 다 우상의 제물을 먹게 되고, 성적으로 타락하게 되는 것입니다. 이런 여자들은 오늘날도 소위 "카리스마틱 운동"이라고 하는 이름 하에 만연하고 있습니다. 원래 이 운동은 성령운동이었기 때문에 좋은 운동이었지만 이것이 시간이 흐를수록 변질되면서 이상한 운동으로 발전하였습니다.

그렇다면 두아디라 교회는 왜 이세벨과 같은 여자의 말에 넘어갔을까요? 그 이유는 두아디라 교회가 사단의 깊은 것을 알지 못한 것에 기인합니다. 쉽게 말하면 두아디라 교회 성도들이 너무나 순진했기 때문입니다. 너무 순진해서 아무 말이나 다 믿은 것입니다. 그리고 사람을 너무 쉽게 믿고, 분별력이 부족하여 쉽게 속은 것입니다. 우리는 예수님을 믿어도 너무 순진하게 믿어서는 안 됩니다. 지혜롭게 믿어야 합니다. 그래서 다른 사람들이 속이기 힘든 신앙을 만들어야 합니다. 너무 순진해서 사단의 깊은 것을 알지 못하고 하나님의 말씀에 굳게 서지 못하는 두아디라 교회가 되어서는 안 될 것입니다.

예수님은 이런 이세벨에게도 회개할 기회를 주셨습니다. "또 내가 그에게 회개할 기회를 주었으되 그 음행을 회개하고자 아니하는도다"(계 2:21). 음행을 회개할 기회를 주었음에도 회개하지 않았습니다. 그러자 주님이 그녀를 큰 환난에 던지시겠다고 말씀하십니다. "그의 행위를 회개치 아니하면 큰 환난 가운데 던지고"(계 2:22). 큰 환난은 23절에서 밝힙니다. "또 내가 사망으로 그의 자녀를 죽이리니"(계 2:23상). 이세벨이 음행과 우상숭배를 가르친 악한 죄를 속히 회개하지 아니하고 다른 사람들도 그 죄에 빠지도록 미혹하는 짓을 계속하게 되면 하나님이 이세벨의 자녀들을 모조리 죽이시겠다는 무서운 심판입니다.

우리 예수님을 믿는 사람은 약해서 죄에 넘어갈 수 있습니다. 하지만 예수님이 잘못됐다고 하면 바로 돌이키는 사람이 되어야 합니다. 주께서 회개의 기회를 주시고, 경고도 하고, 말씀하시는데 돌이키지 않으면 그 다음에는 큰 환난에 던지신다는 말씀을 기억해야 합니다. 제가 볼 때 어떤 사람들은 이세벨처럼 예수님을 믿으면서도 갖가지 죄에 빠져 살아갑니다. 심지어 큰 목회를 하면서도 그런 죄에 빠지는 사람이 있는데 이 모든 것들은 이세벨을 하나님이 환난에 던지시는 것처럼, 자녀들 때에 가서 좋지 않은 결과들을 보게 됩니다. 이런 환난은 성경에만 있는 것이 아니라 현실에서 이루어지는 것을 볼 수 있습니다. 대단히 두렵고 무서운 심판입니다. 그러므로 우리는 하나님이 잘못했다고 경고하시면 바로 잘못을 인정하고 돌이켜야 합니다. 그러지 않고 계속 그 길로 가겠다고 고집을 부리면 그 결과는 큰 환난을 초래하게 될 것입니다. "주 여호와의 말씀에 나의 삶을 두고 맹세하노니 나는 악인의 죽는 것을 기뻐하지 아니하고 악인이 그 길에서 돌이켜 떠나서 사는 것을 기뻐하노라 이스라엘 족속아 돌이키고 돌이키라 너희 악한 길에서 떠나라 어찌 죽고자 하느냐 하셨다 하라"(겔 33:2). 또한 누가복음 13장에는 실로암 망대가 무너져서 18명이 죽었습니다. 이에 사람들이 수군거립니다. "실로암 사람들이 지은 죄가 많아서 망대가 무너져 죽었다." 그러나 그때 예수님이 수군거리는 사람들을 향해서 말씀하셨습니다. "너희에게 이르노니 아니라 너희도 만일 회개치 아니하면 다 이와같이 망하리라"(눅 13:5). 망대가 무너지면 18명이 죽지만 예루살렘 성전이 무너졌을 때에는 100만 명이 죽었습니다. 이 구절은 그런 의미에서 예언이었습니다. "혹 네가 하나님의 인자하심이 너를 인도하여 회개케 하심을 알지 못하여 그의 인자하심과 용납하심과 길이 참으심의 풍성함을 멸시하느뇨"(롬 2:4). 이 말은 회개하라고 명하시는 것도 그리스도의 인자하심이며 이것을 멸시하는 것의 결과는 큰 환난입니다.

그리스도인에게 성결은 중요합니다. 깨끗하게 살아야 합니다. 깨끗하게 살다가 실수하거나 죄를 지었다면 빨리 회개하고 돌이켜야 합니다. 그리고 다시 정결하고 깨끗하게 살면 되는 것입니다. 그러나 회개하지 않고 계속 그 길을 가면 그 길은 큰 환난으로 가는 지름길입니다.

권면과 상급

이 상황에서 두아디라 교회에 음행에 빠지지 않고, 우상을 숭배하지 않고 굳게 복음을 지키고 있는 사람들이 있습니다. 그들에게 예수님은 상급을 주시겠다고 합니다. "다만 너희에게 있는 것을 내가 올 때까지 굳게 잡으라 이기는 자와 끝까지 내 일을 지키는 그에게 만국을 다스리는 권세를 주리니 그가 철장을 가지고 저희를 다스려 질그릇 깨뜨리는 것과 같이 하리라 나도 내 아버지께 받은 것이 그러하니라 내가 또 그에게 새벽 별을 주리라 귀 있는 자는 성령이 교회들에게 하시는 말씀을 들을지어다"(계 2:25-29). 이세벨의 악한 교훈을 따르지 않고 순수한 복음을 그대로 믿고 붙드는 사람들이 있었습니다. 그들에게 그리스도가 주시는 상급이 엄청납니다. 두 가지의 큰 상급을 줍니다. 하나는 만국을 다스리는 권세를 줍니다. (반기문 UN〈국제연합〉 사무총장은)연임이 되면서 앞으로 5년을 더 맡게 되었습니다. 같은 한국인으로 아주 자랑스러운 일입니다. 하지만 세계 연합을 상징하는 이 기구의 수장이라도 그 기간이 길어야 5년입니다. 그러나 하나님의 만국을 다스리는 권세는 영원하다는 것입니다. 얼마나 감사합니까? 우리는 예수 그리스도와 함께 만국을 심판하는 자리에 앉게 됩니다. 천국 사법고시에 합격하게 해준다는 말씀입니다. 복음을 굳게 잡는 것이 이렇게 중요합니다.

그리고 새벽 별을 준다고 합니다. 새벽 별은 예수 그리스도 자신입니다. 찬송에도 "주는 저 산 밑에 백합 빛나는 새벽 별"이라고 부르고 있습니다. 즉 주님이 복음을 지키는 사람들에게 자신을 주겠다는 것입니다. 그리고 그리스도와 함께 만국을 다스리는 권세를 얻게 하신다는 것입니다. 이것이 복음을 지키는 사람들에게 주시는 복입니다.

결론

두아디라 교회는 장사하는 사람들이 굉장히 많았습니다. 이세벨이라는 여자는 장사하는 사람들의 우두머리였던 것으로 보입니다. 그래서 장사를 잘하기 위해 죄의 길로 가도록 미혹한 것으로 보입니다. 두아디라 교회의 사람들이 사단의 깊은 곳을 알지 못하고 너무 순진하고 순수해서 이세벨의 가르침에 많이 넘어간 것입니다. 그러므로 우리는 예수님을 믿어도 사단에게 미혹되지 말고, 너무 순진하여 분별없이 속지 말고, 복음을 굳게 잡아 주님이 약속하신 두 가지 상급을 받는 성도가 되시기를 주님의 이름으로 축원합니다.

08
사데 교회

요한계시록 3:1-6

"이기는 자는 이와 같이 흰 옷을 입을 것이요 내가 그 이름을 생명책에서 반드시 흐리지 아니하고 그 이름을 내 아버지 앞과 그 천사들 앞에서 시인하리라"(계 3:5).

사데 교회는 실제로 가보면 상당히 높은 지형에 위치해 있습니다. 게다가 사데 교회의 뒷편에는 큰 산이 있습니다. 산을 배경으로 하고 있고 그 산 밑에 자리를 잡고 있어 침략하고 싶어도 할 수 없는 난공불락의 요새입니다. 터키 지역은 나라가 자주 바뀌었는데 그곳에 프리기아라는 왕국이 있었습니다. 프리기아 왕국이 있다가 사데를 중심으로 해서 리디아 왕국이 나중에 일어납니다. 리디아 왕국일 때에 유명한 왕이 크레소스 왕입니다. 크레소스 왕 때에 우리가 잘 아는 이솝이라는 사람이 활동했습니다. 그 유명한 이솝우화가 사데에서 나왔다고 할 수 있습니다. 아테네에서 유명했던 솔론이란 사람이 사데의 크레소스를 만나기 위해서 왔었다는 기록도 있습니다. 사데는 원래 리디아 왕국의 수도였고, 정치적인 도시였지만, 점점 상업도시로 바뀌게 되면서 부유한 도시가 되었습니다. 그리고 높은 언덕이 있어서 외적의 공격을 받지 않는 안전한 도시였습니다. 이 도시에 교회가 있었습니다. 바로 사데 교회입니다.

주님의 평가

이 사데 교회에 대한 주님의 평가는 간단하고 가혹합니다. 일곱 교회 중에서 주님으로부터 전혀 칭찬을 받지 못한 교회가 라오디게아 교회와 사데 교회입니다. 처음부터 주께서 야단을 칩니다. "**사데 교회의 사자에게 편지하기를 하나님의 일곱 영과 일곱 별을 가진이가 가라사대 내가 네 행위를 아노니 네가 살았다 하는 이름은 가졌으나 죽은 자로다**"(계 3:1). 사데교회의 명성이 높았습니다. 그러나 명성은 높은데 내용이 없는 교회였습니다. 요한계시록에서 일곱 교회에 보낸 편지는 예수 그리스도에 의해 사도 요한이 계시를 받고 그것을 교회들에게 보내고, 받은 교회는 그 내용을 회중들 앞에서 봉독하는 형태였습니다. 그런데 사데 교회는 그 편지 내용을 개봉하자마자 청천벽력 같은 주님의 평가를 들었을 때 사데 교회의 회중들이 얼마나 놀랐겠습니까? "너희가 유명한 교회라고 폼 잡고 있냐? 너희는 내용이 없는 교회다." 사데 교회는 과거에 명성을 떨쳤던 교회였습니다. 하지만 성도들은 과거의 영광에 사로잡혀 있었습니다. 주님은 성도가 과거에 사로 잡혀 살기를 원하지 않습니다.

■ **원인1. 일반적인 분위기에 동화되었다**

사데 교회가 과거에 사로잡히고, 명성은 높지만 내용이 없는 교회가 된 데는 두 가지 원인이 있었습니다. 하나는 성도들이 사데라고 하는 도시의 일반적인 분위기에 동화되었기 때문입니다. 사데의 도시 분위기는 난공불락의 요새에다 장사를 해서 돈이 많으니 시민들은 다 자기 만족에 젖어 살고 있는 것입니다. 교회 성도들도 모두 자기 만족에 빠져있었습니다. 목회자가 목회를 할 때 제일 어려운 사람들이 "나는 부족한 게 아무것도 없다."고 하는 사람들입니다. 건강하고, 돈 잘 벌고, 자녀가 잘되고, 사업도 잘됩니다. 예수를 믿어 복을 받는다고 하지만 나는 이미 복을 다 받아 부족한 것이 없으니 믿지 않겠다고 하는 사람이 가장 어렵습니다. 제가 미국에서 목회할 때 그런 사람이 한 명 있었습니다. 교회에서 찬양대하고, 교회에서 봉사도 도맡아 하지만 예수를 믿으라고 하면 자신이 왜 믿어야 하는지 모르겠다며 믿지 않습니다. 봉사는 열심히 하지만 예수는 믿지 않습니다. 그래서 왜 믿지 않느냐고 물으니 자신이 믿어야 할 이유가 없다는 것입니다. 자신에 대해 만족하고 있어 예수를 왜 믿어야 하는지 모르겠다고 하는 것입니다. 그래서 자기만족에 젖은 사람은 도무지 자기반성이 없습니다. 또 예수 그리스도에 대한 필요성도 느끼지 못합니다. 사람이 자신은 지성적인 사람이고, 명문대를 졸업했다고 공부를 계속 하지 않으면 학교를 다니지 않고 부지런히 책 읽은 사람보다 떨어지게 됩니다. 학교는 좋은 데 나왔는데 머리를 비우고 살았으니 실력이 뒤 떨어지게 되는 것입니다.

또 자신이 건강한 사람이라며 만족하고 있으면 도리어 건강을 잃을 수 있습니다. 건강하고 지혜로운 사람은 건강할 때 건강 검진 받으면서 건강을 유지합니다. 그렇게 하지않고 소홀히 하면 반드시 건강을 잃게 됩니다.

자신이 과거에 신앙생활 하면서 방언을 받고 불을 받았기 때문에 끄떡없다고 자만하지 말고 언제나 자신의 기도 생활이 제대로 되고 있는지 반성하고 현재 생활에 최선을 다하는 성도가 되어야 합니다. 사데 사람들이 자기만족에 젖어서 반성하지 않아 이름만 있지 죽은 교회라는 소리를 듣게 된 것입니다.

■ **원인2.** 외적인 요소에 치중했다

두 번째로 사데 교회는 외적인 요소에만 치중했고, 신앙의 내적인 핵심이 약했습니다. 신앙의 내적인 핵심은 하나님을 향한 사랑과 감사입니다. 우리 신앙이 항상 제대로 역동성을 띄려면 하나님을 사랑하고 감사가 많아야 합니다. 언제나 하나님께 감사하면서 그분을 사랑하는 마음이 뜨거우면 신앙의 내적인 역동성을 유지할 수 있습니다. 에베소 교회를 책망할 때도 "너희 처음 사랑을 버렸느니라"며 신앙의 핵심을 버렸다고 꾸짖습니다. 또한 마태복음에서도 "예수께서 가라사대 네 마음을 다하고 목숨을 다하고 뜻을 다하여 주 너의 하나님을 사랑하라 하셨으니 이것이 크고 첫째 되는 계명이요"(마 22:37-38)라고 했습니다. 그러므로 신앙의 핵심은 언제나 내 영혼 안에 하나님을 향한 사랑과 감사가 있는지 확인해야 합니다. 사랑과 감사를 잃어버리면 외적으로는 아무리 화려해지고 자신의 직분이 높아진다 하더라도 신앙의 핵심이 약화되면서 "너는 겉은 화려한데 속은 죽었다"라는 소리를 주님으로부터 듣게 됩니다. 하나님을 사랑하는 교회나 성도는 하나님을 향한 열심을 가지고 있습니다. 부흥하는 교회들을 보면 미지근한 교회가 없습니다. "열심"이 있습니다.

사데 교회는 "너희 중에 이단이 있다.", "발람의 교훈을 따르는 자가 있다.", "니골라당을 따르는 자가 있다.", "여자 이세벨이 있다."는 이런 방식의 책망이 없습니다. 사데 교회 사람들은 그냥 이것도 좋고, 저것도 좋다는 방식으로 지낸 것 같습니다. 내적으로 열심을 상실한 교회였습니다. 우리는 사데 교회처럼 야단 맞지 않으려면 내적으로 주님을 사랑하고 감사하고 신앙이 성장하려는 열심과 거룩함을 이루려는 열심이 있어야 하며, 외적으로는 전도하고 선교하려는 열정을 가지고 있어야 합니다.

사실 지나가는 모르는 사람한테 욕을 먹어도 기분이 좋지 않고, 직장 상사한테 야단을 맞아도 기분이 좋지 않은데, 하나님으로부터 야단을 맞으면 얼마나 큰 타격이 되겠습니까? 우리는 부디 야단맞지 않고 칭찬 받는 교회가 되기를 바랍니다.

우리는 사데 교회를 보면서 몇 가지를 반성해보아야 합니다. 나는 과거에 얽매여 현재를 소홀히 여기지는 않는지, 세상 분위기에 휩쓸려서 자기반성을 게을리 하고 있지는 않는지, 외적인 모양에 얽매여서 내적인 내용을 잃어버리지는 않는지, 하나님을 향한 사랑과 열정을 잃어버리지는 않았는지를 생각해 보아야 합니다. 하나님을 섬겨도 열심을 품고 섬기라고 성경은 말씀합니다.

교회를 향한 처방

두 번째로 주님은 사데 교회에게 외형은 그럴 듯해도 내용이 없는 이 교회를 향해서 네 가지 처방을 말씀합니다. "깨어라.", "강화하라.", "생각하고 기억하라.", "회개하라." 이렇게 네 가지 동사입니다.

■ 깨어라

먼저 "너는 일깨워"라고 했습니다. 너무 안전하다고 자족하고 잠자지 말고, 깨어나라는 것입니다. 이 사데라는 도시가 리디아 왕국의 도시인데 결국 페르시아에게 망합니다. 망한 이유는 사데 지방을 지키는 파수꾼들이 모두 잠들었기 때문이라는 기록이 있습니다. 보초 서는 군인들이 다 잠든 것입니다. 사데 지방의 사람들이 졸다가 페르시아에 멸망당한 기억이 있습니다. 그런 점에서 예수님도 그 역사를 생각하면서 "우선 깨어나라."고 말씀하신 것입니다. 영적으로도 잠들어 있는 사람은 깨어나야 합니다. 기도 한 번도 안하고, 하나님과 진실 되게 일대일로 기도해본 적이 없는 사람은 영적으로 잠자고 있는 사람입니다. 일 년 내내 성경 한 번 읽어본 적이 없는 사람은 영적으로 잠들어 있는 사람입니다. 일 년 내내 주님을 위해서 무엇을 해보겠다는 생각도 없고 개념도 없는 사람은 영적으로 잠든 사람입니다.

성경에 깨어 있으라는 말씀이 많이 있습니다. "깨어 있으라. 내가 너희에게 하는 이 말이 모든 사람에게 하는 말이니라 하시니라"(막 13:37), "근신하라 깨어라 너희 대적 마귀가 우는 사자같이 두루 다니며 삼킬 자를 찾는다"(벧전 5:8). 마귀는 성도들의 약점을 공격합니다. 죄에 빠지기 쉬운 점을 공격합니다. 그래서 파수꾼을 잘 세워서 잘 바라보게 하라는 것입니다. "얽매이기 쉬운 죄를 벗어버리고 인내로써 우리 앞에 당한 경주를 경주

하며"(히 12:1하). 청교도들은 이 말씀을 성도들 각자도 각각의 얽매이기 쉬운 죄의 영역이 있다고 해석했습니다. 즉 어떤 사람은 성적인 죄에 약할 수 있습니다. 늘 성적인 죄에 약합니다. 그래서 자꾸 넘어집니다. 또 어떤 사람은 물질 문제에 약할 수 있습니다. 신용카드만 보면 안 쓰고 못 견디는 그런 사람이 있을 수도 있습니다. 또 어떤 사람은 분노의 문제를 가지고 있을 수 있습니다. 조금만 자기 성질에 맞지 않으면 둘러 엎는 문제, 어떤 사람은 시기심, 누가 잘 됐다고 하면 뒤틀리는 그런 마음이 드는 경우가 있을 수 있습니다. 그리고 어떤 사람은 탐욕의 마음이 클 수 있습니다. 어떤 사람은 입만 벌리면 다른 사람을 비난하는 경우도 있을 수 있습니다. 자기 의견을 가지고 남에게 강요하고 지배하려는 성향을 가진 사람도 있습니다. 이런 것들이 다 사람마다 얽매이기 쉬운 죄가 다 다르다는 것입니다. 그러므로 우리는 자신을 잘 분석해서 어떤 죄의 영역에 약한지를 살펴 거기에 파수꾼을 세워놓고 넘어가지 않아야 합니다. 예를 들어 여색에 약한 사람은 아름다운 여자가 오면 눈을 감아야 합니다. 또 신용카드를 남용하는 사람은 카드를 가위로 잘라서 쓰지 않겠다는 각오를 해야 합니다. 이런 식으로 자신이 약한 부분에 파수꾼을 세워야 합니다. 주님은 사데 교회를 향해서 "너는 깨어나라. 깨어나서 수비를 잘 세워라."고 말씀하시는 것입니다.

■ 강화하라

두 번째는 "너는 일깨워 그 남은바 죽게 된 것을 굳게 하라 내 하나님 앞에 네 행위의 온전한 것을 찾지 못하였노니"(계 3:2). 남아있긴 하지만 지금 죽어가려는 것들을 강화시키라는 말입니다. 사데 교회가 주님께 야단을 맞아도 남아 있는 좋은 요소는 있는 것입니다. 교회이므로 정기적인 예배가 있을 것이며 설교하는 목회자가 있을 것이고, 선교도 할 것이고, 침례와 주의 만찬과 같은 교회 의식도, 성도간의 교제도 있을 것입니다. 교회로서 남아 있는 좋은 것이 있으면 그것을 강화하고 굳게 하라고 말씀하십니다.

■ 기억하라

세 번째는 "기억하라."입니다. "그러므로 네가 어떻게 받았으며 어떻게 들었는지 생각하고 지키어 회개하라"(계 3:3상). 기억하라는 것입니다. 사람이 기억하는 것도 위험한 감상주의적 기억이 있습니다. "옛날이 좋았지."하면서 과거만 생각하고 현재나 미래를 위한 건설적인 노력을 하지 않는 것은 위험한 기억입니다. 그러나 현재와 미래를 살리기 위해 과거를 기억하는 것은 좋은 것입니다. "내가 복음을 어떻게 받았는가?", "내가 복음을 어떤 상황에서 받았는가?", "복음을 듣기 이전에 나의 상황은 어떠했는가?", "복음을 받고 처음 가졌던 첫 사랑은 어떠했는가?", "나의 첫 헌신은 어떠했는가?", "나의 신앙생활은 왜 느슨해졌는가?" 이런 것을 생각하고 반성해보라는 것입니다. 그래서 주님은 "생각하고 기억하라."는 것입니다. 하나님이 은혜를 주시고 열심을 냈던 그때를 기억하고 "그때가 좋았지 그러나 이제는 꿈이야."하는 것이 아니라 당시의 열심을 회복하라는 것입니다.

■ 회개하라

제일 중요한 단어는 "회개하라."는 단어입니다. 회개가 없으면 깨어나도 소용이 없습니다. 굳게 해도 소용없으며, 생각하는 것도 소용없는 것입니다. 차갑고 게으르고 열정 없는 신앙생활에서 돌이키라는 것입니다.

주님의 경고와 격려

주님은 사데 교회에 네 가지 단어로 처방을 내렸습니다. "깨어나라.", "강화해라.", "기억하라.", "회개하라." 주님은 경고도 하고 격려도 하십니다. 이렇게 처방을 내리고 경고를 합니다. 이 네 가지 처방을 따르지 않으면 예기치 못하던 때에 주님의 심판이 임한다는 것입니다. "그러므로 네가 어떻게 받았으며 어떻게 들었는지 생각하고 지키어 회개하라 만일 일깨지 아니하면 내가 도적 같이 임하리니 어느 시에 네게 임할는지 네가 알지 못하리라"(계 3:3). 이 말은 주님이 도적이라는 말이 아니라 주님이 심판으로 임하는 것이 도적같이 임한다는 것입니다. 도적은 언제 올지 알 수 없습니다. 언제 올지 알 수 있다면 지킬 텐데 알지 못함으로 당황하는 것입니다. 주님의 경고를 무시하면 예상치 못하던 때에 하나님의 심판을 받게 되는 것입니다.

그러나 주님은 그래도 격려합니다. 칭찬할 것 없는 교회임에도 격려를 하십니다. "그러나 네게 그 옷을 더럽히지 아니한 몇 명이 네게 있도다." 옷을 더럽히지 않은 몇 명이 있다고 했습니다. 이렇게 죽어가는 교회에도 신실한 성도 몇 명은 있다는 것입니다. 주님은 그들에게 세 가지 상급을 약속하셨습니다. 첫째로는 그들을 인정해주겠다. "그 이름을 내 아버지 앞과 그 천사들 앞에서 시인하리라"(계 3:5). 하나님 앞에서 내가 너를 안다고 인정해주겠다는 것입니다. 만약 하나님 앞에서 예수님이 나를 보고 "나는 너를 모른다."고 하면 얼마나 무서운 일입니까? "내가 귀신도 쫓아내고, 교회도 크게 부흥시켰습니다."라고 말해도 주님이 "나는 너를 모른다."고 하면 지옥에 가는 것입니다. 그러므로 주님이 인정하시면 그것은 축복입니다.

두 번째는 그들에게 명예와 영광을 주신다고 합니다. "흰 옷을 입고 나와 함께 다니리니 그들은 합당한 자인 연고라"(계 3:4하). 얼마나 놀랍습니까? 믿음을 지키는 것은 하나님으로부터 영광을 얻는 길입니다. 그리고 주님과 영원히 교제하는 특권을 누리게 되는 것입니다. "이기는 자는 이와 같이 흰 옷을 입을 것이요 내가 그 이름을 생명책에서 반드시 흐리지 아니하고"(계 3:5상). 그리스도 예수님과 영원히 교제하는 특권을 누린다는 것입니다.

결론

아무리 생명력이 없고 죽은 교회라고 불리는 사데 교회에도 하나님의 택하신 참된 성도들은 존재했습니다. 우리는 생각도 안하고 회개도 안하고 옳은 것을 강화하려는 노력도 안하고, 게으르고, 열심을 내지 않으면 사데 교회처럼 될 수 있습니다. 그러므로 우리가 깨어서 더 열심을 찾아야 합니다. 열심을 찾고 믿음을 지키면 주님이 인정해주시고 명예를 주시고 영원토록 우리와 교제하시는 축복을 주실 것입니다. 주께 인정받는 성도가 되기를 바랍니다.

09 빌라델비아 교회

요한계시록 3:7-13

"볼지어다 내가 네 앞에 열린 문을 두었으되 능히 닫을 사람이 없으리라 내가 네 행위를 아노니 네가 적은 능력을 가지고도 내 말을 지키며 내 이름을 배반치 아니하였도다"(계 3:8).

    빌라델비아 교회는 사데 교회에서 남동쪽으로 40킬로미터 가량 떨어진 도시에 세워진 교회입니다. 빌라델비아 지방은 작은 에덴이라고 불리우며 포도나무가 많고, 포도 생산량도 높아, 문화가 발전한 도시였습니다.

    터키를 가보면 갑바도기아가 있고, 그곳에서 왼쪽으로 가면 프리지아(브루기아)가 있습니다. 프리지아 지방에서는 과거에 신비주의자들이 많이 나왔습니다. 2세기에 보면 '몬타니스트'라는 운동이 있었습니다. 이 운동에 대표적인 세명이 몬타누스, 프리셀라, 막시밀라입니다. 남자 한 명에 여자 두 명으로 구성되어 있었는데 이들이 강조한 것은 방언, 예언, 입신입니다. 이 운동이 엄청난 반향을 일으켰습니다. 당시 소아시아의 절반을 차지할 정도의 숫자로 크게 부흥하였습니다.

이 세 사람이 예언하기를 176년에 프리지아 지방에 있는 페푸자라는 동네에 예수님이 재림하신다고 했습니다. 하지만 아무 일도 없이 지나가게 되면서 이 예언운동은 성령에 의한 운동이 아니었다는 평가를 받게 되면서 수그러들게 됩니다. 몬타니즘의 본산지는 바로 갑바도기아에서 서쪽에 위치한 프리지아이고 이곳과 터키의 동쪽을 연결하는 요새, 교통의 요지가 바로 빌라델비아입니다.

빌라델비아는 주전 2세기에 버가모의 왕이었던 안탈루스 2세가 건설했습니다. 그는 자기 동생인 유메네스를 매우 사랑했습니다. 그래서 그 도시를 건설하고 그 도시 이름을 "형제 사랑"이라고 이름을 붙였습니다. 빌라델비아라는 말은 영어로 필라델피아입니다. 필라델피아는 헬라어로 "필리아(사랑)"라는 말과 "아델포스(형제)"라는 말이 결합된 말로 형제사랑이라는 의미를 가지고 있습니다.

빌라델비아 교회는 일곱 교회 중에서 주님이 책망을 하지 않으신 두 개의 교회 중 하나입니다. 서머나 교회와 빌라델비아 교회는 책망받지 않았습니다. 다음에 보게 될 라오디게아 교회는 칭찬 한 마디도 듣지 못하고 책망만 받았습니다. 그런데 빌라델비아 교회는 책망이 없고 칭찬만 있습니다. 오늘날 우리 교회가 빌라델비아 교회처럼 되기를 소망합니다.

빌라델비아 교회에 계시된 그리스도

빌라델비아 교회에 계시된 신이신 예수님의 모습은 대단히 인상적입니다. "빌라델비아 교회의 사자에게 편지하기를 거룩하고 진실하사 다윗의 열쇠를 가신 이 곧 열면 닫을 사람이 없고 닫으면 열 사람이 없는 그이가 가라사대"(계 3:7). 이 구절을 보면 예수님의 성품이 어떤지 알 수 있습니다. 예수님의 성품은 첫째 거룩한 분이며, 둘째 진실한 분입니다. 거룩하고 진실합니다. 거룩하고 진실하다는 말은 예수님에게 죄가 없음을, 그리고 거짓이 없음을 의미합니다. 우리가 예수님을 닮아가겠다는 것은 이렇게 거룩하고 진실한 사람이 되어야 한다는 것을 의미합니다.

귀신들도 예수님이 거룩한 분인 줄 알고 있었습니다. "나는 당신이 누구인줄 아노니 하나님의 거룩한 자니이다"(눅 4:34하). 귀신이 예수님을 보고 하나님의 거룩한 자라고 이야기합니다. "오직 너희를 부르신 거룩한 자처럼 너희도 모든 행실에 거룩한 자가 되라"(벧전 1:15). 예수님은 거룩하고 진실한 분입니다. 요한계시록 3장 7절은 바로 이것을 확증하고 있습니다.

"또 내가 하늘이 열린 것을 보니 보라 백마와 탄 자가 있으니 그 이름은 충신과 진실이라 그가 공의로 심판하며 싸우더라"(계 19:11). 사단이든, 악령이든 예수님을 십자가에 못 박은 자이든 아무도 예수님에게 죄가 있다고 비난할 수 없고 예수님에게 거짓이 있다고 비난할 자가 없는 것입니다. 왜냐하면 예수님은 진실하고 거룩한 분이기 때문입니다. 우리는 솔직히 "너는 100% 거룩하냐?", "넌 100% 진실하냐?"고 물으면 대답하기 곤란합니다. 인간은 누구도 이 질문에서 자유 할 수 없습니다. 그러나 예수님은 백 퍼센트 진실하고 거룩한 분입니다. 예수님의 권위는 놀랍습니다.

요한계시록 3장 7절에서 다윗의 열쇠를 가진 분이라고 말씀하고 있습니다. 다윗의 열쇠를 가진 분, 열면 닫을 사람이 없고, 닫으면 열 사람이 없는 그분입니다. 예수님이 가지신 열쇠는 다윗의 열쇠입니다. 예수님이 우리에게 축복의 문을 열어주시면 축복이 열립니다. 예수님이 닫으면 어떤 방법을 써도 안 되는 것입니다. 예수님께서 축복의 문을 열어주시고 그것을 누리는 성도가 되기를 바랍니다.

다윗의 열쇠라는 이야기는 이사야 22장에 나옵니다. 이사야가 힐기야의 아들 엘리야김을 향해 한 말씀을 인용하고 있습니다. "내가 또 다윗 집의 열쇠를 그의 어깨에 두리니 그가 열면 닫을 자가 없겠고 닫으면 열 자가 없으리라"(사 22:22). 이사야 22장은 히스기야왕 때 앗수르의 왕 산헤립이 침공한 상황에서 군대대신인 셉나가 나옵니다. 셉나가 전쟁이 나서 나라가 망하게 생겼는데 궁을 차지하고 높은 곳에 자기 묘실을 짓고 이기적으로 자기 살 길만을 찾습니다. 그러자 하나님이 셉나를 공처럼 말아서 광야에 던지겠다고 했습니다. 이 말은 박살내겠다는 뜻입니다. 이렇게 셉나가 쫓겨나고 그 자리에 엘리야김을 앉힙니다. 셉나의 옷을 입히고, 띠를 띠우고, 정권을 맡긴 것입니다. 그래서 엘리야김은 다윗의 열쇠를 가지고 다윗 가문에 속한 모든 보고를 열고 닫을 수 있는 막강한 권세를 지니게 된 것입니다.

그런데 이 엘리야김이 바로 예수 그리스도를 예표하는 인물입니다. 엘리야김에게 하신 말씀이 예수님에게 하신 말씀과 동일합니다. "다윗의 열쇠를 네게 주노니 열면 닫을 자가 없고 닫으면 열 자가 없다."는 말이 이사야 22장 22절과 요한계시록 3장 7절에 있다는 것입니다. 예수님은 하나님 아버지에게 속한 모든 보고를 열 수 있는 열쇠를 가진 분입니다. 그러므로 예수님이 열쇠입니다. 예수님이 천국의 열쇠를 갖고 계십니다. 그래서 예수님을 믿어야 천국이 열립니다. 구원과 축복, 은혜가 열립니다.

그런데 지금 예수님은 개인에게 하신 것이 아니라 빌라델비아 교회를 향해서 말씀하시기 때문에 교회 부흥의 열쇠, 전도의 열쇠, 선교의 열쇠도 예수님이 쥐고 있는 것입니다. "볼지어다 내가 네 앞에 열린 문을 두었으되 능히 닫을 사람이 없으리라"(계 3:8상). 다윗의 열쇠를 가지고 빌라델비아 교회에게 문을 열어준다는 뜻입니다. 여기에서 열린 문이라는 것은 하나님께서 교회에게 주시는 사역의 기회를 의미하는 것입니다. 전도의 기회, 선교의 기회 등 하나님이 기회를 주지 않으면 안 되는 것입니다. 전도도 안 되고, 선교도 안 됩니다. 하고 싶어도 불러주는 사람이 없고, 전도하고 싶어도 만나는 사람이 없고, 문을 닫아놓으면 어떻게 되겠습니까? 안 됩니다. 그러나 빌라델비아 교회를 향해서 예수님이 열쇠를 가지고 "너희에게 전도와 선교의 문을 열어주겠다."고 하시는 것입니다.

"내게 광대하고 공효를 이루는 문이 열리고"(고전 16:9상). 공효는 효과적으로 일을 할 수 있는 큰 문이 네 앞에 열려있다는 말씀입니다. "내가 그리스도의 복음을 위하여 드로아에 이르매 주 안에서 문이 내게 열렸으되"(고후 2:12), "또한 우리를 위하여 기도하되 하나님이 전도할 문을 우리에게 열어주사"(골 4:3). 즉 하나님은 자신의 뜻을 받드는 신실한 교회를 위해서 갖가지 사역을 할 수 있는 문을 열어주시는 것입니다. 전도하는 문, 선교하는 문 등을 열어주십니다.

빌라델비아 교회를 향한 칭찬

처음에 말한 것처럼 빌라델비아 교회는 주님이 칭찬만 합니다. 주님은 빌라델비아 교회를 가리켜서 적은 능력을 가진 교회라고 했습니다. "네가 적은 능력을 가지고도 내 말을 지키며 내 이름을 배반치 아니하였도다"(계 3:8하). 여기에서 적은 능력이라는 것은 영적인 능력이 작다는 의미가 아닙니다. 세상의 안목으로 볼 때 부요한 교회, 큰 교회가 아니라는 의미입니다. 즉 주님이 평가하시는 큰 교회의 기준은 세상의 기준이나 물리적인 기준으로 평가할 수 없는 것입니다. 예배당 크게 짓고 사람이 많이 모이면 큰 교회입니까? 아닙니다. 주님이 평가하시는 기준은 다릅니다. 세상의 기준과 예수 그리스도의 기준은 다릅니다. 빌라델비아 교회는 능력이 작아도 하나님이 보시기에 큰 교회라는 것입니다.

■ 순종하는 교회

주님이 빌라델비아 교회를 칭찬한 것에는 세 가지 요인이 있습니다. 첫째, 순종하는 교회였기 때문입니다. "네가 적은 능력을 가지고도 내 말을 지키며 내 이름을 배반치 아니하였도다"(계 3:8하), "네가 나의 인내의 말씀을 지켰은즉"(계 3:10상). 빌라델비아 교회는 하나님이 말씀하시는 일에 순종하는 교회였습니다. 성도들은 예수 그리스도에게 순종하는 것이 굉장히 중요합니다. 요한복음 14장에서도 주님이 순종에 대해서 아주 많이 강조했습니다. "나의 계명을 가지고 지키는 자라야 나를 사랑하는 자니 나를 사랑하는 자는 내 아버지께 사랑을 받을 것이요 나도 그를 사랑하여 그에게 나를 나타내리라"(요 14:21), "예수께서 대답하여 가라사대 사람이 나를 사랑하면 내 말을 지키리니 내 아버지께서 저를 사랑하실 것이요 우리가 저에게 와서 거처를 저와 함께 하리라"(요 14:23), "너희가 나를 사랑하면 나의 계명을 지키리라"(요 14:15). 주께서 다윗의 열쇠를 가지고 열어주시는 사람은 순종하는 사람입니다. 불순종할 때 오는 것은 비극이고, 실패이며 슬픔뿐입니다. 에덴동산에서 아담과 하와가 불순종하여 결국은 인류의 타락이 초래되었습니다. 광야에서 이스라엘 백성들이 불순종하여 40년을 방황했습니다. 결국 나라가 망하고 포로가 되었습니다. 그러므로 주께서 다윗의 열쇠를 가지고 열어주시는 사람은 바로 순종하는 사람입니다. 언제나 하나님께 순종하는 성도가 되기를 바랍니다.

■ 충성하는 교회

두 번 째로 충성스러웠기 때문입니다. 8절 후반에 "내 이름을 배반치 아니했다"고 합니다. 배반하지 않았다는 것은 충성했다는 것입니다. 1세기 상황에서도 복음의 순수성을 지키고 그리스도에게 충성하는 것은 결코 쉬운 일이 아니었습니다. 정치적으로 로마가 핍박을 하고 영적으로 이방신 숭배사상이 만연하고 헬라 철학이 만연하면서 기독교가 핍박을 많이 받았습니다. 도리어 지금 21세기가 평안하지 1세기는 더욱 믿기 어려웠습니다. 그럼에도 불구하고 빌라델비아 교회는 그리스도의 이름을 배반하지 않고 그리스도를 믿는 믿음이 충성스러웠습니다.

21세기를 살아가는 오늘날 우리에게도 그런 위협들은 여전히 있습니다. 최근 이슬람의 포교정책이 보통이 아닙니다. 한국과 미국 등 엄청나게 들어오고 있습니다. 무신론, 이단, 물질숭배, 부도덕, 쾌락숭배 등 이런 것들이 들어와도 직장이나, 가정이나, 학교에서나, 그리스도의 이름을 배반하지 말아야 합니다. 학생들도 학교에서 예수님을 믿지 않는 사람인 것처럼, 직장인들도 예수님을 믿지 않는 사람인 것처럼 예수님을 믿습니까? 이렇게 대충 믿고 정확하게 대답하지 않으면 주님이 다윗의 열쇠를 가지고 "너는 다음에 열어준다"고 말한다면 어떠하겠습니까? 그러므로 그리스도의 이름을 배반하지 말고 충성해야 합니다. 특히 복음에 충성해야 합니다.

■ 복음을 증거하는 교회

세번째로 복음 증거에 헌신했기 때문입니다. 중요한 것은 헌신입니다. 교회가 성도가 많다고 하지만 헌신하는 한 사람이 일당백입니다. 헌신하는 사람이 필요합니다. 주의 일에 헌신하여 열심히 전도하면 1년에 천 명도 할 수 있습니다. 헌신이 중요합니다. 주님이 선교와 전도의 문에 열린 문을 두셨을 때 "저는 능력이 적어서 못합니다."라고 핑계대지 않고 복음 증거를 게을리 하지 않으며 열심히 헌신했기 때문에 주께서 빌라델비아 교회를 기뻐하시는 것입니다. 순종과 충성과 헌신, 이 세 가지가 있으므로 야단 한마디 하지 않으시고 칭찬만 하시며 문을 열어주셨다는 것입니다.

권면과 상급

주님은 이런 빌라델비아 교회에 하실 말씀이 있습니다. "내가 속히 임하리니 네가 가진 것을 굳게 잡아 아무나 네 면류관을 빼앗지 못하게 하라"(계 3:11). 아무리 책망할 것이 없는 훌륭한 교회라고 하지만 무사 안일에 빠지지 말라고 합니다. 기도도 안일하게 하고, 성경공부도 안일하게 하지 말라는 것입니다. 굳게 잡으라고 말씀합니다. 그렇게 할 때 주님이 빌라델비아 교회에 주는 위대한 세 가지 약속이 있습니다.

첫째는 원수들을 굴복시키겠다는 약속입니다. "보라 사단의 회 곧 자칭 유대인이라 하나 그렇지 않고 거짓말 하는 중에서 몇을 네게 주어 저희로 와서 네 발 앞에 절하게 하고 네가 나를 사랑하는 줄을 알게 하리라"(계 3:9). 예수님이 빌라델비아 교회 편에 서있다는 것을 원수에게 보여주시겠다는 것입니다. 원수들이 유대인이라고 무리를 지어서 교회를 핍박하지만 결국 어떤 이유인지 몰라도 교회 앞에 무릎을 꿇게 만든다는 것입니다.

우리가 믿음을 진실로 지키면 우리를 괴롭히는 사람들을 나중에 무릎 꿇게 만듭니다. 왜 무릎을 꿇는지는 모릅니다. 하지만 꿇고 "잘못했습니다. 한 번만 봐주세요."라고 고백하게 만들겠다고 하는 것입니다. 주님이 우리 편을 들어주신 다는 것입니다. 주님이 우리 편이 되어 주시는데 무엇이 걱정입니까? 걱정할 일이 없습니다. 우리는 원수를 굴복시키고 다 승리할 것입니다. 유대인들은 하나님을 섬긴다고 말하지만 예수를 믿지 않습니다. 그러므로 이 무리들은 사단의 무리입니다. 아들을 공경하는 자가 하나님을 공경하고 아들을 공경하지 않는 자는 하나님을 공경하는 것이 아닙니다. 여호와의 증인이라고 하면서 예수님을 안 믿는다는 것은 하나님을 공경하는 사람이 아닙니다. 이것이 예수님의 말씀입니다. 그러므로 유대인들이 여호와 하나님을 섬긴다며 "여호와여 여호와여"하며 매일 외치지만 사실은 사단을 숭배하는 것이며 이들이 교회를 괴롭히고 핍박하지만 결국 교회 앞에 무릎 꿇게 만들겠다는 약속입니다.

두 번째 축복은 시험의 때가 온 세상에 올 때 시험의 때를 면하게 하시겠다고 합니다. *"네가 나의 인내의 말씀을 지켰은즉 내가 또한 너를 지키어 시험의 때를 면하게 하리니 이는 장차 온 세상에 임하여 땅에 거하는 자들을 시험할 때라"*(계 3:10). 이것은 로마 황제들에 의한 핍박을 의미합니다. 로마 황제가 아무리 핍박해도 빌라델비아 교회, 너희는 내가 보존해 주겠다는 것입니다. 얼마나 멋있는 약속입니까? 로마가 핍박을 하는데 시험이 완전 면제되는 것은 아닙니다. 그러나 빌라델비아 교회를 보존해 주겠다는 말씀입니다.

세 번째 하나님의 소유된 백성이 된다는 약속입니다. *"이기는 자는 내 하나님 성전에 기둥이 되게 하리니 그가 결코 다시 나가지 아니하리라 내가 하나님의 이름과 하나님의 성 곧 하늘에서 내 하나님께로부터 내려오는 새 예루살렘의 이름과 나의 새 이름을 그이 위에 기록하리라 귀 있는 자는 성령이 교회들에게 하시는 말씀을 들을지어다"*(계 3:12-13). 새 예루살렘은 천국입니다. 예루살렘 시온성은 천국의 상징이고 새 예루살렘은 천국입니다. 천국에 그 이름이 기록됩니다. 천국의 백성이 되고 하나님의 소유가 되는 백성이 된다는 말씀입니다. 원수를 굴복시키고, 시험을 면하게 해주고, 하나님의 소유로 삼으시고, 사용하시고, 축복하시는 백성으로 삼아주십니다.

결론

우리는 주께서 우리 교회를 어떻게 평가하실까를 생각해보아야 합니다. 장자교회라고 하면서 장자 노릇은 하고 있는 것인지, 열린 문을 사명으로 알고 감당하고 있는지, 혼탁한 세상에서 복음의 순수성을 지키고 그리스도에게 충성하고 있는지 생각해봐야 합니다. 우리 교회가 사람의 눈에 큰 교회가 아니라 하나님의 눈에 큰 교회가 될 수 있어야 할 것입니다.

10
라오디게아 교회

요한계시록 3:14-22

● "네가 이같이 미지근하여 더웁지도 아니하고 차지도 아니하니 내 입에서 너를 토하여 내치리라" (계 3:16).

　　라오디게아 교회는 전혀 칭찬받지 못한 교회입니다. 빌라델비아 교회는 주님의 칭찬만 들었지만 라오디게아 교회는 칭찬은 한마디도 없고 책망만 들은 교회입니다. 우리 인생이 칭찬 받을 것이 한두 개는 있어야지 야단만 가득하다면 얼마나 불행한 일입니까? 우리는 칭찬받을 요소를 가지고 있어야 합니다. 물론 책망을 받을 일도 있겠지만, 칭찬받을 일도 있어야 합니다. 칭찬은커녕 책망만 받아서는 안 될 것입니다.

　　라오디게아 교회는 특징이 있었습니다. 라오디게아 교회가 있는 지역의 물이 미적지근한 온도를 가집니다. 제가 그곳에 가서 발을 담글 기회가 있었는데, 정말 뜨겁지도 차지도 않은, 온천도 아니고 냉탕도 아닙니다. 물 자체가 그렇게 미지근한 것이 이 지역의 특징입니다.

　　또한 은행이 발전하여 돈이 많았고 옷을 제조하는 사람들이 많아서 의류산업이 발전했습니다. 그리고 안과가 발전해서 그곳에서 나오는 안약이 유명했습니다. 주님은 이런 지역의 특징을 인용해서 말씀을 했음을 볼 수가 있습니다.

라오디게아 교회를 향한 책망

주님은 라오디게아 교회를 책망하십니다. 그 내용이 아주 충격적입니다. "네가 이같이 미지근하여 더웁지도 아니하고 차지도 아니하니 내 입에서 너를 토하여 내치리라"(계 3:16). 강력한 책망의 말씀입니다. 다른 말로 하면 주께서 "너의 신앙은 구역질난다."고 이야기 하는 것입니다. 라오디게아 교회가 무엇을 잘못했기에 이런 책망을 받았을까요? 이들이 신앙을 배반했습니까? 그렇지 않습니다. 그렇다면 고린도 교회처럼 도덕적인 죄가 있습니까? 그것도 아닙니다. 그럼 니골라 당이나 발람, 이세벨의 가르침을 설파하는 이단이 있습니까? 그것도 아닙니다.

■ 미지근한 신앙

그렇다면 라오디게아 교회의 문제는 무엇입니까? 하나는 신앙이 미지근했다는 점입니다. 차갑지도 않고 뜨겁지도 않다는 것입니다. 음료수를 마셔도 뜨거운 음료수는 몸을 녹여줍니다. 또 차가운 음료수를 먹으면 시원해집니다. 그러나 미지근한 음료수는 입이 불쾌해지고 토하여 내치게 되는 것입니다. 라오디게아 교회는 복음에 부주의하고, 무관심한 것입니다. 신앙이 믿는 것도 아니고 안 믿는 것도 아니고, 교회에 오는 것도, 안 오는 것도 아니며, 기도를 하는 것도 아니고 안 하는 것도 아니고, 헌금을 내는 것도 아니고 안 내는 것도 아닌 이런 미지근한 신앙을 가지고 있었다는 것입니다.

요한계시록 주석을 쓴 리온 모리스라는 유명한 학자는 "성령의 불로 뜨거워지지 않은 신앙은 교회의 재앙이다."라고 말했습니다. 라오디게아 교회는 미지근한 것 때문에 야단을 맞았습니다.

■ 영적인 둔감

또한 라오디게아 교회는 자신들의 영적인 문제를 잘 몰랐습니다. 자기가 자신을 잘 몰랐다는 것이 문제입니다. *"네가 말하기를 나는 부자라 부요하여 부족한 것이 없다 하나 네 곤고한 것과 가련한 것과 가난한 것과 눈먼 것과 벌거벗은 것을 알지 못하도다"*(계 3:17). 가련하고, 가난하고, 곤고하고, 눈멀고, 벌거벗었으나 자신을 모릅니다. 자신은 부자이고, 부요하여 부족한 것이 없다고 생각하는 것입니다. 즉 자신의 실상을 모르고 있는 것입니다.

주님은 라오디게아 교회를 향해 강한 권면을 합니다. *"내가 너를 권하노니 내게서 불로 연단한 금을 사서 부요하게 하고 흰 옷을 사서 입어 벌거벗은 수치를 보이지 않게 하고 안약을 사서 눈에 발라 보게 하라"*(계 3:18). 주님은 "너희가 돈이 많다고 한다면 나에게 금을 사라. 영적인 금을 사서 참된 부요인 영적인 부요를 취하라"고 말씀하시는 것입니다. 또한 의류사업이 발전한 도시이니 흰 옷을 사 입어 벌거벗은 수치를 보이지 않게 하라는 것입니다. 벌거벗은 임금 이야기는 다들 아실 것입니다. 자신이 벌거벗었으나 옷 장수의 계략에 빠져 자신이 옷을 입고 다니는 줄 아는 임금의 이야기입니다. 지금 라오디게아 교회가 그런 모양입니다. 게다가 아무것도 보지 못하면서 본다고 하니 "너희 안과 병원이 발달했다고 하니까 안약을 사서 눈에 발라 보게 하라."며 영적인 눈을 뜨라고 말씀하시는 것입니다.

주님의 평가와 나의 평가

때로는 내가 나를 평가하는 것하고 주님이 평가하는 것이 다를 수 있습니다. 라오디게아 교회가 내린 자신들의 평가와 주님의 평가가 달랐습니다. 우리는 주님 앞에 조용히 자신을 반성하고 자신의 참된 모습이 무엇인지를 보여 달라고 기도할 수 있어야 합니다.

하나님께 기도할 때 "하나님 나를 어리석음에 버려두지 마시고 내가 주님이 원하시는 성도, 우리 교회가 주님이 원하시는 교회가 되게 해 주소서."라고 기도해야 합니다. 라오디게아 교회는 핍박도, 고난도, 아무것도 어려움이 없었습니다. 그래서 스스로 말하기를 "나는 부자라. 부요하다. 부족한 것이 없다."고 말한 것입니다.

오늘날 대한민국 교회도 라오디게아 교회처럼 핍박도 없고, 고난도 없어 영적인 미지근함에 빠질 염려가 있습니다. 우리는 다시 열심을 내야 합니다. 열심도 두 종류가 있습니다. 성령의 은혜를 받아서 내는 열심이 있고, 신앙의 인격이 안정되어 내는 열심이 있습니다. 우리나라 사람하고 미국 사람의 신앙을 비교해보면 미국 사람의 신앙이 우리가 볼 때 방언도 안하고 진동도 안하고 새벽기도도 안합니다. 그렇지만 일을 하는 것을 보면 그들은 시간을 확실하게 지키면서 성실하게 일합니다. 우리 교회에서 리치 캠프가 열려서 미국인들이 와서 약 2주간 일한 적이 있습니다. 그들은 사례 받은 것 하나도 없습니다. 그저 우리가 숙소하고 식사만 책임졌습니다. 그러나 정말 성실히 일했습니다. 전문적인 교사임에도 시간을 내서 봉사하고 심지어 돌아가서는 잘해줘서 고맙다고 편지까지 써서 보낼 정도였습니다. 그런 것을 보면 그 사람들은 방언, 은사, 진동도 안하고, 펄펄 뛰는 것은 없어도 "참 열심히 하는구나"라는 것을 느끼게 됩니다. 그런 열심은 초자연적인 것에서 오는 것은 아니지만 안정된 신앙과 인격에서 나오는 그런 열심이었습니다.

고린도 교회의 경우 은사가 얼마나 많이 있습니까? 하지만 주님이 그들은 칭찬하지 않습니다. 오히려 책망합니다. 그러므로 안정된 인격에서 나오는 열심도 필요합니다. 우리는 신앙과 인격이 안정되고 거기에서 인생을 이렇게 살아야겠다는 확고한 인격적 결단에서 나오는 열심이 있어야 합니다. 불 받았다 할 때는 눈물, 콧물 쏟고 방언하면서 열심을 내지만 며칠 지나면 어디 갔는지 행방불명인 신앙은 바람직한 열심이 아닙니다.

회개하라

주께서 라오디게아 교회에게 바로 이런 신앙, 인격의 뿌리 깊은 열심을 가지라고 말씀하고 계신 것입니다. "아멘이시오 충성되고 참된 증인이시오 하나님의 창조의 근본이신 이가 가라사대"(계 3:14). 주님은 참되고 진실이고, 아멘입니다. 그러므로 주님의 평가는 정확한 것입니다. 주님은 잘못 평가하지 않습니다. 사람은 스스로를 잘못 평가해도 주님은 잘못 평가하는 일이 없습니다. 이런 주님이 권면합니다. "무릇 내가 사랑하는 자를 책망하여 징계하노니 그러므로 네가 열심을 내라 회개하라"(계 3:19). 미적지근한 것을 회개하고 열심을 내라 말씀하십니다. "볼지어다 내가 문밖에 서서 두드리노니 누구든지 내 음성을 듣고 문을 열면 내가 그에게로 들어가 그로 더불어 먹고 그는 나로 더불어 먹으리라"(계 3:20). 이 구절은 알미니우스 신학을 가진 사람들이 예수님이 사람들의 영혼을 구원하려고 "문을 열어라. 네가 열어야 내가 들어간다."는 식으로 많이 이용했습니다. 하지만 지금 이 구절은 그런 내용이 아닙니다. 지금 라오디게아 교회가 열심이 없으므로 주님이 라오디게아 교회에 들어가셔서 열심을 주시려는 사랑인 것입니다. 주님은 우리에게 열심을 원하십니다. 열심을 품고 주를 섬겨야 합니다.

결론

우리가 영원한 지옥 형벌에서 구원을 받았습니다. 그런 우리가 신앙이 미지근하다는 것은 문제가 있습니다. 지옥에서 구원받은 것뿐만 아니라 천국의 영광을 기업으로 얻도록 구원을 받았습니다. 이 구원의 영광은 에베레스트 산의 영광과 나이아가라 폭포의 장관을 합한 것보다도 더 큰 영광입니다. 예수 믿고 구원받은 것 이상의 영광은 없습니다. 이런 큰 영광을 받고도 주님께 무관심하고, 부주의하고, 미지근하고, 교회에 나와도 격주에 한 번씩 나오고, 또 잊어버릴 만하면 한 번씩 나오고 하는 것은 그 영광에 대한 감사가 없는 것입니다. 열심을 내야 합니다. 우리를 구원하기 위해서 십자가에서 물과 피를 다 쏟으신 주님께 그렇게 미지근하게 대하는 것은 결코 옳은 일이 아닙니다. 주님은 라오디게아 교회를 통해서 열심 없는 신앙을 책망하십니다. 오늘날 우리는 다시 열심을 회복해야 합니다.

III 하늘 보좌의 환상
(구속, 심판, 위로)

11 하늘의 보좌(계 4:1~11)

12 인봉한 책을 펼 자가 누구냐(계 5:1~14)

13 개봉되는 여섯 개의 인(계 6:1~17)

14 환난 당하는 교회를 향한 위로(계 7:1~17)

15 일곱째 인을 떼실 때(계 8:1~13)

16 일곱 나팔의 재앙(계 9:1~21)

17 힘센 천사와 작은 책(계 10:1~11)

18 성전 척량(계 11:1~2)

19 두 증인의 순교와 승리(계 11:3~14)

20 일곱째 나팔(계 11:14~19)

21 영적 전쟁의 3대 진리(계 12:1~17)

22 두 짐승(계 13:1~18)

23 요한이 본 천국의 장면(계 14:1~20)

24 일곱 대접 심판의 준비(계 15:1~8)

25 일곱 대접의 심판(계 16:1~21)

11
하늘의 보좌

요한계시록 4:1-11

"내가 곧 성령에 감동하였더니 보라 하늘에 보좌를 베풀었고 그 보좌 위에 앉으신 이가 있는데"
(계 4:2).

    요한계시록은 어려운 책이지만, 전체적인 그림을 보면 그렇게 어려운 책은 아닙니다. 요한계시록 4장은 사도 요한이 몸은 밧모섬에 있지만 영혼은 하늘로 올라갔다고 말합니다. 이것을 입신이라고도 하는데 정확한 용어는 모르지만, 육체는 밧모섬에 있고, 영은 성령에 이끌려서 하늘로 올라갔으며, 그곳에서 보좌를 봤다고 말합니다. 하늘의 보좌가 있고 그곳에 앉으신 분이 세상을 통치하고 있음을 보았다고 말합니다. 이 세상은 아무렇게나 돌아가는 것 같지만 보좌에 앉으신 하나님께서 통치하고 계심을 알아야 합니다. 요한은 그것을 영으로 보았다고 이야기하고 있습니다.

주권자 하나님

요한계시록 4장은 보좌에 앉으신 하나님이 어떤 분인지를 세 가지로 말하고 있습니다. 첫째로 하나님은 우리가 예배해야 할 주권자 하나님이시라고 말하고 있습니다. 우리는 하나님을 예배해야 합니다. 교회의 사명은 무엇이냐고 하면 어떤 사람은 가난한 사람을 구제하는 것이라고 하고, 또 어떤 사람은 선교라고도 하고, 젊은 사람들에게 말씀을 가르쳐야 한다고도 합니다. 물론 이것들도 모두 교회가 해야 할 일입니다. 그러나 본문에서 나오는 천국의 모습을 보면 교회의 가장 중요한 사명은 예배라는 것을 알 수 있습니다. 교회가 모이는 이유는 하나님을 예배하기 위해서입니다.

하나님 보좌에는 24보좌가 둘러있습니다. 그리고 24보좌에는 24장로들이 흰 옷을 입고, 머리에 금 면류관을 쓰고 앉아있습니다. 24장로는 구약의 12지파 신약의 12사도를 합한 신구약의 모든 교회를 대표하는 것입니다. 의문의 여지가 없습니다. 신구약 모든 교회를 통틀어서 24장로라고 말하고 있는 것입니다.

그렇다면 24장로가 무슨 일을 하고 있습니까? "이십사 장로들이 보좌에 앉으신 이 앞에 엎드려 세세토록 사시는 이에게 경배하고 자기의 면류관을 보좌 앞에 던지며 가로되 우리 주 하나님이여 영광과 존귀와 능력을 받으시는 것이 합당하오니 주께서 만물을 지으신지라 만물이 주의 뜻대로 있었고 또 지으심을 받았나이다 하더라"(계 4:10-11). 24장로는 금 면류관을 벗어 보좌에 앉으신 이에게 드리면서 예배를 드리며 경배하는 것입니다.

24장로는 보좌에 앉으신 하나님을 경배하고 찬양하고 있습니다. 하나님의 교회는 천국에 가서도 하나님을 예배하는 일을 계속하고 있다는 것을 분명하게 알 수 있습니다.

그러나 예배는 24장로만 하고 있는 것이 아닙니다. 보좌 가운데와 그 주위에는 네 생물이 있다고 기록합니다. 첫째 생물은 사자같이, 둘째 생물은 송아지같이, 셋째 생물은 사람같이, 넷째 생물은 날아가는 독수리같이 생겼습니다. 그리고 앞뒤로 눈이 가득했다고 합니다. 눈이 많다는 것은 지혜롭다는 것을 상징합니다. 사람은 눈이 두 개입니다. 만약 눈이 뒤에 달려있다면 앞뒤를 다 볼 수 있으니 모든 면에서 뛰어날 것입니다. 그런 의미입니다. 네 생물들은 앞뒤로 눈이 가득하다고 했습니다. 이것은 지혜를 상징하고 있는 것입니다.

네 생물들은 천사를 상징합니다. 그리고 천사 중에서도 계급이 높은 천사입니다. 이들은 날개가 여섯 개 있고, 그 안과 주위에 눈이 가득했는데, 네 생물, 높은 천사들이 말하는 장면이 나옵니다. "거룩하다 거룩하다 주 하나님 곧 전능하신 이여 전에도 계셨고 이제도 계시고 장차 오실 자라 하고"(계 4:8). 하나님을 가리켜서 "who was, and is and is to come."[1] 이라고 찬송합니다. 즉 신구약의 모든 교회와 하나님의 보좌를 둘러싼 높은 계급의 천사들이 하는 일은 기쁨과 감사와 존경의 마음을 가지고 하나님을 찬송하고 예배하는 일이었습니다.

보좌를 보니 보좌에 앉으신 이의 모양, 즉 하나님의 모양이 벽옥과

---

1) 요한계시록 4:8의 NIV 성경판.

홍보석 같다고 합니다. 벽옥과 홍보석을 본 일이 없어 이것이 어떤지는 모르지만 최소한 아름답다는 뜻일 것입니다. 보석이라는 점에서 아름답고 찬란한 하나님의 모습을 이야기하고 있는 것입니다. 그런데 보좌로부터 번개와 음성과 뇌성이 난다고 합니다. 이것은 복잡하게 생각할 필요 없습니다. 하나님의 위엄과 영광을 말하는 것입니다. 하나님의 한 말씀은 뇌성과 같고 번개와 같다는 것입니다. 보좌에 앉으신 하나님은 아름다운 분이시고, 보좌는 위엄이 있는 보좌임을 말하고 있습니다.

하나님의 교회, 성도들의 제1사명은 이 위대한 창조주 하나님을 예배하는 것입니다. 요한이 육체는 밧모 섬에 있고, 영은 천국에 이끌려 본 것은 교회와 모든 피조물들은 하나님을 그곳에서도 예배했다는 예배의 중요성을 본 것입니다. 우리는 하나님을 예배할 때 어떤 자세로 예배를 드리는지 중요합니다. 예배를 일상적이고 평범하게 반복되는 일로 생각하는지, 아니면 보좌에 앉으신 하나님께 영광과 존귀를 돌리고 찬양하는 마음으로 예배하고 있는지는 중요한 질문입니다. 우리는 주일을 하나님을 예배하는 귀한 날로 생각하고 예배에 우리의 마음을 다 드려야 합니다. 보좌에 앉으신 하나님은 우리의 예배를 받으시기에 합당한 하나님임을 첫 번째로 말하고 있습니다.

통치자 하나님

둘째로 보좌에 앉으신 하나님은 세상을 통치하시는 통치자 하나님 이심을 나타냅니다. 세상에 누가 통치한다고 말하더라도 언젠가는 물러

날 것이고 권력은 영원하지 않습니다. 그러므로 진정한 통치자는 하나님 한 분이십니다. 하나님이 다 통치하시는 것입니다. 보좌는 의자입니다. 하지만 이것은 권위의 자리이며, 의사 결정의 자리이고, 통치의 자리입니다. 하나님이 보좌에 앉으셔서 의사결정도 하시고 통치도 하시고 권위도 행사하십니다. 요한이 계시록을 기록할 때에는 네로 황제인지, 도미시안 황제인지 이견은 있지만, 로마가 핍박을 할 때에 순교자가 속출하고 성도의 가정이 파괴되고 성도들은 불의한 재판을 받아도 호소할 데도 없고, 교회는 세상에 의해서 패배하는 것처럼 보이는 시대였음은 공통점입니다. 이러한 때에 요한은 천국에 올라가서 비전을 본 것입니다. 비록 세상이 이기는 것처럼 보이지만, 진정한 통치자는 보좌에 앉으신 하나님이시라는 것을 보고 있는 것입니다. 하나님이 세상을 통치하시되 영원히 통치하시는 것입니다. 전에도 계셨고, 이제도 계시고, 장차 오실 자라는 것은 영원성을 보여줍니다. 하나님의 통치는 임기가 없습니다. 영원한 통치입니다. 하나님의 영원한 통치와 축복을 받는 것에 비하면 잠시 잠깐의 고난은 아무것도 아니라는 것입니다.

　호주 시드니에 아더 스테이스라는 사람이 살고 있었습니다. 이 사람은 1884년 생으로 아버지는 알코올 중독자였습니다. 아버지가 알코올 중독자인 영향을 받아서 그는 10대에 알코올 중독에 걸렸습니다. 그리고 15살 때에 감옥살이를 했습니다. 그가 1차 세계 대전에 참전을 했다가 병을 얻어서 제대를 했습니다. 그리고 그는 노숙자 신세가 되었는데 그가 46세가 되던 1930년에 교회에 양식을 얻으러 갑니다. 그 자리에서 목사님의 설교를 듣게 되었고, 다른 단어는 생각이 나지 않았지만 "영원", 인간에게는 "영원"이 있다는 단어가 그의 뇌리에서 떠나지 않게 되었습니다. 그래서 이 사람이 46세에 그리스도를 영접하게 되었습니다. 그 사람은 영어를 쓸 줄 모르는 문맹이었지만 "영원"이라는 글씨는 멋있게 쓰고 다녔습니다. 손으로 "Eternity"라고 스펠링도 틀리지 않게 잘 써지는 것입니다. 그래서 그는 그 후로부터 35년 죽을 때까지 약 50만 번이나 시드니 곳곳에 다니면서 "영원"이란 단어를 쓰고 다녔습니다. 지하철역, 전봇대, 슈퍼 할 것 없이 다 쓰고 다닌 것입니다. 사람들이 동네에 글씨를 쓰는 이 사람을 잡으려고 했지만 잡지를 못했습니다. 어느 목사님이 교회에 페인트를 칠하는데 이 사람이 "영원"이라는 글씨를 쓰는 것을 발견해서 그 이야기가 알려지게 되었습니다. 사람들이 그를 잡아서 왜 "영원"이라는 낙서를 하냐고 물으니 그가 "하늘로부터 허락을 받았습니다. 하나님이 나에게 영원이라는 한 단어를 생각나게 하시고, 이 영원이 있다는 것을 사람들에게 알려주라고 하는 사명을 주셨습니다."고 대답을 했습니다. 그래서 그의 이야기가 시드니 선데이 텔레그래프라는 신문에 실리게 되었습니다. 그로 인해 수많은 사람들이 영원에 관심을 갖게 되었습니다. 지금도 호주 시드니 광장에 가면 이 사람이 쓴 "영원(eternity)"이라는 글자가 복제되어 알루미늄으로 포장되어 있습니다. 그리고 그의 묘비에도 "영원"이라는 한 글자가 쓰여 있습니다. 이 아더 스테이스는 그 후로 "Mr. Eternity(미스터 이터너티, 영원씨)"라고 불리게 되었습니다. 호주 사람들이 1999년에서 2000년으로 넘어가면서 새로운 밀레니엄을 맞이하면서 표제어로 무엇을 쓸까 하다가 이 아더 스테이스의 "영원"을 표제어로 사용했습니다. 이 사람의 이야기는 심지어 조나단 윌스라는 사람이 오페라로 만들어 "The eternity man."이라고 하는 오페라를 공연하기도 하고, 영화로도 만들어졌습니다. 노숙자 한 사람이 "영원"이라는 한 단어를 머릿속에 집어넣고 50만 번이나 호주 사람들에게 영원이 있음을 깨우치게 하였습니다.

요한은 하나님이 영원한 보좌에 앉아계시고 영원히 세상을 통치하고 계시다는 확실한 사실에 주목을 하고 있습니다. 우리가 사는 세상은 온통 불확실합니다. 모든 것이 불확실성으로 가득합니다. 그러나 하나님이 보좌에 앉으셔서 우리를 통치하고 계시다는 한 가지 진리는 분명하고 확실합니다.

구원자 하나님

세 번째로 보좌에 앉으신 하나님은 죄인을 구원하시는 구원자 하나님입니다. 3절을 보면 보좌에는 무지개가 보좌를 둘렀다고 했습니다. 무지개는 창세기 9장 8절부터 17절에 보면 노아 홍수 이후에 하나님이 노아와 그 아들들을 불러놓고 언약을 맺습니다. "이제 다시는 내가 생물들을 홍수로 멸하는 일은 없을 것이다. 내가 너희하고 언약을 맺는다. 그리고 그 언약의 증거로 무지개를 구름 속에 두겠다."고 함으로 우리는 무지개를 볼 때마다 홍수가 조금 나고 어떤 지역이 수해를 입더라도 인류가 멸망하는 일은 없다고 확신할 수 있는 것입니다. 아무리 비가 많이 와도 홍수로 망하지는 않는다고 우리는 믿습니다. 그 증표가 무지개입니다. 심지어 윌리엄 워스워드라는 사람은 "내가 무지개를 볼 때마다 내가슴은 뛴다."는 시를 썼습니다.

무지개가 둘렀다는 것은 보좌에 앉으신 하나님이 구원의 언약을 주신 하나님, 즉 구원자라는 것을 말하고 있는 것입니다. 하나님은 보좌에 앉으셔서 지금도 통치하고 계시고 회개하고 예수 믿는 죄인들을 구원하시고 구원받은 사람들로부터 경배를 받고 예배를 받으시는 하나님입니다.

결론

24장로들은 머리에 있는 금 면류관을 벗어서 보좌 앞에 던지며 하나님을 찬양했습니다. 면류관은 올림픽이나 육상 대회에서 우승한 사람들에게는 씌워줍니다. 면류관은 승리의 상징입니다. 죄로부터의 승리, 마귀로부터의 승리, 지옥으로부터의 승리, 세상으로부터의 승리는 하나님으로 인해 말미암는 것임을 증거하는 것입니다. 하나님 때문에 우리는 승리하는 삶을 살았다고 고백하며 면류관을 벗어서 하나님께 드리는 것입니다. 고난 중에도 하나님은 우리에게 승리를 주십니다. 그러므로 우리의 예배를 받으시기에 합당한 주권자 하나님, 지금도 통치하시는 하나님, 지금도 기도하는 성도들, 회개하는 죄인들을 구원하시는 하나님을 계속해서 영원히 경배하는 성도로 살아가기를 주님의 이름으로 축원합니다.

12 인봉한 책을 펼 자가 누구냐
요한계시록 5:1-14

"장로 중에 하나가 내게 말하되 울지 말라 유대 지파의 사자 다윗의 뿌리가 이기었으니 이 책과 그 일곱 인을 떼시리라 하더라"(계 5:5).

요한계시록 4장은 천국의 모습을 그리고 있습니다. 그리고 5장에서 요한은 새로운 것을 보게 됩니다. 그것은 보좌에 앉으신 하나님의 손에 일곱 인으로 봉한 책을 보게 됩니다. **"내가 보매 보좌에 앉으신 이의 오른손에 책이 있으니 안팎으로 썼고 일곱 인으로 봉하였더라"**(계 5:1). 원래 두루마리로 된 책은 한 면만 쓰여 있는데 이 책은 겉에도 글이 있고, 인봉도 원래는 보통 한두 개 하는 법이지만 이 책은 일곱 개나 되어 있었다는 점이 독특합니다.

일곱 인으로 봉한 책

이 책을 본 요한은 크게 울기 시작했습니다. 사도 요한은 성격적으로 울 사람이 아닙니다. 마가복음 3장 17절을 보면 예수님이 요한에게 "우레의 아들"이라는 별명을 붙여줍니다. 우레의 아들이란 별명은 강하다는 것을 의미하므로 약한 사람에게 이런 별명을 붙여주지는 않을 것입니다. 요한은 그런 점에서 굉장히 강한 사람이며 쉽게 울 사람이 아닙니다. 밧모 섬이라고 하는 척박한 땅에 유배되어 있음에도 좌절하는 모습을 보이지 않으며 오직 일편단심으로 사랑하는 구주 예수 그리스도를 섬기고 영광을 돌리는 강인한 사람 이었습니다. 또한 대단히 영적인 사람이었습니다. 밧모 섬은 출석할 만한 교회도 없습니다. 읽을 책이 있는 곳도 아니고, 교제를 나눌 성도도 없는 외로운 자리이지만 항상 영적으로 충만한 상태를 유지하고 있었습니다. 이런 점만 봐도 이 사람이 얼마나 영적으로도 강한 사람인지를 알 수 있습니다.

그럼에도 불구하고 4절을 통해 크게 울었다고 말합니다. 그냥 운 것이 아니라 "크게" 울었습니다. 사실 자주 우는 사람이 울었다고 하면 "또 눈물샘 터졌구나."하고 생각하겠지만, 평소에 눈물 없는 강인한 사람이 크게 울고 있다면 뭔가 큰일이 일어났다는 것을 짐작할 수 있습니다. 사도 요한을 울게 한 일은 무엇입니까? 밧모 섬의 고독입니까? 아니면 부당한 재판의 억울함 때문입니까? 요한이 육신의 병이 있어 그것을 한탄한 것입니까? 그렇지 않습니다. 그 이유는 요한이 책을 보았기 때문입니다. 그 책은 보좌에 앉으신 하나님의 오른손에 들려있는 책으로 안팎으로 쓰였고, 일곱 인으로 봉인된 책이었습니다.

"또 보매 힘 있는 천사가 큰 음성으로 외치기를 누가 책을 펴며 그 인을 떼기에 합당하냐 하니 하늘 위에나 땅 위에나 땅 아래에 능히 책을 펴거나 보거나 할 이가 없더라"(계 5:2~3). 아무도 일곱 인봉한 책의 인봉을 떼고 책을 읽을 사람이 없다는 것입니다. 위대한 철학자 소크라테스도, 칸트도, 피타고라스도 공자, 맹자, 마호메트 등 인류 역사에 기라성 같은 사람들 중 그 누구도 뗄 수 없다고 요한은 말하고 있습니다. 어떤 사람이든 일곱 인봉을 떼겠다고 말하는 사람이 아무도 없었습니다. 그래서 사도 요한은 울고 또 울고, 우는 것입니다.

보통은 한 면만 기록되어있는데 양면으로 기록되었고, 한두 개의 봉인만 찍혀있어야 하는데 일곱 인봉이 찍혀있는 이 책의 정체는 무엇일까요? 성경을 주석하는 사람들은 공통적으로 하나님이 인류역사를 운행하는 계획이라고 말합니다. 하나님이 인류역사를 어떻게 운행하시는지, 교회를 어떻게 세우고 발전시키는지, 인류 역사를 언제 끝내실지를 기록한 역사 운행의 계획이라는 것입니다.

군인들은 전쟁을 수행할 때 인봉된 명령서를 받게 되고 그 명령서 인을 떼어야 지휘관의 명령이 무엇인지 알게 됩니다. 명령서는 인봉되어 오며 그것을 떼면 "너희는 0월 0일 0시에 000을 공격해라."는 명령이 들어있습니다. 즉 일곱 인봉한 책에는 하나님이 역사를 어떻게 운행할 것이며, 어떻게 택한 백성들을 모아 교회를 이루어갈 것이며, 교회가 핍박을 받는 중에 있으면 하나님이 교회를 어떻게 보호할 것인지를 기록한 내용을 담고 있습니다.

그렇다면 인봉한 책의 인봉이 떼어지는 것이 왜 중요할까요? 그것은 인봉이 떼어져야 하나님의 계획이 집행되고 실행되기 때문입니다. 군인이 명령서의 인봉을 떼지 않으면 그 명령은 집행될 수가 없습니다. 집행하려면 인봉을 떼어 명령이 무엇인지 알아야 집행이 되는 것입니다.

일곱 인봉이 떼어져야 하나님의 교회는 책의 기록대로 성장할 것이며, 하나님의 교회를 핍박하는 자들은 책의 기록대로 심판 받을 것이며, 하나님의 교회는 보호함을 받을 것이며, 소아시아에서 핍박받고 있지만 유럽과 미국을 거쳐 아시아까지 와서 대한민국에서 부흥을 일으킬 것입니다. 인봉이 떼어져야 집행이 된다는 말입니다. 그러므로 요한은 이 인봉을 뗄 자가 없다는 사실로 인해서 하나님의 이 놀라운 계획을 집행할 자가 없다는 이유로 통곡하고 통곡한 것입니다.

승리자 예수 그리스도께서 인봉을 떼시리라

그런데 그때 장로 중 한 사람이 말합니다. *"장로 중에 하나가 내게 말하되 울지 말라 유대 지파의 사자 다윗의 뿌리가 이기었으니 이 책과 그 일곱 인을 떼시리라 하더라"*(계 5:5). 울지 말라고 합니다. 그 이유는 유대 지파의 사자 다윗의 뿌리가 이기었기 때문입니다. 유대 지파의 사자는 바로 예수 그리스도를 가리킵니다. 이것은 의심의 여지가 없습니다. 다윗 가문에서 나온 구주, 유대 지파에서 나온 사자는 바로 예수 그리스도입니다. 예수 그리스도가 일곱 인을 떼시고 하나님의 구원계획을 집행하신다는 것입니다. 어린 양, 유다지파의 사자 다윗의 뿌리가 이기었습니다.

요한이 눈을 들어서 보니 네 생물과 장로들 사이에 어린 양이 서 있었습니다. *"내가 또 보니 보좌와 네 생물과 장로들 사이에 어린 양이 섰는데 일찍 죽임을 당한 것 같더라 일곱 뿔과 일곱 눈이 있으니 이 눈은 온 땅에 보*

내심을 입은 하나님의 일곱 영이더라"(계 5:6). 이 어린 양이 일곱 눈이 있습니다. 눈이 한 개만 더 있어도 지혜로운데, 일곱 눈이 있다는 것은 완전한 지혜를 말합니다. 그리고 뿔은 능력을 말합니다. 일곱 뿔이 있다는 것도 완전한 능력을 말하고 있습니다. 완전한 지혜와 완전한 능력이 충만한 어린 양이 보좌와 네 생물과 장로들 사이에 있습니다. 이 어린 양은 일찍 죽임을 당한 것 같더라고 합니다. 이 말은 죽임을 당한 흔적을 가지고 있다는 말입니다. 예수님은 부활하시고 승천하셨지만 수난 당하신 흔적을 가지고 있습니다. 손에 못자국과 몸에 창자국을 가지고 계십니다. 요한복음 20장에 보면 예수님이 제자들에게 나타났을 때 그 자리에 없었던 도마가 그 소식을 듣고 의심합니다. "내가 내 손을 그 옆구리에 넣어보고, 내 손가락을 그 손바닥에 넣어보지 않고서는 믿지 않겠다."고 말하였습니다. 그러자 예수님이 요한복음 20장 27절에서 다시 나타나서 **"네 손가락을 이리 내밀어 내 손을 보고 네 손을 내밀어 내 옆구리에 넣어보라 그리하고 믿음 없는 자가 되지 말고 믿는 자가 되라**"(요 20:27)고 도마에게 말씀을 하셨습니다. 도마에게 예수님이 하신 말씀을 보면 부활하신 예수님의 몸에는 죽임 당한 흔적이 있음을 알 수가 있습니다. 어린 양이 일찍 죽임을 당한 것 같다는 말은 어린 양이신 예수 그리스도께서 십자가의 흔적을 가지고 계시다는 것입니다.

　유다 지파의 사자이시며 어린 양이신 예수 그리스도만이 성부 하나님으로부터 책을 취하여 일곱 인을 떼시기에 합당하신 분이십니다. 성부 하나님은 구원을 계획하고 명령하는 분입니다. 그리고 성자 예수님은 구원을 집행하는 분입니다. 그래서 성부 하나님이 영혼들을 택하시고 성자 예수님이 저 택한 자들의 죄값을 갚으라는 명령에 순종하여 육신을 입고 오시어 십자가를 지시고 죄값을 갚으신 것입니다. 하나님의 구원계획이 집행된 것입니다. 그래서 어린 양만이 하나님의 일곱 인봉한 책을 뗄 수 있게 된 것입니다.

인류 역사는 무의미하고 무질서한 시간의 연속이 아닙니다. 인류 역사는 어린 양 예수 그리스도의 권세 아래 움직이고 있습니다. 하나님께서 이제 십자가를 지시고 부활 승리하신 예수 그리스도에게 하늘과 땅의 모든 권세를 다 주셨습니다. 예수님이 모든 권세를 다 가지고 지금 역사 운행을 집행하고 계십니다. 그러므로 예수님을 구주로 믿고 그의 사랑을 입은 우리는 좌절할 필요가 없고, 밧모 섬에 유배되었어도 울 필요가 없는 것입니다.

찬양의 이유

어린 양이 나타나자 천국이 갑자기 변하기 시작합니다. 요한이 울던 것을 그치고 노래가 나오기 시작합니다. 천국이 온통 찬양으로 가득하게 되었습니다. 어린 양이 하늘의 보좌에 앉으신 이로부터 일곱 인봉한 책을 취하고 뜯자 천국에 온통 찬양이 가득했습니다.

우리 성도들은 찬양 할 이유가 있습니다. 요한계시록 4장과 5장 모두 찬양이 나오는데 조금 다릅니다. 4장은 창조의 하나님을 찬양하고 있습니다. "우리 주 하나님이여 영광과 존귀와 능력을 받으시는 것이 합당하오니 주께서 만물을 지으신 주라 만물이 주의 뜻대로 있었고 또 지으심을 받앉나이다 하더라"(계 4:11). 그러나 요한계시록 5장은 새 노래가 나옵니다. "새 노래를 노래하여 가로되 책을 가지시고 그 인봉을 떼기에 합당하시도다 일찍 죽임을 당하사 각 족속과 방언과 백성과 나라 가운데서 사람들을 피로 사서 하나님께 드리시고"(계 5:9). 새 노래는 새로운 가사를 지었다는 뜻도 아니고, 새로 작곡, 편곡을 했다는 것도 아닙니다. 새 노래는 계시록 4장이 창조주 하나님을 노래하는 것이라면 5장은 구원의 그리스도를 노래하는 것입니다. 즉 새 노래는 그리스도의 죽으심과 부활로 인하여 구원받은 성도들이 부르는 구원의 노래인 것입니다. 그리스도께서 그 피로 각 족속과 방언과 백성과 나라 가운데서 택하신 백성들을 사서 하나님께 드리셨다고 하는 구원의 사역을 노래하는 것입니다.

예수님이 사람을 구원하는 것은 차별을 두지 않습니다. 예수님이 구원하시는 사역은 족속, 인종, 피부색, 언어, 정치 문화를 초월해서 택한 백성들은 모두 건져 내십니다. 12절을 보면 이 새 노래는 죽임 당한 어린 양에게 일곱 가지 찬양을 돌리고 있습니다. "큰 음성으로 가로되 죽임을 당하신 어린 양이 능력과 부와 지혜와 힘과 존귀와 영광과 찬송을 받으시기에 합당하도다 하더라"(계 5:12). 일곱 가지입니다. 능력, 부, 지혜, 힘, 존귀, 영광, 찬송. 즉 예수님에게 완전한 찬송을 돌리고 있는 것이 새 노래입니다.

보좌를 둘러싼 24장로와 네 생물만 찬양하는 것이 아니라 이들을 둘러싼 천천, 만만의 천사들이 어마어마한 찬양대를 만들어 어린 양을 찬송했다고 했습니다. "내가 또 보고 들으매 보좌와 생물들과 장로들을 둘러 선 많은 천사의 음성이 있으니 그 수가 만만이요 천천이라"(계 5:11). 만만, 천천은 계산하기도 쉽지 않은 어마어마하게 많다는 의미입니다. 이 어마어마한 수의 천사들이 다 찬송을 하는 것입니다. 죽임을 당하신 어린 양이 능력과 부와 지혜와 힘과 존귀와 영광과 찬송을 받기에 합당하다고 찬양하는 것입니다. 저는 교회에서 찬양대가 중요하다고 생각합니다. 어떤 교회는 셀그룹을 한다고 찬양대를 없애기도 하지만 개인적으로 잘못됐다고 생각합니다. 천국에는 엄청난 수의 찬양대가 있습니다. 그 엄청난 수의 찬양대가 새 노래로 어린 양을 찬송하고 있습니다.

그리고 만만, 천천 천사만 찬송하는 것이 아닙니다. "내가 또 들으니 하늘 위에와 땅 위에와 땅 아래와 바다 위에와 또 그 가운데 모든 만물이 가로되 보좌에 앉으신 이와 어린 양에게 찬송과 존귀와 영광과 능력을 세세토록 돌릴지어다 하니"(계 5:13). 만물이 찬송하는 것입니다. 천국은 온통 찬양대원입니다. 다 찬양하고 있습니다. 천지를 창조하신 하나님을 찬양하다 새 노래가 생겼습니다. 어린 양이 인봉을 떼면서 새 노래가 생겼고, 그 새 노래는 어린 양의 피로 온 세상에서 하나님의 택한 백성을 사서 아버지 하나님께 드림이라는 구원의 노래를 부르는 것입니다.

이렇게 만만, 천천의 천사가 찬양대를 하고 만물이 다 찬양을 할 때에 "네 생물이 가로되 아멘 하고 장로들은 엎드려 경배하더라"(계 5:14)며 찬양합니다. 우리는 "아멘" 해야 합니다. 찬양할 때 "나는 저것 아니야." 하고 앉아 있으면 안 됩니다. 제가 부산에서 집회를 하면서 예수 그리스도를 구주로 영접하라고 하니 한 사람이 손을 내 저으면서 아니라고 하는 것입니다. 왜 그러는지 물어보니 자기 부인에게 끌려와 기분이 상해서 그랬다고 합니다. 설교하는데 속으로 "아닙니다. 믿지 않습니다. 그건 아니죠."이러는 것입니다. 그 사람 자신이 손해입니다. 우리는 찬송할 때 네 생물처럼 "아멘"하는 자세가 필요합니다.

장로들은 엎드려 경배하고 있습니다. 예수님은 우리 교회가 다 엎드려 경배할 분입니다. 우리에게 준 구원이 그만큼 놀라운 것입니다. 장로들이 엎드려 있을 때에 엎드린 손에 들고 있는 것이 있었습니다. "책을 취하시매 네 생물과 이십 사 장로들이 어린 양 앞에 엎드려 각각 거문고와 향이 가득한 금대접을 가졌으니 이 향은 성도의 기도들이라"(계 5:8). 천국에 있는 것들 중에 분명한 것은 찬양과 새 노래가 있는 것입니다. 두 번째는 우리가 올린 기도를 24장로가 향이 가득한 금대접에 담고 있습니다. 그 향이 바로 성도들이 땅에서 한 기도입니다. 금대접에 담겨 하나님 보좌 앞으로 올라간다는 것입니다. "저희로 우리 하나님 앞에서 나라와 제사장을 삼으셨으니 저희가 땅에서 왕노릇하리로다 하더라"(계 5:10). 성도들은 제사장이고 선지자이고, 왕입니다. 우리는 왕 같은 제사장입니다. 미래 천년왕국, 지상 왕국에서 왕이 된다는 것이 아니라 지금 현재 우리가 왕 노릇하고 있는 것입니다. 우리는 기도를 통해서 하나님의 통치권에 참여하는 것입니다. 왕은 통치한다는 것인데 하나님의 통치권에 우리가 기도를 통해서 참여하는 것입니다. "하나님 아버지, 우리를 핍박하는 로마 제국을 망하게 하여 주시옵소서."하면 하나님이 받아 결국 로마 제국이 망하였습니다. 그 거대한 제국이 주후 476년 게르만 족에 의해 망했습니다. 그래서 로마가 겨우 도망간 곳이 콘스탄티노플, 이스탄불로 도망가서 동로마라고 만들었는데 그 동로마도 결국 1453년에 망해버렸습니다. 다 망했습니다. 교회를 핍박하는 나라를 망하게 해달라 기도하니 정말로 로마가 망했습니다. 유세비우스의 교회사 책을 보면 기독교를 핍박했던 로마 황제 중에는 제대로 죽은 인간이 하나도 없다고 나와 있습니다. 다 비참하게 죽었습니다. 유세비우스의 교회사의 관점은 교회를 핍박하는 자들은 제 명에 죽지 못했다가 관점입니다. 그런 관점으로 계속 기록했습니다.

공산주의 국가들이 멸망하고, 악인들이 역사에서 사라지고, 의인들이 어려워도 나중에 보면 잘 되는 것들은 다 성도들의 기도를 통해서 하나님이 행하시는 통치의 역사인 것입니다. 우리도 기도를 통해서 하나님의 통치권에 참여를 해야 합니다. 우리는 왕 같은 제사장이며 땅에서 왕 노릇하는 사람들입니다.

결론

우리는 새 노래를 부를 수 있는 백성이 되어야 합니다. 우리 영혼 가운데 구원의 노래를 부를 수 있는 백성이 되어야 합니다. 그리고 우리는 기도하는 백성이 되어야 합니다. 우리의 기도는 땅에 떨어지는 것이 아니라 24장로들이 금대접에 담아서 하나님께 향으로 올려드립니다. 기도를 통해서 우리는 역사의 통치에 참여하고 있습니다. 우리는 요한처럼 그렇게 울 일이 없습니다. 왜냐하면 어린 양 예수가 하나님의 손에서 일곱 인봉한 책을 받아서 떼었기 때문입니다. 우리는 울 사람이 아니라 그 피로 속죄함을 입고 어린 양에게 찬양과 기도로 영광을 돌려야 할 존재입니다. 우리 마음에 찬양이 있고, 입술에는 기도가 있습니다. 천국에서 요한이 본 찬양과 기도가 우리 안에 항상 함께 있기를 주님의 이름으로 축원합니다.

13
개봉되는 여섯 개의 인

요한계시록 6:1-17

"내가 이에 보니 흰 말이 있는데 그 탄 자가 활을 가졌고 면류관을 받고 나가서 이기고 또 이기려고 하더라"(계 6:2).

요한계시록 6장은 일곱 인봉 중에 여섯 개의 인봉을 뗄 때에 일어난 사건입니다. 요한복음 6장은 여섯 개의 인봉이라고 외우면 쉬울 것입니다. 여섯 개의 인봉을 어린 양이 떼시며 그때마다 사건이 일어나게 됩니다. 그러나 이 사건은 시간 순서상으로 일어나는 것은 아닙니다. 첫째 인봉을 뗀 후 사건이 일어난 후에 둘째 인봉 사건이 시작되는 것이 아닙니다. 역사 속에 일어나는 계속되는 사건들을 말하는 것입니다. 요한 시대에 어떤 사건은 오늘날에 어떤 사건은 미래에 혹은 과거와 미래에 반복되어 일어나는 사건들입니다. 여기 여섯 개의 인봉을 떼는데 크게 세 가지 사건이 나타나고 있습니다.

말 탄 자들의 등장

첫째에서 넷째까지는 말 탄 자들에 대한 이야기입니다. 인봉을 뗄 때마다 말 탄 자가 나옵니다. 네 생물 중에 하나가 "오라"하면 인봉이 떼어지며 말 탄 자들이 나오며 넷째 인까지 등장합니다. 오늘날에는 말 타는 것이 고급 스포츠입니다. 승마라고 하는 스포츠는 올림픽에 나오며 옷을 멋지게 입고, 돈도 많이 드는 고급 스포츠입니다. 하지만 성경 시대에는 스포츠가 아닙니다. 말 타는 것은 곧 전쟁을 의미하고 있었습니다.

소는 농사일에 쓰이고, 노새는 오늘날로 하면 자가용입니다. 그래서 노새가 나오면 어디에 간다고 생각했습니다. 하지만 말이 나오고 말 타는 사람이 나오면 그것은 전쟁이 났음을 의미하고 있습니다. 그런 의미에서 말을 탄 사람 네 명이 나왔다는 것은 전쟁 같은 일이 일어난다는 것입니다.

■ 첫째 인을 뗄 때: 백마

첫째 말은 흰 색말, 백마였습니다. 하얀색은 보통 순수성을 나타냅니다. 요한계시록에는 6장외에 또 한 번 나오는데 요한계시록 19장 11-13절입니다. **"또 내가 하늘이 열린 것을 보니 보라 백마와 탄 자가 있으니 그 이름은 충신과 진실이라 그가 공의로 심판하며 싸우더라 그 눈이 불꽃 같고 그 머리에 많은 면류관이 있고 또 이름 쓴 것이 하나가 있으니 자기밖에 아는 자가 없고 또 그가 피 뿌린 옷을 입었는데 그 이름은 하나님의 말씀이라 칭하더라"**(계 19:11-13). 백마 탄 분은 만왕의 왕 만주의 주이신 예수 그리스도입니다. 어떤 사람은 이것을 적그리스도라고 합니다. 그러나 왜 적그리스도가 흰 말을 타고 나타납니까? 검은 색이나 빨간 말이면 이해가 되겠지만 흰 말을 탄 분은 예수님입니다. 요한계시록 6장과 19장은 모두 예수 그리스도를 말하는 것입니다. 요한계시록 6장 2절에 흰 말 탄 분이 활을 가지고 면류관을 받고 나가서 이기고 또 이깁니다. 요한계시록 19장에 나오는 예수님과 다르게 볼 필요가 없습니다.

이것은 역사 속에 예수 그리스도는 계속해서 활동하고 계시다는 것을 말하는 것입니다. 예수 그리스도는 계속해서 활동하시며 사단의 세력을 물리치시고 하나님 나라를 지금도 확장하고 계시며, 복음으로 영혼을 구령하는 일을 계속하고 계심을 말하는 것입니다. 역사가 진행되는데 백마 탄 분이 활동하고 있습니다. 이것은 예수님이 계속 영혼들을 구령하고 사단의 세력들을 물리치고 계심을 말하고 있습니다. .

■ 둘째 인을 뗄 때: 붉은 말

그러나 백마 탄 사람만 있는 것이 아닙니다. 둘째 말이 나옵니다. 그 말은 붉은색 말입니다. 붉은 색하면 생각나는 것은 피입니다. 이 붉은색 말 탄 자가 하나님의 허락을 받고 큰 칼을 받아 땅에서 화평을 제하고 사람들끼리 서로 죽이게 했습니다. 붉은 색은 피 흘림, 즉 전쟁을 의미하는 것입니다. 인류 역사라는 것은 예수 그리스도가 인류를 구원하는 일만 있는 것이 아닙니다. 전쟁이 계속되고 있다는 것을 말하는 것입니다. 지금도 세계 곳곳에서는 테러가 일어납니다. 폭동이나 전쟁의 소식은 지금도 많이 들립니다. 이런 것들은 모두 붉은 말 탄 자가 역사 속에서 계속해서 활동을 하고 있음을 말하는 것입니다.

다니엘 선지자는 9장 26절에서 "전쟁이 있으리니 황폐할 것이 작정되었느니라"(단 9:26)고 하고 밝히고 있습니다. 어떤 분은 전쟁이 없기를 기도하는데 사실 그 기도는 응답이 되지 않는 기도입니다. 왜냐하면 본문에서 말하고 있는 것처럼 붉은 말을 탄 자가 계속 활동하고 있기 때문입니다. 그러므로 전쟁은 끝까지 있을 것입니다.

■ 셋째 인을 뗄 때: 검은 말

세 번째 인을 땐 후 검은색 말을 탄 자가 등장합니다. 검은 말을 탄 자가 저울을 가졌습니다. "내가 네 생물 사이로서 나는듯하는 음성을 들으니 가로되 한 데나리온에 밀 한 되요 한 데나리온에 보리 석 되로다 그러나 감람유와 포도주는 해치 말라 하더라"(계 6:6). 한 데나리온은 노동자 하루 임금입니다. 하루 임금으로 밀 한 되 박을 샀다는 것은 궁핍을 말합니다. 하루 임금으로 아침, 점심, 저녁을 한 가족이 먹고 지내는 것은 불가능합니다. 그리고 한 데나리온에 보리 석 되라고 하는 것은 보리는 가격이 좀 쌌다는 점에서 생각해보면 농산물이 있기는 하지만 농산물을 구입할 돈이 없음을 보여주고 있습니다. 한마디로 임금이 박하다는 것입니다. 그러므로 검은색 말이 활동한다는 것은 경제적인 어려움이 온다는 것을 의미합니다. 그러나 감람유와 포도주는 해치 말라고 했습니다. 감람유와 포도주는 무엇을 말합니까? 포도주를 지금은 아무나 먹지만 옛날에는 부자가 되어야 마실 수 있었습니다. 감람유도 마찬가지였습니다. 그렇다면 포도주와 감람유는 경제적인 부를 말하는 것이었습니다. 아무리 경제적인 어려움이 있어도 부자들은 감람유와 포도주를 계속해서 즐긴다는 것입니다. 그러므로 검은색 말을 탄 자가 활동한다는 것은 빈부의 격차가 계속해서 일어날 것이라는 말입니다.

인류역사가 계속되는 동안 흰색 말을 탄 예수 그리스도의 구원활동은 계속되지만 붉은 말을 탄 자의 전쟁도 계속되고, 검은 말을 탄 자의 빈부의 격차도 계속 일어납니다. 공산주의 사상이라는 것이 부자에게는 인기가 없는 사상이지만 가난한 사람에게는 인기가 있는 사상입니다. 이 사상은 다 똑같이 나눠쓰자는 사상입니다. 있는 사람의 것을 뺏어 없는 사람 나눠주고, 능력에 따라 일하고 필요에 따라 나눠쓰자고 하는 것입니다. 이런 사상은 인류 역사가 존재하는 한 없어지지 않습니다. 미국에도 이런 사상을 가진 사람이 많습니다. 대한민국에도 많이 있습니다. 그 이유는 검은 색 말 탄 자의 활동이 역사상 계속되기 때문입니다.

■ 넷째 인을 뗄 때: 청황색 말

넷째 말은 청황색 말입니다. 청황색은 무슨 색인지 알 수 없습니다. 영어로는 "pale horse."라고 "창백한 말"이라는 뜻입니다. 색이 빛나지 않는 말을 이야기합니다. 사람이 얼굴에 혈색이 있으면 살아있구나 하지만 얼굴빛이 창백하거나 혈색이 없으면 죽은 사람입니다. 즉 청황색은 사망을 상징합니다. 음부가 그 뒤를 따른다고 했습니다. 사람이 죽어서 지옥에 떨어지는 일들이 계속된다는 것입니다. 청황색 말이 활동을 하게 되면 사람이 제 수명에 죽게 되는 것이 아닌 사고로 죽는 것을 말합니다. 칼에 죽고, 흉년에 굶어 죽고, 질병에 죽고, 땅의 짐승들에 죽고, 뱀에 물려서, 곰에 물려서 죽는 것 등 비정상적인 사망을 말하는 것입니다. 청황색 말이 활동하면 인류 역사 가운데 비정상적으로 죽는 일들이 많이 일어난다는 것입니다. 모든 사람이 이렇게 비정상적으로 죽는 것은 아닙니다. 왜냐하면 청황색 말은 땅 4분의 1의 권세를 받았기 때문입니다. 이 말은 제한적이라는 뜻입니다. 인류 역사에서 이런 방식으로 비정상적으로 죽는 일은 계속됩니다. 그러나 이 청황색 말 탄 자의 활동을 하나님이 4분의 1로 제한을 했기 때문에 모든 사람이 그런 식으로 죽지는 않는다는 것입니다.

왜 이 세상에는 전쟁과, 빈부격차와, 비정상적인 사망이 계속되고 있습니까? 그것은 악이 이 세상을 지배하고 있기 때문입니까? 요한계시록은 그렇지 않다고 말합니다. 말 탄 자들은 명령 받은 한도 내에서만 활동하고 있으며 그 명령과 활동의 한계를 주시는 분은 하나님입니다. 그러므로 이 세상은 무질서와 혼란이 있는 것 같지만 하나님이 이 세상을 버린 것은 아니라는 것을 알 수 있습니다. 어떤 말이든지 하나님이 허락을 해야 활동한다는 것이고 허락을 하지 않으면 활동을 할 수 없다는 것입니다. 그러므로 이 세상은 하나님이 버린 세상이 아닌 것입니다. 아무리 전쟁이 일어나고 빈부의 격차가 일어나고 비정상적인 사망이 계속되더라도 흰 말 타신 예수 그리스도의 구원의 역사는 지금도 계속 되고 있다는 것이 첫 번째 계시록 6장에 나타난 네 말 탄 자들을 통한 인류 역사의 계획이며 일어나는 사건들입니다.

순교자들의 기도

■ **다섯째 인을 뗄 때: 흰 두루마기**

다섯 번째 인을 뗄 때에 순교자들이 기도하는 장면이 등장합니다. "다섯째 인을 떼실 때에 내가 보니 하나님의 말씀과 저희의 가진 증거를 인하여 죽임을 당한 영혼들이 제단 아래 있어 큰 소리로 불러 가로되 거룩하고 참되신 대주재여 땅에 거하는 자들을 심판하여 우리 피를 신원하여 주지 아니하시기를 어느 때까지 하시려나이까 하니 각각 저희에게 **흰 두루마기를 주시며** 가라사대 아직 잠시 동안 쉬되 저희 동무 종들과 형제들도 자기처럼 죽임을 받아 그 수가 차기까지 하라 하시더라"(계 6:9-11). 영혼들이 천국의 하나님 보좌 앞에서 기도하고 있음을 볼 수 있습니다. 그리고 하나님이 이들의 기도내용을 들으시고 흰 두루마기를 주시며 "너희가 순교를 당했구나. 그런데 앞으로 순교 당할 사람이 더 있다. 그 숫자가 찰 때까지 기다려라."고 말씀하십니다. 요한이 본 것은 순교자들의 육신이 아니라 영혼입니다. 영혼이 천국에서 기도한 것을 본 것입니다. 그런 점에서 먼저 간 성도들은 천국에서 기도하고 있을 것입니다. 그 영혼들이 제단 앞에서 기도하고 있을 것입니다.

이 인을 뗄 때에 기도한 사람들은 순교한 사람들입니다. 순교 당해서 영혼이 천국 제단 아래에서 기도하고 있는 것입니다. 그들은 아직 부활의 몸을 입고 있지 않지만, 주님 앞에서 의식을 가지고 기도하고 있습니다. 어떤 사람은 사람이 죽으면 의식이 없어진다고 생각합니다. 하지만 그렇지 않습니다. 죽어도 영혼은 정신이 멀쩡합니다. 그리고 이 땅에서 당했던 일들을 모두 기억하고 있는 것입니다. 그것들을 기억하면서 "하나님 이렇게 그리스도인들을 죽이는 저들을 언제 복수할 것입니까?" 하면서 기도하고 있는 것입니다. 사도 요한의 시대는 로마제국이 핍박을 많이 했습니다. 도미시안 황제, 네로 황제 등이 핍박을 많이 했습니다.

특히 네로 황제는 미친 사람입니다. 시상이 안 떠오른다고 불을 내라고 했다가 불이 갑자기 커지니 그리스도인들이 냈다고 누명을 씌워 탄압했던 그런 황제입니다. 황제라고 해서 훌륭한 인물이 아닙니다. 황제 같지 않은 사람들이 많이 있는데 네로도 그런 사람 가운데 한 명입니다.

요한은 영혼이 올라가서 천국을 보았습니다. 그때 순교당한 사람들, 망한 줄 알았던 그 사람들이 천국에 가서 하나님 앞에서 영광가운데 기도를 하고 있었다는 것입니다. 그러므로 이것을 쓴 목적은 핍박받는 교회를 위로하고자 한 것입니다. 핍박받았다고 해서 망한 것이 아니다. 저들이 힘을 가지고 핍박하지만 망할 날은 머지않아 온다는 것입니다. 순교자들이 땅에서 교회를 핍박하는 자들을 신원해달라, 복수해달라고 이야기하고 있습니다. 이 순교자 영혼은 죄가 없이 죄에서 완전히 해방된 영혼입니다. 그렇기에 이 기도는 죄악 된 기도가 아닙니다. 하나님의 공의가 시행되기를 바라는 기도입니다. 의가 상 받고 악이 벌을 받는 하나님의 공의가 땅에 이루어지게 해달라는 기도를 하고 있는 것입니다.

하나님이 그들에게 흰 두루마기를 주셨습니다. 순교자들의 영혼을 받으시고 "너희의 희생을 내가 인정해주겠다."고 하는 흰 두루마기입니다. 하나님은 하나님이 자신의 일을 계속하고 있다는 것을 알려줌으로 순교자들을 위로하고 있습니다. 하나님이 정해놓은 숫자까지 순교자들이 차야한다. 그 다음에 핍박하는 자들을 다 심판할 것이라고 말씀하고 있습니다. 우리가 예수 믿는 믿음으로 때로는 핍박을 받게 됩니다. 하지만 시간이 지나면 하나님께서 책임을 지고 다루실 것입니다. 그러므로 핍박이 있더라도 절망하지 말고 이겨내야 합니다.

또한 예수 믿다가 어려움이 오면 하나님이 그것을 다 기억하여 상을 주시고, 흰 두루마기도 주시고, 위로를 하십니다. 이것이 지상에서 일어난 일이 아니라 천국에서 일어난 일을 다섯 번째 인으로 뗄 때에 요한이 보게 된 것입니다. "아하! 예수 믿다가 순교를 당해도 망한 것이 아니라 그것이 승리하는 것이로구나."는 사실을 알게 된 것입니다. 예수 믿다가 조금 어려움을 당했다는 것은 오히려 좋은 일입니다. 하나님의 상급이 약속된 일입니다.

여호와의 날

■ 여섯째 인을 뗄 때: 어린양의 진노

여섯 번째 인을 뗄 때에 "여호와의 날"이 옵니다. 오바댜 선지자도 이 날에 대해서 계속 예언하고 있습니다. 이 날은 의인이 상 받고 악인이 벌 받는 날입니다. 그래서 이 여호와의 날을 진노의 큰 날이라고 했습니다. 여섯 번째 인을 뗐을 때에 지진이 나고 해가 검게 되고, 달이 핏빛으로 되고 별들이 과실처럼 떨어지고 땅에 높은 자들 낮은 자들이 모두 어린 양의 진노를 당하는 것보다는 차라리 산과 바위에 깔려 죽는 것이 낫다고 소리치는 날이 온다는 것입니다. 이 날은 바로 예수 그리스도의 재림의 날입니다. 재림의 날은 여호와의 날이며 악인들에게는 심판의 날입니다.

역사의 모든 사건들은 무한정 계속되는 것이 아님을 말해주고 있습니다. 하나님이 정해놓으신 최후 심판의 날, 그 날을 여호와의 날이라고 하며, 그 날을 향해 역사가 진행하고 있음을 말해주고 있습니다. 그리스도를 거역하고 하나님을 거역하는 사람들에게 그 날은 엄청난 공포의 날이 됩니다. 바위에 깔려 죽는 것이 낫다고 이야기를 하고 있습니다. 하나님의 심판을 받는 것보다 바위에 죽는 것이 낫다고 이야기를 하고 있습니다.

17절에 중요한 질문이 있습니다. *"그들의 진노의 큰 날이 이르렀으니 누가 능히 서리요 하더라"*(계 6:17). 진노의 큰 날에 누가 능히 설 수 있겠습니까? 하나님의 진노의 심판의 날에 누가 서 있을 수 있겠습니까? 그 대답은 요한계시록 5장 9-10절에 나와 있습니다. *"새 노래를 노래하여 가로되 책을 가지시고 그 인봉을 떼기에 합당하시도다 일찍 죽임을 당하사 각 족속과 방언과 백성과 나라 가운데서 사람들을 피로 사서 하나님께 드리시고 저희로 우리 하나님 앞에서 나라와 제사장을 삼으셨으니 저희가 땅에서 왕노릇하리로다 하더라"*(계 5:9-10). 어린 양이 그 피로 사신 사람들은 이 진노의 큰 날에 설 수 있게 되는 것입니다. 데살로니가전서 1장 10절에서도 *"또 죽은 자들 가운데서 다시 살리신 그의 아들이 하늘로부터 강림하심을 기다린다고 말하니 이는 장래 노하심에서 우리를 건지시는 예수시니라"*(살전 1:10)라고 말합니다. 예수님은 장래 노하심에서 우리를 건지시는 분입니다. 그 날 심판이 얼마나 무서우면 산이 무너져서 깔려 죽는 것이 낫겠다고 말을 하겠습니까? 바위가 날아와서 깔려 죽는 것이 낫다고 얘기하는 사람이 어디 있겠습니까?

결론

요한계시록 6장은 여섯 개의 인입니다. 앞의 네 개의 인은 말 탄 자가 나옵니다. 다섯 째 인을 뗄 때에는 순교자들이 기도했습니다. 여섯 째 인을 뗄 때에는 여호와의 날이 온다고 했습니다. 예수님만이 하나님의 진노의 날에서 우리를 건져내시는 구주입니다. 역사는 네 종류의 말 탄 자가 계속 일을 하면서 전쟁도, 기근도, 가난도, 구원 받는 일도 계속되지만, 역사는 무한정 흐르지 않고 여호와의 큰 날, 그 날이 와서 심판받고 의인들은 영생과 구원을 받고 영원히 축복에 들어가게 될 것입니다. 요한계시록과 오바댜서는 동일한 진리를 말씀하는 예언입니다. 오늘날 우리는 다 진노의 큰 날에 하나님 앞에 당당히 설 수 있는 성도가 된 것을 믿고 하나님께 감사하며 살기를 바랍니다.

14

환난 당하는 교회를 향한 위로 요한계시록 7:1-17

"이는 보좌 가운데 계신 어린 양이 저희의 목자가 되사 생명수 샘으로 인도하시고 하나님께서 저희 눈에서 모든 눈물을 씻어 주실 것임이러라"(계 7:17).

요한계시록 6장은 예수님이 재림하면서 불신자들이 환난을 당하는 진노의 큰 날로 마치고 있습니다. 예수님이 재림하시면 신자들은 위로를 받지만 불신자들은 엄청난 심판을 받게 됩니다. 요한계시록 6장 17절은 위대한 질문으로 마치고 있습니다. *"그들의 진노의 큰 날이 이르렀으니 누가 능히 서리요 하더라"*(계 6:17). 진노의 날에 누가 당당히 서서 심판을 당하지 않을 수 있겠느냐는 질문입니다. 그리고 요한계시록 7장은 이 질문에 대한 대답을 던져주고 있습니다.

인 맞은 자 십사만 사천 명

첫 번째 대답은 인 맞은 자 십사만 사천 명이 설 수 있습니다. 열두 지파 각 일만 이천 명을 더한 숫자입니다. 요한계시록 7장은 땅 모퉁이에 서있는 네 천사의 이야기로 시작되고 있습니다. 네 천사는 바람을 붙잡아서 바람으로 하여금 땅에나 바다에나 각종 나무에 불지 못하게 하는 천사들입니다. 그러나 이 네 천사가 바람을 놓아버리면 이 바다가 쓰나미, 태풍, 허리케인, 토네이도 등 어마어마한 재앙이 일어나게 됩니다. 인간 문명은 바람 앞에 날리는 검불에 불과합니다. 바람이라는 것은 막강한 힘을 가지고 있습니다. 우리나라는 다행스럽게 태풍 정도만 불어오지만 미국은 토네이도가 불면 가던 큰 트럭도 그대로 하늘로 올라갑니다. 올라가서 어디에 떨어지는지 알 수 없게 날아가는 무서운 것입니다. 그런데 이 네 천사들이 바람을 주관하고 있습니다. 네 천사가 바람을 놓으면 그것은 지구의 종말이 오는 것입니다.

이때 다른 천사가 나와서 말합니다. "또 보매 다른 천사가 살아계신 하나님의 인을 가지고 해 돋는 데로부터 올라와서 땅과 바다를 해롭게 할 권세를 얻은 네 천사를 향하여 큰 소리로 외쳐 가로되 우리가 우리 하나님의 종들의 이마에 인치기까지 땅이나 바다나 나무나 해하지 말라 하더라"(계 7:2-3). 다른 천사가 하는 일은 살아계신 하나님의 도장을 가지고 진노의 날에 설 수 있는 사람들의 이마에 인을 치는 천사입니다. 이 때 이마에 인을 맞은 사람이 이스라엘 자손 각 지파 가운데 일만 이천 명씩 도합 십사만사천 명이라고 했습니다.

인이란 무엇인가?

■ 소유권

바람이 불기 전 하나님의 천사가 이마에 인을 칠 사람들이 있다고 합니다. 인을 친다는 것은 도장을 찍는다는 것입니다. 도장을 찍었다는 것은 소유권을 의미합니다. 하나님의 인을 쳤다는 것은 하나님의 소유된 백성임을 말하는 것입니다. 그들은 하나님께 속한 존재들이요, 하나님의 택함 받은 존재들이요, 하나님이 아는 사람들입니다. "그러나 하나님의 견고한 터는 섰으니 인침이 있어 일렀으되 주께서 자기 백성을 아신다 하며 또 주의 이름을 부르는 자마다 불의에서 떠날지어다 하였느니라"(딤후 2:19). 도장을 찍는 것은 하나님의 소유권을 의미합니다. 하나님이 이마에 인을 찍었다는 것은 그 사람들은 인침을 받은 하나님의 백성임을 말하는 것입니다. 그리고 그들이 하나님의 종들임을 의미합니다. 하나님을 섬기는 사람이라는 것입니다. 인 맞은 사람들은 이기적인 목적을 가지고 사는 사람들이 아닙니다. 하나님을 섬기고 성도들을 섬기는 삶을 사는 사람들입니다. 주인이 도장을 찍었기 때문에 주인이신 하나님을 섬기고, 순종하는 그런 사람들입니다.

■ 보호하심

인침이라는 것은 또한 하나님의 보호하심을 의미합니다. 하나님이 인치신 사람들은 다가오는 바람의 심판에서 보호하심을 입게 됩니다. 바람이 아무리 사방에서 불어와도 그들을 헤치지 못하게 된다는 것입니다.

시편에서도 "여호와께서 너를 지켜 모든 환난을 면케 하시며 또 네 영혼을 지키시리로다"(시 121:7)라고 하고 있습니다. 그러므로 인 맞았다는 것은 하나님의 소유가 되었고 하나님의 보호하심을 입는다, 그리고 하나님을 섬기는 사람들이라는 의미입니다.

■ 상징수 십사만 사천

하나님의 인 맞은 사람들은 그 숫자가 십사만 사천 명이라고 했습니다. 이 숫자는 문자 그대로 해석하면 안 됩니다. 이것은 상징적인 숫자입니다. 12도 상징이고, 12 X 12 = 144도 상징입니다. 12는 이스라엘 구약 교회의 상징이며 12는 신약교회의 상징입니다. 그러므로 144는 하나님의 교회를 상징하는 숫자입니다. 계시록에 나와 있는 모든 숫자는 다 상징입니다. 계시록의 숫자를 문자적으로 해석하는 사람들은 잘못하는 것입니다. 그래서 이단이 되는 것입니다. 십사만 사천 명만 구원받는다는 말도 안 되는 해석들을 합니다. 144에 1000을 곱했는데, 1000은 완전수, 충만수를 의미합니다. 그러므로 십사만 사천 명은 신구약 시대에 구원받는 모든 하나님의 백성 큰 회중임을 의미하는 것입니다.

이 숫자가 상징적이긴 해도 숫자는 숫자이고 한계가 있습니다. 이들은 창세 전에 하나님의 택하심을 받은 백성들입니다. 구체적으로 이 숫자가 얼마인지는 오직 하나님만 아시고, 인간은 알지 못합니다. 이들은 하나님의 심판을 받지 않는 사람들입니다. 지금 사도 요한이 이 계시의 말씀을 주고 있는 이유는 핍박과 고통을 당하고 있는 교회들에게 "여러분들이 지금 핍박을 받고 있지만, 하나님은 여러분들을 심판하지 않습니다. 오히려 여러분을 핍박하는 사람들이 심판을 받을 것입니다."라고 말하며 교회를 위로하는 것입니다. 그러므로 예수 믿고 구원받는 사람들은 상징적으로 십사만 사천 명입니다. 이것은 신구약 교회에 속하여 구원받는 모든 사람들을 통틀어 말하는 것입니다.

능히 셀 수 없는 큰 무리

두 번째 하나님의 진노의 큰 날에 능히 설 수 있는 사람에 대해 9절이 밝히고 있습니다. *"이 일 후에 내가 보니 각 나라와 족속과 백성과 방언에서 아무라도 능히 셀 수 없는 큰 무리가 흰 옷을 입고 손에 종려 가지를 들고 보좌 앞과 어린 양 앞에 서서"*(계 7:9). 진노의 큰 날에 능히 설 수 있는 사람의 숫자가 능히 셀 수 없고 그 무리가 흰 옷을 입고 하나님의 심판에 들지 않는다는 것입니다. 십사만 사천 명을 문자적으로 해석할 수 없는 이유가 여기에 있는 것입니다. 십사만 사천 명이 곧바로 9절에 가서 능히 셀 수 없는 큰 무리라고 얘기하기 때문입니다.

이들은 하나님의 보좌와 어린 양 앞에 서서 흰 옷을 입고 손에 종려나무 가지를 들고 찬양을 하고 있습니다. 구원받은 사람들이 천국에서 찬양하고 있는 것입니다. 이들은 큰 무리라고 했습니다. 아무라도 능히 셀 수 없는 큰 무리입니다. 하나님의 은혜를 받은 사람들은 이 세상 모든 나라에서 능히 셀 수 없는 큰 무리입니다. 대한민국만 해도 구원받은 성도들이 많이 있습니다. 외국에도 많고 특히 중국은 폭발적인 성장을 하고 있습니다. 사람이 셀 수 없는 큰 무리가 구원받고 있습니다.

흰 옷을 입고 있는 이들의 정체가 13절에 나옵니다. "장로 중에 하나가 응답하여 내게 이르되 이 흰 옷 입은 자들이 누구며 또 어디서 왔느뇨 내가 가로되 내 주여 당신이 알이이다 하니 그가 나더러 이르되 이는 큰 환난에서 나오는 자들인데 어린양의 피에 그 옷을 씻어 희게 하였느니라"(계 7:13-14). 큰 환난에서 나오는 사람들이라고 하고 있습니다. 성도들은 세상에 있을 때에는 여러 가지 환난을 당하는 존재들임을 말하고 있습니다. 어떤 사람들은 이것을 칠 년 대환난이라고 합니다. 그런데 저는 성경에 칠 년 대환난이란 말은 존재도 하지 않는다고 생각합니다. 아무리 읽어도 찾을 수가 없습니다. 성경을 이성적으로 연구하는 학자들은 그런 교리를 찾지 못합니다. 칠 년 대환난은 미래의 대환난을 이야기하는 것이 아닙니다. 이들은 이미 요한 시대에 환난을 당해서 천국에 올라와 있는, 순교를 당하고, 환난을 당하고 천국에 올라와 있는 사람들입니다.

그러므로 우리는 언젠가 죽게 됩니다. 이것을 다른 말로 바꾸면 큰 환난에서 나오는 것입니다. 이 세상을 살아가는 것 자체가 환난입니다. 하나님의 택하심과 인치심을 받은 존재들이지만, 세상사는 동안에는 환난을 당한다는 것입니다. 그러나 그들은 천국에서는 더 이상 환난이 없고, 주림이 없고, 목마름이 없고, 해 당함이 없는 것입니다. 천국은 더 이상 환난이 없다는 것입니다. 그래서 "환난에서 나오는 자들."이라고 하는 것입니다.

이들은 어린 양의 피의 그 옷을 씻어 희게 함을 입은 사람들입니다. 다른 말로 하면 죄 용서함을 받은 사람들입니다. 흰 옷을 입었다는 것은 어린 양의 피에 씻음을 받았기 때문에 흰 옷을 입은 것입니다. 이들은 하나님의 보좌 앞에서 하나님과 가까운 교제를 나누고 있는 존재들입니다. 그들 중 아무도 보좌에서 멀리 떨어진 사람이 없습니다. 소외된 사람이 없습니다. 15절 전반에 "그러므로 그들이 하나님의 보좌 앞에 있다"고 했습니다. 그 앞에서 무엇을 하고 있습니까? 찬양하고 있습니다. "큰 소리로 외쳐 가로되 구원하심이 보좌에 앉으신 우리 하나님과 어린 양에게 있도다 하니"(계 7:10). 이런 노래를 새 노래라고 합니다. 모든 백성과 방언 가운데 나와서 흰 옷입고 천국에 가있는 성도들이 새 노래를 부를 때에 모든 천사들이 보좌 앞에 엎드려 얼굴을 대고 하나님을 경배하며 아멘으로 화답을 하고 있습니다. 이것을 기록한 이유는 환난 당한 교회를 향해서 위로를 주려고 하는 것입니다. 환난을 당해도 걱정하지 마라. 천국에서 하나님의 위로가 있다는 것입니다.

천국에서 누리는 삶

세 번째 이 본문이 말씀하는 것은 구원받은 사람은 상징적으로 십사만 사천 명이고, 실제적으로 백성과 방언에서 나오는 헤아릴 수 없는 많은 무리인데, 이들이 천국에서 누리는 삶은 바로 영생입니다. 천국에서 영생을 누립니다. 영생은 단순히 영원히 산다, 시간적으로 길게 산다는 것이 아닙니다. 지옥도 영원히는 삽니다. 다만 영원히 벌 받으니까 그것을 영벌이라고 합니다. 그런 면에서 영생의 반대는 영벌입니다. 천국에서 누리는 삶은 영생입니다. 영생은 천국에서 하나님을 섬기는 삶입니다.

어떤 사람은 천국에 가면 심심할 것 같다고 합니다. 전혀 심심하지 않습니다. 15절 중반을 보면 "성전에서 밤낮 하나님을 섬긴다."고 하고 있습니다. 하나님을 섬기는 것이 피곤하지도 않고 지루하지도 않고 기쁨이 넘친다는 것입니다. 성도들은 영생을 누리게 되고 영생은 천국에서 하나님을 섬기는 것이며, 영원한 안전이 보장된 것입니다. 저는 집에 있어도 불안할 때가 있습니다. 도둑이 들어올까, 강도가 오지는 않을까?, 운전을 하면 사고가 나지는 않을까?, 생각이 다른 사람과의 부딪힘을 통해 해코지 당하지 않을까? 등등 불안한 요소들이 많이 있습니다.

천국은 테러의 위협, 강도의 위협 등이 없는 안전이 보장된 곳입니다. 절대 안전을 보장하는 곳입니다. 그래서 다시는 주림도 없고, 목마름도 없고, 태양이 비치지 않습니다. 하나님이 태양처럼 빛나는 분이기에 태양이 없습니다. 그리고 아무 뜨거운 기운도 상치 못하게 하고, 보좌에 앉으신 분이 그들 위에 장막을 친다고 했는데 장막은 피난처입니다. 즉 천국은 절대 안전한 곳이고, 행복한 곳입니다.

그리고 영생은 목자이신 그리스도와 영원히 함께하는 곳입니다. 사람이 목자가 없으면 방황합니다. 이끌어가는 사람이 없으면 방황할 수밖에 없습니다. 그런데 천국은 보좌 가운데 계신 어린 양이 저희의 목자가 되어 생명수 샘으로 인도하신다고 이야기하고 있습니다. 그 물만 마시면 만족이 있고, 기쁨이 있고, 축복이 있고, 부족한 것이 아무것도 없는 생명수 샘입니다. 그것이 천국에 있습니다. 목자 되신 예수님이 그들을 이끌고 생명수 샘으로 가는 목자와 함께하는 축복된 삶입니다.

그리고 슬픔에서 완전히 해방된 삶입니다. 17절 후반입니다. "하나님께서 저희 눈에서 모든 눈물을 씻어 주실 것임이러라"(계 7:17). 눈물 흘릴 이유가 없습니다. 사람이 살다보면 "저 사람은 눈물 흘릴 일 없겠다."싶어도 다 눈물 흘립니다. 어두운 곳에서 혼자서 몰래 울고 합니다. 하지만 천국은, 영생은 그런 것이 없습니다.

결론

누가 환난에 능히 설수 있을까요? 먼저 십사만 사천 명 이마에 인 맞은 자가 능히 설 것입니다. 그리고 각 나라 백성과 족속과 방언에서 나온 흰 옷 입은 셀 수 없는 무리가 그 진노의 날에 담대하게 설 것입니다. 그들은 천국에서 영생을 누리게 될 것입니다. 요한계시록은 이런 것입니다. 무슨 비밀 코드 문서 풀듯이 해석한 후 신령한 척 하는 사람들은 이단이며 엉터리들입니다. 요한계시록은 믿는 자에게 천국이 있고, 이 세상에서 고통을 당해도 천국에서 하나님이 다 갚아주신다는 환난당하는 교회를 향한 위로입니다. 이 세상은 환난과 불확실성이 가득해도 세상에 미혹당하지 말아야 합니다. 세상이 좋지만 천국은 억만 배 더 좋은 곳입니다. 그러므로 요한계시록 7장은 성도들에게 용기와 위로와 확신을 주는 말씀입니다.

그리스도인이 아닌 사람들은 이 말씀을 읽을 때에 "아하! 인간의 삶이 현세에만 있는 것은 아니구나."라는 것을 알아야 합니다. 현세만 다라고 생각하고 다 차지하려고 하는 행동들은 허무한 것입니다. 아무리 누려봐야 병 하나 오면 모두 놓고 가야 합니다. 라면 하나 먹을 수도 없습니다. 그런게 현세의 삶입니다.

　어린 양의 피에 죄를 씻고 흰 옷을 입는 사람들은 행복한 사람들입니다. 그리고 목자 없이 유리방황하는 인생은 불행한 인생입니다. 하지만 목자를 따라 영생을 누리는 삶은 복된 삶입니다. 이런 복된 삶을 누리는 성도들이 되기를 바랍니다.

15

일곱째 인을 떼실 때

요한계시록 8:1-13

"또 다른 천사가 와서 제단 곁에 서서 금 향로를 가지고 많은 향을 받았으니 이는 모든 성도의 기도들과 합하여 보좌 앞 금단에 드리고자 함이라"(계 8:3).

요한계시록 8장부터 11장까지는 일곱 인 가운데 마지막 일곱 인을 뗄 때에 내리는 내용입니다. 요한계시록은 일곱 인이 있으면 마지막 인을 뗄 때에 일곱 나팔이 나오고, 일곱 나팔에서 마지막 일곱 나팔이 불리면 일곱 대접 심판이 나옵니다. 불꽃놀이에서 하나가 터지고 그것이 끝나면 바로 터지는 것처럼 일곱 인과 일곱 나팔과 일곱 대접을 순차적으로 보여주고 있습니다.

일곱째 인을 떼면서 일곱 천사가 일곱 나팔의 재앙을 내립니다. 이것은 교회를 핍박하는 악한 세상을 향한 하나님의 심판을 말합니다. 4-7장에서는 교회가 환난을 당하지만 8-11장은 교회에 환난을 주는 세상을 하나님이 심판하는 내용입니다. 그러므로 나팔은 심판이 온다는 경고의 소리입니다. 일곱 나팔의 대상은 세상입니다. 교회를 핍박하는 세상입니다. 일곱 나팔의 내용은 세상을 향한 심판입니다.

먼저 요한계시록 8장을 보면 일곱 째 인을 떼실 때에 세 가지 내용이 나옵니다. 첫번째는 하늘에서 고요함이 있어 반 시 동안 고요합니다. 두 번째는 성도들의 기도가 향연과 함께 올라갑니다. 세 번째는 일곱 천사가 나팔 불기를 시작하는 것입니다. 그 나팔 가운데 네 개의 나팔이 요한계시록 8장에 기록이 되어 있습니다.

반 시 동안 고요한 하늘

요한계시록 8장은 일곱 번째 인을 뗄 때에 하늘에 고요함이 있었다고 합니다. "일곱째 인을 떼실 때에 하늘이 반 시 동안쯤 고요하더니"(계 8:1). 모든 것이 조용하고 아무소리도 없으며 그 기간은 반 시, 분으로 따지면 30분 정도입니다. 하늘이 30분 동안 조용하고 아무 소리가 없습니다. 우리가 사는 세상은 언제나 소리가 존재합니다. 제가 목양실에 혼자 조용히 있어도 별 소리가 다 들립니다. 밖에서 "고구마 사세요.", "감자 사세요.", "꿀 사과가 왔습니다." 등등 별 소리가 다 들립니다. 우리가 사는 세상은 결코 조용하지 않습니다. 자동차 소리, 음악 소리, 짐승 소리, 등등 그런데 지금 아무 소리도 들리지 않는 고요가 30분 동안 계속 된다는 것은 으스스한 분위기를 보여주는 것입니다. 조용하고 고요하다는 것은 무엇인가 심각한 일이 일어날 것이라는 느낌을 주는 것입니다.

이 고요는 구약의 예언서를 보게 되면 하나님이 심판을 선포하기 전에는 언제나 하늘이 고요했다는 내용이 나오고 있습니다. "오직 여호와는 그 성전에 계시니 온 천하는 그 앞에서 잠잠할지니라"(합 2:20). 온 천하는 잠잠하라고 합니다. 이렇게 잠잠하라는 말 이후에 나오는 현상을 봐야 합니다. "주께서 노를 발하사 땅에 두르셨으며 분을 내사 열국을 밟으셨나이다"(합 3:12). 고요함이 온 뒤에 하나님의 진노가 온다는 이야기입니다. 스가랴서를 보더라도 "무릇 혈기 있는 자들이 여호와 앞에서 잠잠할 것은 여호와께서 그 성소에서 일어나심이니라 하라 하더라"(슥 2:13)라고 이야기합니다. 종합하면 하늘이 잠잠한 뒤에는 심판이 있다는 이야기입니다. 폭풍전야라는 말이 있습니다. 폭풍이 오기 전에 고요한 상태를 말하는 것입니다. 그러므로 30분간의 고요라는 것은 잠시 하나님이 심판을 준비하시는 그런 기간임을 볼 수가 있습니다.

성도들의 기도

두 번째 일곱째 인을 떼실 때에 성도들의 기도가 있었습니다. "또 다른 천사가 와서 제단 곁에 서서 금 향로를 가지고 많은 향을 받았으니 이는 모든 성도의 기도들과 합하여 보좌 앞 금단에 드리고자 함이라 향연이 성도의 기도와 함께 천사의 손으로부터 하나님 앞으로 올라가는지라 천사가 향로를 가지고 단 위의 불을 담아다가 땅에 쏟으매 뇌성과 음성과 번개와 지진이 나더라"(계 8:3-5). 일곱 나팔을 가진 천사도 있지만, 금 향로를 가진 다른 천사가 있습니다. 그 향로에 많은 향을 받았다고 합니다. 하나님 보좌 앞에 있는 금단에 성도들의 기도와 향연이 같이 올라갔다고 합니다. 향연은 향냄새를 이야기합니다. 성도들의 기도와 향연을 올린 천사가 단

위에서 불을 받아서 땅에 쏟자, 땅에 뇌성과, 음성과, 번개와, 지진이 났습니다. 이 구절의 의미는 핍박을 당하는 성도들이 기도를 하자, 하나님이 그 기도를 들으시고 땅에서 교회를 핍박하는 사람들에게 심판을 부으시는 장면을 말하는 것입니다. 그러므로 하나님이 땅에서 교회를 핍박하는 자들에게 심판을 내리는 것에는 성도들의 기도가 중요한 역할을 하고 있음을 보여주고 있습니다.

여기에서 성도라고 하는 것은 로마 가톨릭에서 말하는 것처럼 어거스틴, 씨푸리안, 터툴리안 등 유명한 교부들이 아니라 예수 믿는 보통 사람들을 성도라고 하는 것입니다. 보통 성도들이 기도하는 것을 성도의 기도라고 하는 것입니다. 그러나 성도의 기도라고 해도 완전할 수 없습니다. 때로는 다른 사람의 기도를 듣다보면 잘못된 기도도 분명히 많이 합니다. 우리의 기도가 순수한 것은 아닙니다. 욕심에서 나오는 것도 있습니다. 대표적으로 성적이 안 되는데 명문대학에 입학할 수 있게 해달라고 기도하는 것들입니다. 또한 불합리한 기도를 올릴 수도 있습니다. 이렇게 불완전한 성도의 기도가 어떻게 하나님께 상달될 수 있는가? 또 핍박을 당하면 그것이 억울해서 "하나님 우리의 억울함을 복수하여 주시옵소서."하면서 기도를 할 수도 있습니다. 이렇게 불완전한 기도가 어떻게 상달될까요? 본문에서 천사를 보면 금 향로에 향을 피웁니다. 그리고 우리의 기도와 그 향냄새가 혼합이 돼서 올라가고 있음을 볼 수 있습니다. 그러므로 우리의 기도는 향냄새와 섞여야 하나님 보좌에 올라가는 것입니다. 향냄새가 어떻습니까? 좋은 냄새일까요? 나쁜 냄새일까요? 좋은 냄새입니다. 향냄새와 물을 섞어서 만든 것을 향수라고 하지 않습니까? 향수는 냄새가 좋습니다. 그 외에도 커피 향, 빵 굽는 냄새, 가을 전어 굽는 냄새 등 향기로운 냄새가 많습니다. 그런데 우리 기도가 향연하고 섞여서 올라가면 하나님이 그 향기를 흠양하시고 우리의 불완전한 기도도 다 받아주십니다.

그렇다면 향연이 말하는 것은 무엇입니까? 그것은 예수 그리스도가 우리를 위해서 속죄하신 속죄의 사역입니다. 그리스도의 공로가 우리의 기도를 하나님 보좌로 올려주시는 것입니다. 그래서 우리는 우리의 이름이 아닌 예수 그리스도의 이름으로 기도를 하는 것입니다. 제가 어떤 교회에 갔는데 대표기도를 하는데, 기도내용이 너무 좋습니다. 그런데 끝낼 때 아무 내용 없이 그냥 "간절히 기도합니다."라고 하고 들어갑니다. 이런 것은 향연이 빠진 기도입니다. 향연은 그리스도의 이름입니다. 우리가 기도할 때 예수 그리스도의 이름으로 해야 하는 이유는 우리의 기도가 불완전하기 때문에 그리스도의 이름인 향연과 결합하여 드리는 기도가 하늘에 상달되고, 하나님이 받으시고 응답을 하셔서 핍박하는 세상을 향해서 심판을 내리십니다.

나팔을 가진 일곱 천사

그러므로 요한계시록 8장은 하나님이 심판하시기 전에, 일곱 나팔의 심판을 세상에 내리기 전에 30분은 조용하다가 성도들의 기도가 향연과 섞여서 하나님께 올라가고 일곱째 인을 떼실 때에 일곱 나팔을 가진 일곱 천사가 나팔 불기를 준비하고 시작하는 것입니다.

일곱 천사가 일곱 나팔을 부는데 한 천사가 차례대로 붑니다. 나팔 불 때에 지상에 어마어마한 재앙이 내립니다. 이 재앙을 보면 애굽에 내린 재앙하고 비슷합니다. 하나님이 애굽에 모세를 통해서 열 가지 재앙을 내리는데 나팔 심판도 비슷합니다. 지상의 교회를 핍박하는 세상에 핍박이 내리기 시작합니다.

첫째 천사가 나팔을 불면서 일어난 일을 보겠습니다. "**일곱 나팔 가진 일곱 천사가 나팔 불기를 예비하더라 첫째 천사가 나팔을 부니 피 섞인 우박과 불이 나서 땅에 쏟아지매 땅의 삼분의 일이 타서 사위고 수목의 삼분의 일도 타서 사위고 각종 푸른 풀도 타서 사위더라**"(계 8:6-7). 무슨 재앙이 일어나고 있습니까? 땅의 삼분의 일이 사위었습니다. 사위다는 말은 시들었다는 말입니다. 땅의 삼분의 일이 시들었습니다. 수목의 삼분의 일도 시들고, 각종 풀도 타서 시들었다는 이야기입니다. 땅과, 수목과 채소, 풀이 모두 타버리는 재앙을 뭐라고 합니까? 가뭄이라고 합니다. 첫째 천사가 나팔을 불자 핍박하는 세상에 가뭄이 일어나서 나무도 타고, 풀도 타고, 야채도 타는 재앙이 임했다는 것입니다. 그러나 전 세계가 이런 일이 일어난 것이 아닙니다. 하나님이 재앙을 내릴 때에는 언제나 지상의 일부만 내립니다. 삼분의 일에만 재앙이 일어나고 삼분의 이는 멀쩡했습니다. 이것은 은혜입니다. 하나님이 교회를 핍박하는 세상을 심판함을 보여주고 있습니다.

둘째 천사가 나팔을 불자 일어난 일입니다. "**둘째 천사가 나팔을 부니 불붙는 큰 산과 같은 것이 바다에 던지우매 바다가 삼분의 일이 피가 되고 바다 가운데 생명 가진 피조물들의 삼분의 일이 죽고 배들의 삼분의 일이 깨**

어지더라"(계 8:8-9). 바다의 삼분의 일이 피로 변합니다. 그리고 바다의 생물이 삼분의 일이 죽습니다. 즉 바다의 재앙을 보여주고 있습니다. 최근에도 바다에 재앙이 많습니다. 기름배가 터져서 기름이 유출되어 물고기들이 떼죽음을 당하기도 했습니다. 태안에서 기름이 유출되어 많은 사람들이 자원봉사를 했던 것을 기억할 것입니다. 그리고 이런 일들은 우리나라에만 있지 않습니다. 다른 나라에서도 일어나는 일들입니다. 이처럼 본문은 어폐류나 배들이 깨어지는 바다의 재앙을 이야기하고 있습니다.

첫째 나팔을 불 때에는 육지의 재앙, 둘째 나팔을 불 때는 바다의 재앙이었습니다. 그럼 셋째 나팔을 불 때에는 어떻게 되겠습니까? "셋째 천사가 나팔을 부니 횃불 같이 타는 큰 별이 하늘에서 떨어져 강들의 삼분의 일과 여러 물샘에 떨어지니 이 별 이름은 쑥이라 물들의 삼분의 일이 쑥이 되매 그 물들이 쓰게 됨을 인하여 많은 사람이 죽더라"(계 8:10-11). 쑥의 특징은 "쓰다"는 것입니다. 셋째 천사가 나팔을 불 때에 강들의 삼분의 일과 물샘에 떨어져서 그 물들이 쑥이 되었다는 것은 써서 먹을 수 없는 물이 되었음을 말합니다. 이것은 강의 오염을 말하는 것입니다. 우리나라만 해도 한강 물이 오염되면 큰 문제가 됩니다. 전쟁이 날 경우, 가장 먼저 할 일중 하나가 강에 독을 타서 물을 오염시키는 것입니다. 그만큼 물의 오염은 무서운 것입니다. 그런데 셋째 천사가 나팔을 불자 강과 물 근원이 오염된다는 것입니다. 그것도 삼분의 일이 오염됩니다. 첫째 천사는 땅에 심판, 둘째 천사는 바다, 셋째 천사는 물 근원의 재앙이 있습니다.

넷째 천사가 나팔을 붑니다. "넷째 천사가 나팔을 부니 해 삼분의 일과 달 삼분의 일과 별들의 삼분의 일이 침을 받아 그 삼분의 일이 어두워지니

낮 삼분의 일은 비침이 없고 밤도 그러하더라"(계 8:12). 해와 달과 별 즉 하늘 천체에 이상이 생깁니다. 어둡지 않아야 할 때 어두운 것 예를 들어 낮 2시부터 어두운 경우입니다. 또 어두워야 할 밤이 환하게 된다고 합니다. 우리나라는 낮과 밤이 비교적 정확하지만 북극이나 미국의 오하이하 주에 가면 밤 12시가 되도 환합니다. 북극에 가까워지면 새벽 1시가 되도 날이 어둡지를 않습니다. 그런데 이런 것이 다 바뀌고 엉망이 된다는 것입니다. 다 그런 것은 아니고 삼분의 일이 그렇게 된다고 하는 것입니다. 첫째 나팔은 땅의 재앙이며, 둘째 나팔은 바다의 재앙이며, 셋째 나팔은 강의 재앙이고, 넷째 나팔은 하늘의 재앙으로 일어납니다.

지금도 이런 재앙들은 계속되고 있습니다. 모든 곳에서 그러지는 않지만 지금도 이런 재앙들이 분명하게 일어나고 있습니다. 다행스러운 것은 대한민국은 그런 재앙에서 비교적 하나님의 보호하심을 입고 있다는 생각에 저는 하나님께 감사하고 있습니다.

요한계시록 8장에는 고요함 가운데 심판이 온다고 경고하고 성도들의 기도로 인해 우리를 괴롭힌 세상에 심판이 일어납니다. 그것은 천재지변의 형태로 다가옵니다. 이 천재지변은 역사 속에서 계속됩니다. 그리고 예수님의 재림이 가까이 올수록 더 자주 일어난다고 기록이 되어 있습니다. 이것은 우연히 일어나는 것이 아닙니다. 이것은 보좌에 앉으신 하나님이 자연세계 불신세계를 향한 심판으로 인해 일어나는 것입니다. 그러나 재앙이 온 세계적인 것은 아니고 삼분의 일이라는 단어가 계속되고 있습니다. 즉 재앙의 영향을 받는 것은 부분적이고 전체적이지 않은 것입니다. 그래서 이것은 은혜입니다. 물론 재앙을 당하는 곳에 대해서는 우리가 안타까워하고 도와야 합니다. 다만 전체가 아닌 일부라는 사실에 우리는 감사해야 합니다.

일곱 천사의 일곱 나팔은 지금도 역사 속에서 계속 불고 있습니다. 쓰나미, 지진, 태풍, 천체 이변, 바다 오염, 강물 오염 등 역사상 지금도 계속되고 있고, 우리 시대에도 우리가 수없이 많이 경험하는 것입니다. 우리는 아이티에서 일어난 큰 지진을 기억합니다. 중국에서 일어나서 십만 명이 죽은 대지진을 압니다. 또한 일본에서 쓰나미로 인해 큰 피해를 입고, 방사능 유출의 위협도 우리는 보고 있습니다. 이런 심판들은 역사적으로 계속되고 있는 것입니다. 많은 사람들이 세상에서 일어나는 재앙들을 자연적인 원인으로만 생각합니다. 하지만 우리는 재앙 가운데 들려오는 하나님의 나팔 소리를 들어야 합니다. "아 이 재앙은 하나님의 심판의 나팔이다." 나팔이라는 것은 경고입니다. 앞으로 심판이 온다는 경고이며 다른 한 편으로는 사람에게 회개하라고 소환하는 은혜의 소리입니다. "내가 보좌에 앉아서 심판하는 하나님이다. 온 세상에 삼분의 일의 심판이 오기 전에 회개하라."는 은혜의 소리입니다.

결론

그러므로 우리는 이런 천재지변가운데 임하는 하나님의 나팔소리를 듣는 귀를 가지고 다가오는 심판을 피해야 합니다. 나팔소리는 성도들에게는 죄를 가볍게 여기지 말고 죄를 회개하고 짓더라도 빨리 돌이키라는 경고의 소리임을 기억하고 돌아오는 성도가 되어야 할 것입니다.

16
일곱 나팔의 재앙

요한계시록 9:1-21

"다섯째 천사가 나팔을 불매 내가 보니 하늘에서 땅에 떨어진 별 하나가 있는데 저가 무저갱의 열쇠를 받았더라"(계 9:1).

요한계시록 1장과 3장은 일곱 교회 이야기, 4장에서 7장까지는 일곱 인의 재앙을 통해 교회와 세상이 함께 고난을 당하지만 교회는 통과함을 이야기하고 있습니다. 그리고 일곱 인을 뗄 때에 일곱 나팔의 재앙이 8장에서 11장까지 기록이 되어 있습니다.

일곱 나팔의 재앙은 불신 세상 혹은 불신자에게 임하는 재앙을 말합니다. 일곱 인이 끝나고 일곱 나팔이 나오지만 이것이 시간적 연속성을 갖는 것이 아니라 역사 속에서 일곱 인과 일곱 나팔 재앙이 계속적으로 일어나는 재앙입니다. 역사 속 예수님의 초림부터 재림까지 전 기간에 걸쳐서 일어나는 재앙으로 이해해야 합니다.

요한계시록 8장은 일곱 나팔 재앙 중에 네 가지 재앙이 담겨져 있습니다. 첫째 나팔은 땅과 수목과 채소와 풀에 재앙이 일어나고, 둘째 나팔을 불 때에는 바다에 일어나는 재앙, 셋째 나팔은 물 근원에 내리는 재앙, 넷째 나팔은 하늘의 해와 달과 별에 내리는 재앙이었습니다. 첫째부터 넷째까지는 인간이 살고 있는 환경에 재앙이 내려집니다. 실제로 우리가 사는 세상에서 환경은 점점 오염되고 있습니다. 하늘도 오염돼서 오존층이 파괴되고, 물 근원도 오염되고, 바다도 오염되고, 땅도 오염되고 있습니다. 땅도 농사를 지으면 6년을 짓고 1년은 쉬어줘야 땅이 산성화되지 않는데 계속 지으니까 땅이 산성화 되어 여기에서 나오는 곡식을 먹으면 사람의 몸도 산성화 되어 병 들게 됩니다. 미국의 경우 6년간 농사를 지으면 반드시 1년은 쉬게 했습니다. 땅이 안식년을 가진 것입니다. 그런데 우리나라는 땅이 좁다보니 계속 갈고 또 갈아서 야채나 풀 등이 모두 공해물질이 되었습니다. 다시 말해서 첫째 나팔에서 넷째 나팔은 환경에 관련된 재앙입니다. 다행인 것은 이것이 전체적인 것이 아니라 부분적이라는 것입니다. 성경에서는 삼분의 일이라는 부분적인 재앙이 일어날 것이라고 이야기하고 있습니다. 모든 곳에 나타나지 않고 부분적으로 나타나는 것은 하나님의 은혜입니다.

"하나님의 진노가 불의로 진리를 막는 사람들의 모든 경건치 않음과 불의에 대하여 하늘로 좇아 나타나나니"(롬 1:18). 하나님의 진노가 미래뿐만 아니라 현재에도 나타나 있다는 것을 말하는 구절입니다. 나타나는 이유는 불의로 진리를 막는 모든 사람들의 불경건과 불의로 인해서 나타나고 있습니다. 그러므로 일곱 나팔은 하늘로부터 나타나는 하나님의 진노를 구체적으로 이야기하는 것입니다. 땅에 내리는 진노, 바다에 내리는 진노, 강에 내리는 진노, 천체에 내리는 진노를 말하는 것입니다. 그러므로 우리가 이 세상에 재앙이 왜 계속 일어나는지를 이해하기 위해서는 하나님이 지금도 일곱 나팔을 불고 계시다는 것을 알면 됩니다. 일곱 나팔을 계속 불고 있기 때문에 재앙이 일어나고 있다는 것입니다.

그러나 요한계시록에 나오는 다섯 번째 나팔과 여섯 번째 나팔은 앞에 있는 네 나팔과는 다른 점이 있습니다. 앞의 네 나팔 재앙은 환경에 관련된 것입니다. 반면 요한계시록 9장에 나오는 다섯째, 여섯째 나팔 재앙은 사람에게 임하는 재앙입니다. 특별히 이마에 인 맞지 않은 사람들, 즉 불신자를 말하고 있습니다. 불신자에게 임하는 재앙을 말하는 것입니다. 일곱 개 나팔 중에서 네 개는 환경에 임한 것이고, 두 개는 사람에게 임하는 재앙입니다. 환경에 임하는 재앙은 계시록 8장에, 사람에게 임하는 재앙은 9장에 기록이 되어 있습니다.

무저갱의 열쇠

다섯 번째 천사가 나팔을 부니 하늘에서 떨어지는 별이 하나 있다고 합니다. 이것은 무엇을 말하는 것입니까? 원래 하늘의 별이었는데 떨어진 것은 무엇을 말합니까? 사단을 상징하는 것입니다. 그리고 *"저가 무저갱의 열쇠를 받았더라"*(계 9:1하)고 말하고 있습니다. *"저가 무저갱을 여니 그 구멍에서 큰 풀무의 연기 같은 연기가 올라오매 해와 공기가 그 구멍의 연기로 인하여 어두워지며 또 황충이 연기 가운데로부터 땅 위에 나오매 저희가 땅에 있는 전갈의 권세와 같은 권세를 받았더라"*(계 9:2-3). 황충은 메뚜기 떼를 이야기합니다. 무시무시하게 생긴 메뚜기들이 연기와 함께 나왔습니다. 이 황충들의 행동이 흉물스럽습니다. 7-11절은 황충의 모습들이 그려져있습니다. "황충들의 모양은 전쟁을 위하여 예비한 말들 같고 그 머리에 금 같은 면류관 비슷한 것을 썼으며 그 얼굴은 사람의 얼굴 같고 또 여자의 머리털 같은 머리털이 있고 그 이는 사자의 이 같으며 또 철흉갑 같은 흉갑이 있고 그 날개들의 소리는 병거와 많은 말들이 전장으로 달려들어가는 소리 같으며 또 전갈과 같은 꼬리와 쏘는 살이 있어 그 꼬리에는 다섯 달 동안 사람들을 해하는 권세가 있더라. 저희에게 임금이 있으니 무저갱의 사자라 히브리 음으로 이름은 아바돈이요 헬라 음으로 이름은 아볼루온이더라"(계 9:7-11). 황충들의 머리카락은 여자 머리카락 같다는 것은 귀신 같다는 의미입니다. 머리는 말처럼 생겼고, 머리 위에 금 면류관을 쓴 것이 아니라 비슷한 것을 썼다는 것은 무언가 가짜의 냄새가 납니다. 얼굴은 사람 얼굴 같고, 이빨은 사자 이빨 같고, 철 흉갑 같은 철로 된 방탄조끼를 입고 있고, 날개 소리는 전장으로 달려가는 말소리 같고, 꼬리가 달렸는데 그 모양이 전갈 같았는데 그 꼬리에 쏘는 침이 있어서 사람을 쏜다고 묘사하고 있는데, 한 마디로 정체를 알 수 없게 생긴 것들이 무저갱에서 연기와 함께 올라오고 있다고 했습니다.

이 괴상하게 생긴 황충이 권세를 받았다고 했습니다. 그 권세는 다섯 달 동안 사람을 해하는 권세입니다. "또 황충이 연기 가운데로부터 땅 위에 나오매 저희가 땅에 있는 전갈의 권세와 같은 권세를 받았더라 저희에게 이르시되 땅의 풀이나 푸른 것이나 각종 수목은 해하지 말고 오직 이마에 하나님의 인 맞지 아니한 사람들만 해하라 하시더라 그러나 그들을 죽이지는 못하게 하시고 다섯 달 동안 괴롭게만 하게 하시는데 그 괴롭게 함은 전갈이

사람을 쏠 때에 괴롭게 함과 같더라 그날에는 사람들이 죽기를 구하여도 얻지 못하고 죽고 싶으나 죽음이 저희를 피하리로다"(계 9:3-6). 황충과 같은 괴상한 것들이 땅에서 나와서 사람들을 해롭게 합니다. 그런데 풀이나 수목 등 환경을 해치지 않습니다. 이마에 인 맞지 않은 사람들 즉 불신자들이나 악한 사람, 구원받지 못한 사람들만 쏘고 있습니다. 황충이 쏘면 얼마나 고통스러운지 전갈에 쏘인 것과 같은데 사람들이 죽고 싶어 할 정도입니다. 더 무서운 것은 차라리 죽고 싶은데 죽을 수가 없는 것입니다. 그 기간이 다섯 달에 한정되었습니다.

황충들은 두목이 있습니다. 그 두목은 11절을 보면 "무저갱의 사자"로 히브리어로는 "아바돈", 헬라어로는 "아볼루온"입니다. 1절의 하늘에서 땅에 떨어진 별과 동일한 존재입니다. 바로 사단 혹은 마귀를 지칭합니다. 그렇다면 사단의 졸개들이고 무시무시한 황충으로 묘사된 이 존재들은 무엇이겠습니까? 이 존재들은 귀신들, 악령들입니다. 귀신을 경험한 사람들이 그림을 그리면 항상 머리를 풀고 있습니다. 귀신을 봤다고 하는 사람들도 머리를 풀었다고 이야기들을 많이 합니다. 그런 것처럼 황충들의 생김새도 괴상하게 생겼습니다. 이 황충들은 사단의 졸개들이고 대부분의 성경 주석가들이 악령 귀신들이라고 해석을 합니다. 사단이 귀신들을 풀어서 다니면서 사람들을 괴롭게 합니다. 그런 점에서 불신자들은 불쌍합니다. 이중으로 당하고 있습니다. 하나님께 죄 지었다고 심판 받고, 악령의 졸개 노릇을 했는데 오히려 악령이 괴롭히는 이중의 고통을 당하고 있습니다. 충성하고 졸개 노릇하면 얻어먹는 것이라도 있어야 하는데, 이건 그런 것도 아니고 졸개 노릇을 해도 악령들은 해를 끼치고 있는 것입니다.

우리가 살고 있는 이 세상은 영의 세계가 있습니다. 그리고 그 세계에는 악한 존재들이 있고, 그 존재들은 하늘에 있는 악의 영들이고, 이것들은 귀신들, 악령들입니다. 이 귀신, 악령들은 사단의 졸개로서 사람들을 괴롭힙니다. 자신들의 편도 괴롭힌다는 것입니다. 그러므로 귀신 악령들을 따르는 것은 괴로운 일이고 비참한 일입니다. 악령을 따랐더니 꼬리로 찌르는 결과를 가져옵니다. 이 악령들은 사람들에게 질병도 주고, 사상의 혼란도 주고, 영적인 거짓말도 끊임없이 일으키고 있습니다. 그리고 사람들에게 나쁜 습관을 줘서 벗어나지 못하게 하는 역사를 하고 있습니다. 그러므로 이런 악령의 공격이 있을 때에는 믿음에 굳게 서서 나사렛 예수의 이름으로 물리쳐야 합니다. 이들은 불신자들을 밥으로 삼습니다. 그래서 온갖 해를 끼치고 있습니다. 성도들은 이 하늘의 악령들과 싸워서 마귀의 종된 사람들을 구원해내는 일을 계속해야 합니다. "우리의 씨름은 혈과 육에 대한 것이 아니요 정사와 권세와 이 어두움의 세상 주관자들과 하늘에 있는 악의 영들에게 대함이라"(엡 6:12). 저도 복음 설교를 준비할 때에는 공격을 당합니다. 설교 준비가 아주 어렵습니다. 준비하려고 하면 영적인 괴롭힘이 있습니다. 다 쫓아내야 합니다. 영혼 구령하는 것이 쉬운 일이 아님을 느끼게 됩니다. 왜냐하면 이런 악령들이 자꾸 방해를 합니다. 남편 전도하겠다고 전도하면 그날 갑자기 무슨 일이 생겨서 못 나온다고 하고, 이런 것들 다 악령들이 장난치고 역사하는 것입니다. 그런 것을 미리 기도로 막아서 방어장치를 해놓고 전도해서 구원을 이루어야 합니다. 이것이 악령과의 싸움입니다.

그런데 황충들의 활동기간이 5개월이라고 했습니다. 메뚜기가 아무리 커도 일 년 내내 활동하는 경우는 없습니다. 실제로 메뚜기의 활동기간이 5개월입니다. 황충들과 메뚜기의 활동기간이 같습니다. 때가 되면 메뚜기들은 다 일제히 죽게 되어 있습니다. 귀신 악령들은 예수님이 재림하시면 황충처럼 다 사라지는 것입니다. 황충들을 예수님이 다 멸하십니다. 더 이상 활동이 불가능해집니다. 마태복음 8장 29절을 보면 거라사의 광인에게 들렸던 귀신들의 수가 천 마리였습니다. 그들이 예수님께 이야기했습니다. "때가 이르기 전에 우리를 괴롭게 하려고 여기 오셨나이까 하더니"(마 8:29하). 귀신들도 알고 있는 것입니다. 때가 되면 자기들을 멸한다는 것을 그런데 지금 때도 안됐는데 자신들을 쫓아내려고 하냐고 묻고 있습니다. 이들은 때가 되면 자신들이 망한다는 것을 알고 있었습니다. 전멸의 때를 알고 있습니다.

그런 점에서 성도들은 귀신들이 장난을 칠 수 있어도 사로잡을 수 없음을 알아야 합니다. 악령들이 사람들을 자꾸 죄 짓게 하고, 나쁜 짓하게 만들고 이끌어 갑니다. 우리는 복음이 들어와서 귀신 들린 경우가 적지만, 선교지에 가보면 귀신 들리는 경우가 종종 있습니다. 예배를 드리다가 갑자기 픽 쓰러지기도 하고, 거품을 물기도 하고 합니다. 하지만 예수 그리스도의 이름으로 승리할 수 있습니다. 우리의 싸움은 악령과의 싸움입니다. 귀신, 황충들이 무저갱에서 나와서 자기 멸함을 당할 때까지 육신도, 정신도 괴롭히고 거짓말도 하고, 뱀처럼 들어와서 교회에서 이간질 시키면서 말썽을 일으키게 할 것입니다. 그런 것들에게 쏘이지 말고 분별하는 성도가 되어야 할 것입니다.

큰 강 유브라데

여섯 번째 천사가 나팔을 불 때에 일어나는 일들입니다. "**여섯째 천사가 나팔을 불매 내가 들으니 하나님 앞 금단 네 뿔에서 한 음성이 나서 나팔 가진 여섯째 천사에게 말하기를 큰 강 유브라데에 결박한 네 천사를 놓아 주라 하매**"(계 9:13-14). 유브라데는 유프라테스 강입니다. 티그리스 강과 유프라테스 강 사이를 메소포타미아라고 합니다. 유프라테스 강에 결박 되었던 네 천사가 있습니다. 귀신들은 원래는 천사였습니다. 이들이 풀려나자 마병대가 나오는데 그 마병대의 수는 이만만이라고 합니다. 즉 2억의 군대가 유프라테스 강에서 나온다는 것입니다. 이곳은 지금의 이라크입니다. 근처에 이란도 있습니다. 그곳에서 2억의 군사가 나온다고 합니다. 이들이 정해진 월, 일, 시에 이르러 사람 삼분의 일을 죽인다고 합니다. 그런데 마병대의 말이 괴상하게 생겼다고 합니다. "**마병대의 수는 이만만이니 내가 그들의 수를 들었노라 이같이 이상한 가운데 그 말들과 그 탄 자들을 보니 불빛과 자주빛과 유황빛 흉갑이 있고 또 말들의 머리는 사자 머리 같고 그 입에서는 불과 연기와 유황이 나오더라 이 세 재앙 곧 저희 입에서 나오는 불과 연기와 유황을 인하여 사람 삼분의 일이 죽임을 당하니라 이 말들의 힘은 그 입과 꼬리에 있으니 그 꼬리는 뱀 같고 또 꼬리에 머리가 있어 이것으로 해하더라**"(계 9:16-19). 이만만의 마병대의 모습이 괴상하게 생겼습니다. 머리는 사자 같고, 마병대가 끌고 다니는 말에서 세 가지가 나오는데 불과 연기와 유황이 나옵니다. 말같이 생긴 물건이 불과 연기와 유황을 계속 쏟아냅니다. 참 이상합니다. 말 탄 자들도 불빛과 자주

빛과 유황빛의 흉갑을 입었다고 했습니다. 심지어 불과 연기와 유황으로 사람의 삼분의 일이 죽임을 당하는데 그 말들의 힘은 입과 꼬리에 있고, 꼬리는 뱀 같은데 머리가 있어서 사람들을 해한다고 하는데 꼬리와 머리로 사람을 해친다는 말입니다.

이것은 유프라테스 강에 묶여 있던 악령들 네 마리가 나와서 2억이라는 엄청난 수의 군사를 일으켜서 불과 연기와 유황을 뿜어내는 무기를 가지고 전쟁을 일으켜 인류의 많은 숫자 삼분의 일이 죽는 세계대전을 말하는 것입니다. 이것이 묘사하는 것이 무엇인지는 모르지만 현대에 있어서 대포와 같은 것일 수도 있습니다. 어찌됐든 이 말 탄자들이 흉갑을 입고 괴상한 무기로 전쟁을 일으켜 인류의 삼분의 일이 죽게 되는 세계대전을 보여주고 있습니다.

다섯째 나팔과 여섯째 나팔 소리를 정리하면 다섯째 나팔은 사람을 향한 영적인 공격이고 여섯째 나팔은 사람에 대한 무기의 공격 즉 전쟁입니다. 그런데 이 세계 대전을 치르고도 죽지 않은 사람들이 여전히 회개하지 않습니다. **"이 재앙에 죽지 않고 남은 사람들은 그 손으로 행하는 일을 회개치 아니하고 오히려 여러 귀신과 또는 보거나 듣거나 다니거나 하지 못하는 금 은 동과 목석의 우상에게 절하고 또 그 살인과 복술과 음행과 도적질을 회개치 아니하더라"**(계 9:20-21). 20세기에 세계대전이 두 번 일어났습니다. 그런데 그 세계 대전이 모두 유프라테스 강 주변을 중심으로 일어났습니다. 하지만 이렇게 세계 대전이 일어나도 사람들은 여전히 우상에게 절하고 살인, 복술, 음행, 도적질을 회개하지 않고 살고 있습니다. 나팔을 분다는 것은 강력한 경고입니다. "전쟁이 일어났다.", "외적이 쳐

들어오고 있다.", "심판이 오고 있다." 등 경고의 소리입니다. 나팔 소리를 들으면 전쟁을 준비하거나 회개하여 심판을 피하는 것이 마땅합니다. 그럼에도 불구하고 사람들은 전혀 회개하지 않고 걸어 다니지 못하는 우상에게 절하고 살인 복술 음행 도적질을 회개하지 않았습니다. 여전히 자신들을 전갈처럼 찌르고 해치는 악령들을 따르고 있습니다. 하나님의 진노가 엄청난 전쟁의 심판으로 나타나도 회개할 줄 모릅니다. 교회를 핍박하고, 복음을 거절하고, 영적인 죄와 성적인 죄와 인간관계의 죄를 계속 저지르고 있습니다.

우리도 전쟁이 일어난 지 100년도 지나지 않았습니다. 전쟁의 상흔을 아직도 가지고 계신 분들이 살아있는데, 요즘은 벌써 그런 것을 잊은 것처럼 보입니다. 공산주의를 추종하거나 흥청망청 놀거나 하는데 이것은 전쟁의 상흔을 잊어버리고 회개하지 않는 행위입니다.

세 가지 교훈

요한계시록 9장에서 우리는 세 가지 교훈을 찾을 수 있습니다. 첫째, 하나님은 지금도 회개하라고 사람들을 부릅니다. 나팔소리를 불면서 회개하라고 부르고 있습니다. 일곱 나팔은 하나님의 진노가 있지만 회개하라는 경고의 소리입니다. *"또 그의 이름으로 죄 사함을 얻게 하는 회개가 예루살렘으로부터 시작하여 모든 족속에게 전파될 것이 기록되었으니"*(눅 24:47). 회개란 죄 사함을 얻게 하는 것입니다. 죄 사함을 얻게 하는 회개 은혜의 시대는 바른 회개의 복음이 전파되는 시대입니다. 우리의 사명은 죄 사함을 얻게 하는 회개의 복음을 온 세상에 전파하는 것입니다. 하나님은 지금도 회개하라고 나팔을 불고 계십니다. 하나님은 죄 사함을 얻게 회개하라고 지금도 사람을 권면하고 있습니다.

두 번째 인류역사에 일어나는 사건들은 모두 다 의미를 가지고 있습니다. 우연히 일어나는 일은 결코 없습니다. 우연은 역사를 일으키는 힘이 있지 않습니다. 하나님은 인류 사회에서 일어나는 사건들을 컨트롤하는 주권자이며 때로 심판도 하시고 회개의 나팔도 부시는 주권자이십니다. 인류 역사에 일어나는 모든 일은 의미가 있는 것입니다. 그러므로 우리 삶 가운데 어떤 일이 일어나면 하나님이 이 사건을 통해 나에게 말씀하시는 것이 무엇인지 생각해 보아야 합니다. 우연은 없습니다. 우연은 그런 일을 일으킬 힘이 없습니다. 모든 일에 의미가 있습니다. 그 의미를 생각하고 회개할 것이 있으면 회개하고, 돌이킬 것이 있으면 돌이키고, 행할 것이 있으면 행해야 합니다.

세 번째 하나님은 성도들의 기도에 응답하시고 교회의 원수들을 심판합니다. 기도는 이만큼 중요하고 역사는 힘이 많습니다. 요한계시록 8장과 9장에 나오는 일곱 나팔의 심판은 계시록 6장 10절에서 순교자들이 제단아래에서 기도한 내용에 대한 응답입니다. **"큰 소리로 불러 가로되 거룩하고 참되신 대주재여 땅에 거하는 자들을 심판하여 우리 피를 신원하여 주지 아니하시기를 어느 때까지 하시려나이까 하니"**(계 6:10). 우리가 이렇게 죽어서 천국에 와 있는데 우리의 억울한 피를 언제 복수해주겠느냐는 기도입니다. 이 기도 후에 하나님이 때가 찰 때까지 기다리라고 한 후 때가 차자 일곱 나팔의 재앙을 내리기 시작한 것입니다. 교회는 기도

하면서 회개의 복음을 계속해서 증거해야 합니다. 죄 사함을 얻게 하는 회개의 복음을 증거해야 합니다. 하나님은 우리 기도를 들으시고 역사를 운행하십니다. 예배의 자유도 없고 굶고 있는 북한의 안타까운 동포들을 위해서 기도해줄 수 있어야 합니다. 하나님이 우리 기도를 듣고 역사하신다는 것을 생각하고 악의 편에 서지 말고 의의 편에 서서 악을 물리치고 하나님이 공의를 일으키고 선이 이기도록 해달라고 기도해야 합니다.

지금 세상은 하나님을 믿지 못하게 하는 것들로 가득합니다. 북한은 공산주의의 위협아래에 예배의 자유도 없고, 복음을 전하려면 목숨을 걸어야 하는 어려운 처지에 있습니다. 지금도 많은 우리의 동포들이 안타깝게 죽어가고 있습니다. 공산주의는 악령입니다. 그러나 이런 악령들이 아무리 활개를 쳐도 예수님이 재림하시면 일순간에 무저갱으로 다시 들어갈 존재들입니다. 그들이 아무리 사자 이빨하고 머리 풀어봤자 소용없습니다. 그것들은 다 때가 되면 멸망할 존재들입니다. 우리도 악령에게 이끌려 다니지 않아야 합니다. 간혹 이단들과 이야기하는 사람들이 있는데 할 필요 없습니다. 이단으로 정죄된 집단에 갈 필요가 없습니다. 그런 곳에 가봤자 좋은 것 없습니다. 하나님의 교회에서 기도하고 말씀 들으며 바른 마음으로 충성해야 합니다.

결론

우리가 살고 있는 사회는 하나님이 보좌에 앉으셔서 지금도 나팔을 불며 사람을 회개하게 하고 구원하는 역사가 계속되고 있습니다. 그리고 이마에 인을 맞지 않은 악한 사람들에게는 하나님의 갖가지 심판들이 있음을 생각하고 우리는 기도로 악령들을 물리치며 하나님의 구원의 역사에 동참해야 할 것입니다.

17
힘센 천사와 작은 책

요한계시록 10:1-11

"내가 또 보니 힘센 다른 천사가 구름을 입고 하늘에서 내려오는데 그 머리 위에 무지개가 있고 그 얼굴은 해 같고 그 발은 불기둥 같으며"(계 10:1).

요한계시록 10장은 일곱 번째 나팔을 불기 전에 막간을 보여주는 장면입니다. 그런데 여기에는 중요한 두 가지 장면이 있습니다. 하나는 힘센 천사 이야기이고, 다른 하나는 작은 책 이야기입니다. 요한계시록 11장에는 그 막간에 두 증인 얘기가 나옵니다. 여기에서는 힘센 천사와 작은 책을 다루려고 합니다.

여섯째 나팔 심판이 끝난 후에 힘센 다른 천사가 나타납니다. 힘센 천사가 작은 책을 들고 있으며 가져다 먹으라고 했습니다. 요한이 먹으니 입에는 단데 속은 쓰다는 내용이 담겨있습니다. 이 내용은 여섯 번째 나팔을 불고 일곱 번째 나팔을 불기 전에 막간을 이용해서 계시한 말씀입니다.

힘센 다른 천사는 누구인가?

먼저 중요한 것은 힘센 다른 천사가 누구인가입니다. "내가 또 보니 힘센 다른 천사가 구름을 입고 하늘에서 내려오는데 그 머리 위에 무지개가 있고 그 얼굴은 해 같고 그 발은 불기둥 같으며 그 손에 펴 놓인 작은 책을 들고 그 오른발은 바다를 밟고 왼발은 땅을 밟고 사자의 부르짖는 것같이 큰 소리로 외치니 외칠 때에 일곱 우레가 그 소리를 발하더라 일곱 우레가 발할 때에 내가 기록하려고 하다가 곧 들으니 하늘에서 소리 나서 말하기를 일곱 우레가 발한 것을 인봉하고 기록하지 말라 하더라 내가 본 바 바다와 땅을 밟고 섰는 천사가 하늘을 향하여 오른손을 들고 세세토록 살아계신 자 곧 하늘과 그 가운데 있는 물건이며 땅과 그 가운데 있는 물건이며 바다와 그 가운데 있는 물건을 창조하신 이를 가리켜 맹세하여 가로되 지체하지 아니하리니"(계 10:1-6). 하늘에서 내려온 힘센 천사를 보니 보통 존재가 아닙니다. 일단 땅에 있는 존재는 아님을 알 수 있습니다. 하늘에서 내려왔다고 표현한다는 점에서 땅의 존재는 아님을 보여주고 있습니다. 힘센 천사가 누구인지에 대해서는 학자들 간에 논란이 있습니다. 보수적인 학자들 중에는 예수 그리스도라고 하는 사람이 있고, 어떤 사람은 비슷하지만 아니라고 합니다. 어떤 것이 맞는지는 모르지만 힘센 천사는 보통 사람은 아니고 신성을 가진 것은 분명해 보입니다. 개인적으로 예수 그리스도라고 보는 것이 타당한 것으로 보입니다. 예수그리스도가 힘센 천사가 아니라고 하는 사람들도 비슷하다고만 할 뿐 어떤 면에 다른지는 그 논리가 빈약합니다. 다만 공통된 견해는 신성을 가지고 있다는 것입니다. 왜냐하면 힘센 다른 천사가 구름을 입었다고 했습니다. 구름을 입었다는 것은 하나님을 가리키는 표현입니다. 즉 신적인 위엄을 말하고 있습니다. "구름과 흑암이 그에게 둘렸고 의와 공평이 그 보좌의 기초로다"(시 97:2). 구름을 두른 분은 하나님, 신성을 가진 분만 있습니다. "그 때에 인자가 구름을 타고 큰 권능과 영광으로 오는 것을 사람들이 보리라"(막 13:26). 예수님도 자신을 구름을 타고 온다고 말씀하고 있습니다. 구름을 입고 다니고 타고 다닌다. 즉 구름은 신적인 위엄을 표현하고 있습니다.

그리고 머리에 무지개가 있다고 합니다. 무지개가 있다는 것은 창세기 9장이 생각이 납니다. 무지개는 노아의 홍수가 끝난 뒤에 무지개를 하늘에 보여주시고 앞으로 다시는 물로 세상을 멸망시키지 않겠다는 약속입니다. 무지개란 하나님은 언약을 지키시는 신실한 분이라는 뜻으로 신실함을 상징하고 있습니다.

그 얼굴은 해 같다고 표현합니다. 얼굴에서 광채가 난다는 의미인데, 이것은 하나님의 영광과 거룩함을 표현할 때 사용하는 말입니다. 요한계시록 1장 16절에서도 예수님에 대해서 묘사하길 "얼굴은 해가 힘있게 비치는 것 같더라"(계 1:16)고 했습니다. 마태복음 17장 2절에서는 변화산에서 "저희 앞에서 변형되사 그 얼굴이 해같이 빛나며 옷이 빛과 같이 희어졌더라"(마 17:2)고 기록되어 있습니다. 예수님이 변화산에서 변하는데 얼굴이 해처럼 변하고 옷은 빛과 같이 희어졌다고 표현하고 있습니다. 이렇듯이 거룩함과 영광을 묘사할 때 사용하고 있습니다.

확실히 힘센 천사는 보통 사람이 아닙니다. 구름을 입고 머리에는 무지개가 있고 얼굴은 해처럼 빛나며 그 발은 불기둥 같았다고 합니다.

발이 불이 활활 타는 기둥 같다고 하는 것은 힘과 안정성이 있다는 것을 말해주는 것입니다. 요한계시록 1장을 보면 "그의 발은 풀무에 단련한 빛난 주석 같고"(계 1:15상)라고 표현하고 있습니다.

힘센 천사는 오른발은 바다를 밟고 있고 왼발은 땅을 밟고 있습니다. 즉 바다와 땅을 양발로 밟고 있음을 보여주는데 이것은 온 세상을 향한 주권을 말하는 것입니다. 그리고 목소리는 사자의 부르짖는 것과 같고, 외칠 때는 일곱 우레가 발하는 것 같다고 하고 있습니다. 이것은 신성을 말하고 있습니다. 아모스 선지자도 "사자가 부르짖은즉 누가 두려워하지 아니하겠느냐 주 여호와께서 말씀하신즉 누가 예언하지 아니하겠느냐"(암 3:8)라고 말하면서 하나님의 말씀을 사자가 부르짖는 것 같다고 이야기했습니다. 호세아 선지자 역시 "저희가 사자처럼 소리를 발하시는 여호와를 좇을 것이라 여호와께서 소리를 발하시면 자손들이 서편에서부터 떨며 오되"(호 11:10)라며 여호와를 사자처럼 소리를 발한다고 표현하고 있습니다. 요한계시록의 다른 장에서도 마찬가지입니다. "보좌로부터 번개와 음성과 뇌성이 나고"(계 4:5). 여기 힘센 천사는 천사라고는 하지만 구약의 경우에도 예수님을 "여호와의 천사", "여호와의 사자"라고 말하는 경우도 많이 있기 때문에 천사라고 해서 일반적으로 우리가 생각하는 천사를 말한다고 할 수 없습니다. 여호와의 사자는 예수 그리스도를 구약성경이 가리키고 있는 것처럼 10장의 힘센 천사는 예수님이거나 하늘에서 내려온 하나님이거나 아니면 예수님이 보낸 어떤 특별한 천사일 가능성들을 다 가지고 있습니다. 가장 확실한 것은 하나님에 관련된 능력과 권한이 있다는 것은 분명한 것입니다. 저는 이 힘센 천사를 예수 그리스도로 본다고 해서 잘못된 것은 아니라고 생각합니다. 오히려 다른 성경이 말하는 그리스도와 동일하고 비슷한 것을 볼 수 있기 때문에 예수 그리스도로 봐도 무방하다고 보입니다.

주목할 것은 무엇인가?

그런데 여기를 보면 몇 가지 주목할 것이 있습니다. 먼저 요한이 계시를 받은 위치입니다. 9장까지 요한은 천국에 가서 계시를 받았습니다. 그런데 지금 땅으로 내려오는 천사를 본다는 것은 요한의 위치가 땅으로 내려온 것입니다. 9장까지는 영혼이 하늘에 있어서 하늘의 모습을 기록했지만 10장에서는 위치가 땅으로 바뀐 것입니다. 요한의 몸이 내려왔는지는 알 수 없습니다. 하지만 요한의 시각은 아래로 내려온 것은 분명합니다.

힘센 천사가 사자처럼 큰 소리로 외칠 때에 일곱 우레가 소리를 발하였다고 하였습니다. 그런데 요한이 일곱 우레가 발할 때에 기록하려고 하자 하늘에서 소리가 나길 "인봉하고 기록하지 말라."고 했습니다. 우리 인간이 하나님을 온전히 이해할 수는 없기 때문입니다. 우리는 하나님에 대해서 알 수는 있어도 다 이해할 수는 없는 것입니다.

저도 가족하고 견해나 이해도가 다를 때가 있습니다.

막내아들과 저는 정치적인 견해가 다릅니다. 막내는 저에 대해서 압니다. "우리 아빠다." 하지만 저에 대해서 완전히 이해하는 것은 아닙니다. 어림도 없습니다. 때로는 저보다 더 잘난 듯이 행동합니다. 저도 그렇고 아들도 그렇고 서로 이해 못하는 부분은 분명히 있는 것입니다. 마찬가지로 저의 아버지를 다 이해할 수 없을 것입니다. 노년기의 슬픔과 외로움들을 저는 알 수 없습니다. 그때가 되면 모를까 지금은 이해할 수 없습니다. 마찬가지입니다. 우리가 하나님을 알 수는 있어도 다 이해할 수는 없는 것입니다. 만약 나는 하나님을 다 이해했다고 말하는 사람이 있다면 그런 사람은 미쳤거나 이단일 가능성이 많습니다.

요한계시록은 일곱 인과 나팔, 대접은 기록하라고 했지만 우레는 기록하지 말라고 했습니다. 그래서 우리는 일곱 우레에 대해서 알 수 없습니다. 이것을 안다고 하는 것은 이상한 것입니다. 하나님은 기록하지 말라고 했고 요한은 기록하지 않았기에 알 수 없는 것이 정답입니다. 이것은 하나님에 대해서 다 알 수 없다는 한계를 말하고 있습니다. "오묘한 일은 우리 하나님 여호와께 속하였거니와 나타난 일은 영구히 우리와 우리 자손에게 속하였나니 이는 우리로 이 율법의 모든 말씀을 행하게 하심이니라"(신 29:29). 나타난 일, 즉 계시된 것은 우리가 알 수 있습니다. 하지만 오묘한 일, 은밀한 일, 하나님이 감추어두신 일은 우리가 모르는 것입니다. 그런데 오늘날 많은 사람들이 하나님이 감추어두신 것도 알겠다고 나타납니다. 예를 들어 예수님 재림의 때를 자신이 계시를 받았다면서 말하는 사이비들이 나오고 있습니다. 그런 것들은 다 이단입니다. 하나님이 모른다고 한 것을 자신들이 알 수 있다고 하는 것은 문제가 심각한 것입니다. 출처도 없습니다. 사단에게 받은 것입니다. 그래서 그런 자들을 이단이라고 하는 것입니다. 일곱 우레에 대해서는 알려고 할 필요가 없습니다.

더 나아가 하나님이 택한 자를 구원하셨다고 하지만 우리는 택한 자를 알 수 없습니다. 아무도 없습니다. 그런 것은 하나님이 숨겨두신 것입니다. 우리는 택한 자를 알 수 없기에 다 전도하려고 시도하는 것입니다. 전도하다보면 하나님의 택한 자들은 믿음을 갖게 되는 것입니다. 하나님이 사람을 부르는 것도 우리 전도자들을 통해 부르는 것을 일반소명이라고 합니다. 모든 사람을 상대로 다 부릅니다. 하지만 성령께서 특별히 불러내는 사람을 유효적 소명이라고 말을 합니다. 우리가 인생을 살면서 내 인생을 다 안다고 하지 않습니다. 다 모릅니다. 자신의 인생에 일어난 일의 원인을 생각은 해보지만 다 알 수 없습니다. 그러나 우리가 신뢰해야 하는 것은 내 인생이 비록 고통스러울지라도 하나님께서 합력하여 내게 유익하도록 할 것은 믿음으로 확신해야 합니다. 병들어도, 고통이 와도, 가난해도 내게 유익하고 다 합력하여 선으로 인도해주신다는 것, 하나님을 사랑하는 자 곧 그 뜻대로 부르심을 입은 자들에게는 모든 것이 합력하여 선을 이룬다는 말씀을 믿고 신뢰하고 무슨 일이 일어나도 초연하게 살아갈 수 있는 것입니다. 그러므로 일곱 우레는 기록되어 있지도 않고 계시도 안 되어 있어서 알 수가 없습니다. 이것을 안다고 하는 사람들은 이단입니다.

힘센 천사가 "내가 본바 바다와 땅을 밟고 있는 천사가 하늘을 향하여 오른손을 들고"(계 10:5) 하늘을 향해 오른손을 들었다고 하고 있습니다. "세세토록 살아계신 자 곧 하늘과 그 가운데 있는 물건이며 땅과 그 가운데 있는 물건이며 바다와 그 가운데 있는 물건을 창조하신 이를 가리켜 맹사하여 가로되 지체하지 아니하리니"(계 10:6). 어떤 사람은 성자 예수님이 성부 하나님과 맹세를 하느냐고 하면서 예수님이 아니라고 합니다. 하지만 하나님도 하나님 자신을 가리켜 맹세를 합니다. 그리고 어떤 피조물이 하나님을 향해서 맹세할 수 있습니까? 그런 것은 하지 말아야 합니다. 성경은 맹세하지 말라고 하고 있습니다. 왜냐하면 지킬 능력이 없기 때문입니다. 그러므로 하나님을 향해서 맹세할 수 있는 분은 예수님 밖에 없습니다.

하나님을 향해 맹세하는데 그 내용이 "지체하지 않겠다."입니다. 힘센 천사는 예수님의 재림과 역사의 종말은 지체하지 않고 확실히 올 것임을 말하고 있습니다. 우리는 예수님 재림이 몇 천 년 남은 것 같고 몇 백 년 남은 것 같고 하지만 확실히 옵니다. 지체하지 않고 하나님이 정해 놓으신 때에 올 것이라는 것입니다. 1분, 1초도 늦지 않고 정하신 때에 역사의 종말은 오게 될 것입니다.

"*일곱째 천사가 소리 내는 날 그 나팔을 불게 될 때에 하나님의 비밀이 그 종 선지자들에게 전하신 복음과 같이 이루리라*"(계 10:7). 일곱째 천사가 나팔을 부는 날이 예수님 재림의 날입니다. 그날이 역사가 끝나는 날이며 심판의 날입니다. 그때가 되면 하나님의 비밀이 완성됩니다. 하나님의 비밀, 모든 역사의 계획이 그날 완성됩니다. 우리가 역사를 공부하는데 역사가 영원히 계속 될 것이냐? 무한히 반복될 것이냐? 이야기를 합니다. 하지만 기독교는 힘센 천사가 말한대로 역사는 하나님이 정하신 때가 되면 지체하지 않고 끝나게 됩니다. 역사가 끝나고 오는 것은 영원의 시대입니다. 우리는 그 영원의 시대에서 영생을 누리며 살게 될 것입니다. 그러므로 그때가 되면 하나님의 비밀, 역사 운행 계획이 선지자들에게 전한 복음과 같이 백 퍼센트 다 이루어질 것입니다.

하나님이 역사를 운행하는 하나님의 비밀은 무엇입니까? 하나님의 역사 운행 계획은 다른 것이 아닙니다. 예수 그리스도를 통하여 자기 백성을 죄에서 구원하는 것입니다. 역사가 의미가 있습니다. 인류 역사의 의미는 하나님이 예수 그리스도를 통하여 자기 백성을 저희 죄에서 구원하신다는 것이 역사가 존재하는 의미입니다. 어떤 사람은 하나님이 온 세상을 다 구원한다고 하는데, 아닙니다. 자기 백성을 저희 죄에서 구원할 자입니다.

예수 그리스도의 재림의 날은 하나님이 자기 백성을 구원하려는 계획이 백 퍼센트 성취되는 날입니다. 예수 그리스도의 재림의 날은 역사는 끝나고 성도들에게는 영원한 기쁨의 첫 날이 됩니다. 이 세상은 살아가는 동안 기뻐하면서 슬픔이 있고, 좋으면서 싫은 것도 있고, 행복하면서 불행한 것도 있습니다. 그런데 예수님이 재림하시고 영원의 세계로 들어가게 되면 우리에게 슬픔과 고통은 없고 영원한 기쁨 속에서 영생을 누리며 살게 될 것입니다. 이 확신이 있기에 우리는 현세의 고난도 능히 감당할 수 있습니다.

요한계시록 10장 전반부는 힘센 천사를 나타내고 그는 예수 그리스도이며 그분께서 역사에 종말이 확실히 온다는 것을 성부 하나님에게 맹세하며 말씀하는 것을 볼 수가 있습니다.

힘센 천사의 손에 펴놓은 작은 책

8절부터 11절은 작은 책에 관한 내용입니다.

"하늘에서 나서 내게 들리던 음성이 또 내게 말하여 가로되 네가 가서 바다와 땅을 밟고 섰는 천사의 손에 펴 놓인 책을 가지라 하기로 내가 천사에게 나아가 작은 책을 달라 한즉 천사가 가로되 갖다 먹어버리라 네 배에는 쓰나 네 입에는 꿀같이 달리라 하거늘 내가 천사의 손에서 작은 책을 갖다 먹어버리니 내입에는 꿀같이 다나 먹은 후에 내 배에서는 쓰게 되더라"(계 10:8-10). 하나님의 말씀을 기록했는데 입에는 달고 배에는 씁니다. 요한계시록은 구약성경의 에스겔, 다니엘 서 등을 많이 의존해서 기록하고 있습니다. 그런데 에스겔서를 보면 에스겔도 말씀을 먹습니다. "인자야 내가 네게 이르는 말을 듣고 그 패역한 족속 같이 패역하지 말고 네 입을 벌리고 내가 네게 주는 것을 먹으라 하시기로"(겔 2:8). 먹은 뒤의 반응이 또 나옵니다. "내가 먹으니 그것이 내 입에서 달기가 꿀 같더라"(겔 3:3하). 에스겔도 하나님이 주시는 말씀을 먹으니까 꿀 같다고 합니다. 그러나 증거할 때가 되니까 괴로움이 많이 왔다고 하고 있습니다. 나중에 배에서 쓰다고 고백을 합니다. 예레미야도 마찬가지입니다. "만군의 하나님 여호와시여 나는 주의 이름으로 일컬음을 받는 자라 내가 주의 말씀을 얻어먹었사오니 주의 말씀은 내게 기쁨과 내 마음의 즐거움이오나"(렘 15:16). 예레미야도 주의 말씀을 먹으니까 마음에 기쁨과 즐거움이 되는데 그것을 증거할 때가 되니 사람들이 핍박하고 매국노라고 하는 어려움이 있었습니다. 요한도 동일한 경험을 한 것입니다. 말씀을 그냥 읽고 공부하고 끝난 것이 아니라 완전히 먹어버렸습니다. 내적으로 소화시키고 일치시켰음을 의미합니다. 우리도 하나님 말씀을 슬쩍 읽는 정도가 아니라 일치시키는 먹음의 단계로 가야할 것입니다. 그러나 여기 표현이 조금 이상합니다. "먹어서 버려라." 먹고 내려갔다는 이야기입니다. 완전히 소화했다는 의미입니다. 하나님 말씀은 달게 먹으면 입에서는 답니다. 하지만 말씀대로 살려고 하면 어려움이 옵니다. 고난도 오고 핍박도 오고 배에서 쓰게 됩니다. 그리고 요한에게 말씀하기를 "네가 많은 백성과 나라와 방언과 임금에게 다시 예언하여야 하리라 하더라"(계 10:11). 몸은 비록 밧모섬에 있지만 네가 기록하고 예언하는 말씀은 세계 모든 종족에게 다 나가게 될 것이다. 그것이 괴로워도, 네 배에서 써도 너는 다시 그 말씀을 증거하라는 뜻입니다.

결론

우리가 살고 있는 역사, 시간은 한계가 있고 결국은 영원의 세계로 들어갑니다. 시간의 종말, 역사의 종말은 1분 1초도 지체하지 않고 하나님의 때에 확실히 올 것임을 확신하고, 영원에 누릴 축복을 생각하며, 역사 속에서 살아갈 때 고난이 와도 이기는 성도가 되어야 합니다. 그리고 고난을 이기려면 하나님의 말씀을 꿀처럼 먹어야 합니다. 사약 먹듯이 말씀을 보는 것이 아니라 꿀처럼 먹어야 합니다. "주의 말씀의 맛이 내게 어찌 그리 단지요 내 입에 꿀보다 더하니이다"(시 119:103). 말씀을 먹으면 그 말씀대로 살려고 할 때 어려움이 오면 어떻게 해야 합니까? 감당해야 합니다. "나를 인하여 너희를 욕하고 핍박하고 거짓으로 너희를 거스려 모든 악한 말을 할 때에는 너희에게 복이 있나니"(마 5:11). 단 맛만 보고 십자가 지기 싫어해서는 안 되는 것입니다. 단 맛을 보면 배에서 쓴 맛이 날 수 있는 십자가도 지고 가는 자세를 가져야 합니다.

우리는 우리의 삶 가운데 하나님이 행하시는 오묘한 일도 있을 수 있습니다. 그것을 다 알 필요는 없습니다. 우리에게 계시된 것, 나타난 일, 이것을 먹고 실천하는 성도가 되어야 할 것입니다.

18

성전 척량

요한계시록 11:1-2

"또 내게 지팡이 같은 갈대를 주며 말하기를 일어나서 하나님의 성전과 제단과 그 안에서 경배하는 자들을 척량하되 성전 밖 마당은 척량하지 말고 그냥 두라 이것을 이방인에게 주었은즉 저희가 거룩한 성을 마흔두 달 동안 짓밟으리라"

요한계시록 10장과 11장은 여섯 나팔을 불고 일곱 나팔을 불기 전 막간에 일어난 일을 적은 것입니다. 10장에서는 힘센 천사가 작은 책을 주며 먹으라고 한 사건이 기록되었고 11장은 성전 척량과 두 증인에 관한 이야기입니다.

요한계시록 11장은 학자들에 따라 해석상 이견이 가장 많은 장입니다. 요한계시록 11장은 내용이 세 가지입니다. 첫째는 요한이 성전을 척량하라고 부르심을 받은 것이고, 두 번째는 두 증인이 땅에서 복음을 증거하다 무저갱에서 올라오는 짐승에게 핍박을 받고 순교했지만 결국 삼일 반 만에 다시 살아나는 부활을 통해 승리하는 사건입니다. 두 증인은 두 감람나무 혹은 두 촛대라고도 합니다. 이들이 복음을 증거하다 순교를 당했지만, 곧바로 부활하는 사건을 다루고 있습니다. 셋째는 심판의 날이 와 신자는 부활하고 불신자들과 거짓 교회가 심판 받는 사건입니다. 그러므로 사건의 구조는 성전 척량, 두 증인, 심판으로 나타나고 있습니다.

성전의 의미

먼저 요한이 성전을 척량하라고 부르심을 받은 사건을 생각해보겠습니다. "또 내게 지팡이 같은 갈대를 주며 말하기를 일어나서 하나님의 성전과 제단과 그 안에서 경배하는 자들을 척량하되 성전 밖 마당은 척량하지 말고 그냥 두라 이것을 이방인에게 주었은즉 저희가 거룩한 성을 마흔두 달 동안 짓밟으리라"(계 11:1-2). 요한은 먼저 지팡이 같은 갈대를 받았다고 합니다. 오늘날로 치면 자와 같은 것입니다. 그것으로 성전을 척량하라는 명령을 받으며 성전 바깥은 척량할 필요가 없다고 합니다. 그 이유는 이방인들이 마흔두 달 동안 짓밟을 것이기 때문입니다. 그렇다면 여기에서 나오는 성전은 무엇입니까? 이것에 대해서는 다양한 해석이 있습니다. 어떤 학자들은 미래의 7년 환난기에 모리아 산에 있는 이슬람 사원이 무너지고 세워질 미래의 성전이라고 이야기합니다. 그곳에서 예배할 사람들은 7년 환난 중반에 예수를 믿은 유대인이라고 미래적으로 해석하는 사람들이 있습니다. 하지만 이곳에는 7년 환난, 유대인이라는 말이 없다는 점에서 이 해석은 오류가 있습니다.

또 어떤 사람들은 과거주의로 해석하는 사람들이 있습니다. 이 성전은 1세기에 존재한 유대인 성전을 말하는 것이다. 요한계시록 11장은 파괴된 유대인 성전을 말하는 것이라고 이야기합니다. 하지만 이 논리가 성립하려면 요한계시록 작성 연대가 주후 70년 이전이 되어야 합니다. 하지만 요한이 밧모섬에 유배된 시기를 주후 70년 이후로 보고 있기에 과거주의 해석도 문제가 많이 있습니다.

가장 합당한 해석은 적대적인 세상 가운데 존재하는 교회를 상징한다고 보는 것이 좋습니다. 성전은 교회의 상징입니다. 신약 성경의 성전은 다 교회를 상징합니다. "너희가 하나님의 성전인 것과 하나님의 성령이 너희 안에 거하시는 것을 알지 못하느냐"(고전 3:16). 고린도전서에서 바울은 성전이 교회라고 해석을 하는 것입니다. "하나님의 성전과 우상이 어찌 일치가 되리요 우리는 살아계신 하나님의 성전이라"(고후 6:16). 우리가 하나님의 살아계신 성전이라며 교회임을 보여주고 있습니다. "그의 안에서 건물마다 서로 연결하여 주 안에서 성전이 되어가고"(엡 2:21). 성도들이 성전이 되어간다고 표현하고 있습니다. 그런 점에서 성전은 교회로 보는 것이 합당합니다. 성전이 교회를 의미한다는 증거는 신약성경에 풍성하게 있습니다.

성전 밖 마당의 의미

그렇다면 성전 밖 마당은 무엇입니까? 구약에 보면 이방인의 뜰이라고 불렸던 곳입니다. 예루살렘에도 성전이 있으면 밖은 이방인의 뜰이었습니다. 그곳에 오는 사람들은 몸은 예루살렘에 있어도 영적으로는 이스라엘 백성이 아닌 사람들 즉 여호와 하나님을 믿지 않는 사람들이 와서 관광하는 곳이었습니다. 즉 관광터를 이방인의 뜰이라고 했습니다. 그러므로 성전 밖 마당이란 교회 안에 존재하지만 영적으로 교회에 속하지 않는 사람들을 가리킵니다. 성전은 진실로 예수를 믿어 교회가 되어 구원받은 사람들을 가리키는 것입니다. 성전 밖은 몸은 교회라는 곳에 있지만 영적으로는 구원받지 못하고 거듭나지 못한 사람들을 가리키는 것입니다. 교회라는 이름이 있어도 다 구원받은 것은 아닙니다. 몸은 교회에 있을 수도 있습니다. 하지만 사실 하나님의 백성이 아닌 사람들이 있습니다. 그들을 가리켜 성전 밖 마당이라고 합니다.

예수님의 비유를 보더라도 알곡만 있는 것이 아니라 가라지가 섞여 있다고 합니다. 요한계시록에 나오는 일곱 교회를 보더라도 순수한 사람들만 있는 것이 아니라 거짓 증인, 배교한 사람, 이세벨 같은 사람, 발람의 교훈을 따르는 사람, 니골라당의 교훈을 따르는 사람들이 함께 있다고 하고 있습니다. 그러므로 교회라는 이름 안에 있는 사람 중에도 가짜가 엄청나게 많다는 것을 우리는 알 수 있습니다.

침례교회는 중생한 사람들만 교회를 이룬다고 하고 있습니다. 장로교회와의 차이점입니다. 장로교회는 중생한 사람들만 교회를 이룬다고 하지 않습니다. 예를 들어 장로교회는 구원받은 사람들 즉 중생한 사람들이 낳은 자녀들도 구원받지 못해도 교회에 소속되어 있다고 말을 합니다. 그래서 그들은 유아세례를 줍니다. 하지만 침례교는 기도는 해줄지언정 침례는 주지 않습니다. 왜냐하면 세례나 침례는 믿는 사람들만 받는 것이기 때문입니다. 신자의 침례를 믿고 있기 때문에 교회는 거듭난 사람들로 구성되어야 한다는 중생한 사람들로 구성된 교회관을 가진 곳이 침례교회입니다. 그래서 침례교회는 알곡으로 가득한 교회입니다. 자부심을 가지셔도 됩니다.

성전은 구원받은 성도들의 교회이고 성전 밖은 영적인 가라지이고 교회라는 이름은 가지고 있지만 사실은 배교한 자들을 가리키는 것입니다. 교회라는 이름이 있어도 교회 아닌 집단이 굉장히 많이 있습니다. 교회라고 이름은 가지고 있지만 귀신 들린 집단 같은 곳들이 많이 있습니다. 주의하셔서 교회 안에서 성전으로 있기를 바랍니다.

성전 척량의 의미

요한이 성전을 척량했다고 했습니다. 이것이 문자대로 자를 가지고 성전크기를 잰 것은 아닐 것입니다. 왜냐하면 성전은 크기가 성경에 이미 기록이 되어 있어 잴 필요가 없습니다. 성전의 모든 기구는 정해져서 정확하게 만들어야하기 때문에 재어 볼 필요가 없습니다. 그러므로 여기에서 성전을 쟀다는 것은 물리적으로 성전을 쟀다고 볼 필요가 없습니다.

성전을 척량했다는 의미는 에스겔서와 스가랴서에 보면 성전을 척량한다는 표현이 여러 번 등장합니다. 이것이 주는 의미는 모두 성전을 보호했다는 의미입니다. 비슷한 개념을 계시록에서 말하고 있는데 *"우리가 우리 하나님의 종들의 이마에 인치기까지"*(계 7:3상)라고 표현합니다. 인을 쳤다는 것과 척량했다는 말은 동일한 말입니다. 이 말이 주는 의미는 하나님이 특별히 보호하신다는 말입니다. 하나님이 교회를 특별히 보호하겠다는 것입니다.

42달 동안 짓밟히는 거룩한 성

성전 밖에 있는 이방인은 거룩한 성을 마흔 두 달 동안 짓밟는다고 했습니다. "성전 밖 마당은 척량하지 말고 그냥 두라 이것을 이방인에게 주었은즉 저희가 거룩한 성을 마흔두 달 동안 짓밟으리라"(계 11:2). 거룩한 성은 예루살렘을 지칭합니다. 문자 그대로 보면 성전 밖 이방인 뜰에 있는 이방인들이 예루살렘을 짓밟는다는 의미입니다. 이것은 배교한 교회가 참된 교회를 핍박한다는 의미입니다. 배교한 교회가 참된 교회가 행하는 증거와 예배를 방해한다는 것입니다. 오늘날 교회 이단자들이 간첩처럼 들어와서 예배를 방해하기도 하고, 목회자를 쓰러뜨리기 위해서 기회를 노리는 사람들이 있습니다. 이런 사람들이 바로 거룩한 성을 짓밟는 사람들입니다. 배교한 교회가 참된 교회를 핍박을 하고 증거를 방해하고, 훼파하는 행동들을 하는 것입니다.

실제로 2천 년 교회 역사를 보면 참된 교회를 가장 핍박한 존재는 몽고의 징기스칸도, 잉카 제국도, 에스키모도, 중국의 오랑캐도 아닙니다. 참된 교회를 가장 많이 핍박한 존재는 배교한 교회들입니다. 로마 가톨릭이 가장 많이 참된 교회를 핍박했고, 진정한 성도들을 가장 많이 죽였습니다.

마흔두 달은 성전 밖 마당이 짓밟게 한 기간입니다. 이것은 날로 따지면 요한계시록 11장 3절의 두 증인이 예언하는 1260일과 동일한 기간입니다. 두 증인이 1260일간 예언한다고 하며 마흔두 달과 동일합니다. 요한계시록 12장 14절에서 여자가 뱀의 낯을 피해서 양육 받는 시간을 한 때, 두 때, 반 때로 표현하는데 이 기간이 3년 6개월인데 이것도 42개월로 동일합니다. 이 기간 동안은 하나님이 악에 대해서 결정적인 심판을 내리지 않고 허용하신 일정한 기간을 의미합니다. 하나님이 지금 사람들이 악을 행해도 곧바로 심판하거나 우주적인 심판을 하지는 않습니다. 악을 저질러도 허용합니다. 사단이 역사하는 것을 허용하고 있습니다. 악령들이 역사하지만 허용하고 있습니다. 악에 대한 최종적인 심판, 사단과 악령에 대한 최종적인 심판은 예수 그리스도의 재림 때에 이루어지는 것입니다. 그러므로 악이 허용되는 1260일, 3년 6개월, 42개월은 모두 예수 그리스도의 초림부터 재림까지의 기간 전 교회 시대를 의미하는 것입니다. 초림과 재림의 모든 기간을 마흔두 달이라고 하는 것입니다. 이 기간 동안 교회는 두 증인으로서 증거도 하고, 무저갱에서 올라온 짐승에게 핍박도 받고, 하나님이 척량하시는 보호도 경험하다가 마지막 심판 날에 교회는 다 부활하여 하늘로 끌려 올라가 주님을 만나게 된다고 말하는 것입니다. 요한계시록 11장은 그것을 말하는 것입니다.

결론

그러므로 우리는 요한계시록 11장의 성전은 교회이며 성전 밖 마당은 가짜 교회이며, 성전은 하나님이 보호해주시고, 성전 밖 마당의 가짜 교회는 거룩한 성 예루살렘인 교회를 핍박한다는 사실을 알 수 있습니다. 그 기간은 예수 그리스도의 초림부터 재림까지이고, 재림 후에는 가짜 교회들은 추풍낙엽처럼 심판받고 멸망하게 된다는 것을 보여주고 있습니다.

교회는 이 기간에 복음을 증거해야 합니다. 그러다가 핍박도 받고 순교도 할 수 있습니다. 하지만 결국 최종적인 승리를 할 것입니다. 요한계시록 11장 1절과 2절은 우리에게 성전 안에서 예배하는 자가 되어야 함을 가르쳐 주고 있습니다. 성전 밖 마당에서 교회를 핍박하는 자가 되어서는 안 됩니다. 우리는 성전 밖 마당에서 교회라는 이름 안에 있으면서도 거듭나지 못하고 구원받지 못한 채 참된 교회를 핍박하는 사람이 되지 말고, 성전 안에서, 참된 교회 안에서 참된 하나님의 백성이 되어 하나님을 경배하고 예배하는 사람이 되어야 합니다.

19

두 증인의 순교와 승리 요한계시록 11:3-14

"내가 나의 두 증인에게 권세를 주리니 저희가 굵은 베옷을 입고 일천이백육십 일을 예언하리라" (계 11:3).

요한계시록 11장 3절 이하는 어려운 구절들 가운데 하나로 두 증인의 순교와 부활 사건 이야기입니다. 두 증인이 순교했다가 부활했다는 것이 이 이야기의 간단한 구조입니다.

두 증인의 예언과 순교사건

■ 두 증인은 무엇인가?

약 100년 전에 요한계시록 강해를 썼던 영국의 신학자 헨리 알 포드는 두 증인이 누구인지에 대해서는 어느 누구도 해답을 주지 못한다고 했습니다. 그만큼 두 증인은 누구인지 알기가 어렵습니다. 어떤 사람은 역사시대가 끝나는 두 개인을 이야기한다고 했습니다. 마치 엘리야나 모세처럼 예수 그리스도 재림 이전에 획기적으로 활동하다가 순교를 당하는 사람으로 보는 사람도 있습니다. 하지만 다른 많은 학자들은 두 증인은 초림과 재림 사이에 그리스도의 복음을 증거하는 교회의 상징이라고 보는 견해가 압도적으로 많이 있습니다.

■ 1,260일 동안의 예언활동

두 증인이 활동하는 시기는 1,260일입니다. 이 기간은 그 앞에 있는 42개월과 동일합니다. 그 기간은 초림과 재림 사이의 전 교회 시대를 의미합니다. 그렇다면 이것을 왜 1,260일, 42개월, 3년 반 이런 식으로 표현했을까요? 그 기간이 길지 않다는 것을 보여주기 위해서입니다. 우리는 초림부터 재림까지 수천 년의 시간이 있으니 엄청나게 긴 시간처럼 느껴지지만 하나님에게는 긴 기간이 아닙니다. 그래서 핍박도 잠깐이고 그리스도의 복음을 전하는 것도 잠깐이라는 것입니다. 이것은 짧은 기간 그리스도의 초림과 재림 전 교회 시대를 이야기합니다.

1,260일의 시작점은 요한계시록 12장 5절과 6절에서 잘 나타내고 있습니다. "여자가 아들을 낳으리니 이는 장차 철장으로 만국을 다스릴 남자라 그 아이를 하나님 앞과 그 보좌 앞으로 올려가더라 그 여자가 광야로 도망하매 거기서 일천이백육십 일 동안 저를 양육하기 위하여 하나님의 예배하신 곳이 있더라"(계 12:5-6). 1,260일은 예수 그리스도가 부활 승천한 때로부터 시작이 된다는 이야기입니다. 여자가 낳은 아들이 하나님 앞과 보좌 앞으로 올라갔다는 말은 예수 그리스도가 부활하시고 승천하시는 사건입니다. 그래서 초림 때에 출발해서 재림 때까지를 영적으로 1,260

일, 42개월, 3년 반이라고 하는 것입니다.

그래서 학자들이 요한계시록을 연구하면서 이 기간은 상징적인 숫자이고 그리스도의 초림으로 시작해서 재림까지 전 교회 시대로 보는 것이 합당하다는 결론을 내리는 것입니다. 그냥 1,260일이 교회시대라고 하면 무슨 말이냐고 물을 수 있지만 이처럼 계시록의 다른 구절들과 연관성을 살펴보면 교회시대라는 말이 왜 나오는지를 알 수가 있습니다.

두 증인의 다른 표현

그렇다면 이 두 증인은 다른 표현으로 무엇이라고 말합니까? "이는 이 땅의 주 앞에 섰는 두 감람나무와 두 촛대니"(계 11:4). 두 증인을 두 촛대라고 표현했습니다. 요한계시록 1장에서 예수님이 촛대 사이로 다니신다고 할 때 촛대는 교회였습니다. 그래서 그분이 일곱 촛대 사이로 돌아다니셨습니다. 1장에서 촛대를 교회의 상징으로 봤다면 11장에서도 촛대는 교회입니다. 촛대를 두 촛대라고 했습니다. 이 숫자를 왜 둘로 국한하였을까요? 구약 시대에는 재판을 할 때 한 사람의 증언은 받아주지 않습니다. 하지만 두 명이 와서 동일한 증언을 하면 그것은 받아줍니다. 두 증인의 말은 믿을만하다는 것입니다. 교회가 증거하는 복음은 믿을만한 진리라는 것을 말하는 의미에서 교회를 두 촛대라고 말하는 것입니다. 그러므로 두 촛대는 복음을 증거하는 교회의 상징입니다. 교회가 증거하는 진리는 신뢰할만한 권위가 있는 진리임을 보여주고 있는 것입니다.

■ 굵은 베옷을 입은 두 증인

두 증인이 굵은 베옷을 입고 있습니다. 이 말은 교회가 증거하는 복음 진리를 믿지 않는 세상을 향해 슬퍼하며 회개를 요구함을 의미합니다. 회개하지 않고 도리어 해하려고 하는 자들에게 저희 입에서 불이 나와서 원수를 소멸한다고 했습니다. 이것은 복음은 믿는 자에게는 구원이지만 믿지 않는 자에게는 멸망의 심판을 선언하는 메시지라는 것을 이야기하는 것입니다. 두 증인이 굵은 베옷을 입고 있는 이유는 교회가 세상을 향해 회개를 요구하는 것입니다. 두 증인이 증거하는 복음의 말씀을 믿지 않는 사람에게 복음이 불이 된다는 이야기입니다. 즉 복음을 받아들이지 않는 사람에게 복음은 심판의 불이 된다는 것입니다.

■ 두 감람나무와 두 촛대

그리고 두 증인은 두 감람나무라고도 했습니다. 두 증인이 구약성서 스가랴서에 나오는 두 감람나무와 동의어로 사용되고 있습니다. 두 감람나무는 당시 대제사장 여호수아와 총독 스룹바벨을 의미합니다. 대제사장 여호수아와 총독 스룹바벨은 성령의 도우심으로 많은 반대가 있었음에도 불구하고 성전을 세운 사람들입니다. 그런 의미에서 감람나무는 성령의 상징입니다. 스가랴 4장은 하나님의 격려가 있는 장 입니다. "이는 힘으로 되지 아니하며 능으로 되지 아니하고 오직 나의 신으로 되느니라"(슥 4:6하). 성전건축은 너희의 힘으로도 능력으로도 안 되지만 나의 신이 역사하면 된다는 뜻입니다. "큰 산아 네가 무엇이냐 네가 스룹바벨 앞에서 평지가 되리라 그가 머릿돌을 내어 놓을 때에 무리가 외치기를 은총, 은총이 그에게 있을찌어다 하리라 하셨고"(슥 4:7). 두 감람나무인 여호수아와 스룹바벨에게 어려움이 와도 하나님의 은총으로 인해 성전을 건축할 수 있다는 위로를 주는 장면입니다.

그런 의미에서 계시록에서 두 감람나무는 교회가 핍박을 받고 어려움이 와도 성령이 도우시니 교회가 할 일인 복음을 증거하는 일을 감당해 나가라는 위로입니다. 복음을 증거하되 교회가 증거하는 복음은 성령이 도와주고 계시다는 것을 두 증인, 두 감람나무, 두 촛대로 표현을 하고 있습니다.

■ 증인의 권세

두 증인은 권세가 있습니다. 이 말은 교회에 권세가 있다는 말입니다. 교회된 우리는 하나님의 권세가 있는 사람들입니다. 권세와 능력 중 어느 것이 나을 것 같습니까? 둘 다 좋긴 합니다. 하지만 예를 들어봅시다. 어떤 남자가 있습니다. 키도 크고, 얼굴도 잘 생겼고, 힘도 좋습니다. 그러나 그가 종의 아들이라면 아무리 능력이 있어도 하인 외에는 할 수 없습니다. 그런데 반대로 생긴 것도 별로고, 키도 작고, 힘도 없는데 주인의 아들 혹은 왕의 아들이라면 능력은 없지만 권세가 있는 것입니다. 성도들이 능력은 부족할 수 있습니다. 하지만 우리 성도들은 하나님의 자녀라는 권세가 있습니다.

"저희가 권세를 가지고 하늘을 닫아 그 예언을 하는 날 동안 비오지 못하게 하고 또 권세를 가지고 물을 변하여 피 되게 하고 아무 때든지 원하는대로 여러 가지 재앙으로 땅을 치리로다"(계 11:6). 권세를 가지고 하늘을 닫아 삼 년 반 동안 비가 오지 않아 가뭄이 일어나게 한 인물이 구약에 있습니다. 바로 엘리야입니다. 그리고 권세를 가지고 물이 변해서 피가 되게 한 구약의 인물이 있습니다. 바로 모세입니다. 즉 교회는 엘리야의 권세와 모세의 권세를 가지고 있다는 것입니다. 두 증인의 종류가 둘이 나왔습니다. 여호수아와 스룹바벨이라는 두 감람나무, 그리고 6절에서는 엘리야와 모세를 보여주고 있습니다. 이것을 개인으로 하면 네 사람의 모습인지 아닌지 이들 중 하나인지 하는 문제가 발생합니다. 그런 점에서 저는 두 증인은 하나님의 교회의 상징으로 보는 것이 옳다고 보고 있습니다.

교회는 어떤 권세를 가지고 있습니까? 결국 하나님이 말씀을 증거하면 아무도 거역할 수 없는 권세를 가지고 있는 것입니다. 엘리야가 말씀을 증거할 때 이스라엘의 가장 악한 왕 아합과 왕비 이세벨이 있었지만 그들은 엘리야를 막을 수 없었습니다. 모세가 40년 동안 양을 치던 사람이었지만 그는 홀로 바로왕과 맞섰습니다. 당시에는 말도 안 되는 싸움입니다. 왕과 양치기의 싸움입니다. 당연히 바로가 이겨야 하지만 하나님의 권세를 힘입은 모세를 바로왕은 이길 수 없었습니다. 두 증인은 하나님의 말씀을 증거하면 누구라도 이 말씀을 아니라고 부인하고 거스를 수 없는, 막을 수 없는 권세를 가지고 있는 것입니다. 교회가 증거하는 복음은 놀랍습니다. 12명이 증거하며 시작한 교회가 지금 전 세계를 지배하고 있습니다. 누가 막을수 있을까요? 음부의 권세가 이기지 못합니다. 교회의 권세는 엘리야의 권세이며 모세의 권세입니다. 그러므로 교회를 훼파하려고 하는 사람은 하나님의 눈동자를 찌르는 행위입니다.

그것은 어리석은 행동입니다. 교회를 훼파하지 말고, 권세가 있음을 깨달아야 합니다.

■두 증인에 대한 핍박과 순교

그러나 두 증인에게 핍박과 순교가 옵니다. 교회가 큰 환난을 겪게 된다는 것입니다. "저희가 그 증거를 마칠 때에 무저갱으로부터 올라오는 짐승이 저희로 더불어 전쟁을 일으켜 저희를 이기고 저희를 죽일 터인즉 저희 시체가 큰 성길에 있으리니 그 성은 영적으로 하면 소돔이라고도 하고 애굽이라고도 하니 곧 저희 주께서 십자가에 못 박히신 곳이니라 백성들과 족속과 방언과 나라 중에서 사람들이 그 시체를 사흘 반 동안을 목도하며 무덤에 장사하지 못하게 하리로다 이 두 선지자가 땅에 거하는 자들을 괴롭게 한 고로 땅에 거하는 자들이 저희의 죽음을 즐거워하고 기뻐하여 서로 예물을 보내리라 하더라"(계 11:7-10). 두 증인이 증거를 마칠 때가 됐습니다. 이 말은 교회시대가 끝날 때라는 의미입니다. 예수 그리스도가 재림하기 직전의 시대에 성경은 대환난이 있을 것이라고 말합니다. 대환난은 예수 그리스도 재림 직전에 옵니다. 증거를 마치고 교회시대가 끝날 때쯤 무저갱으로부터 올라오는 짐승이 있습니다. 이 짐승은 바로 사단입니다. 그 이외에는 사단이 보낸 일꾼일 것입니다. 이 무저갱으로부터 올라오는 짐승으로 인해 교회는 큰 환난을 겪게 됩니다. 환난과 순교를 겪습니다. 예수님 재림 직전에 수많은 성도들은 순교하고 환난을 겪게 될 것입니다. 이것이 대환난입니다. 이 기간이 얼마 동안 인지 삼일 반이라고 했습니다. 이것은 짧은 기간을 말합니다. 환난의 날이 너무 고통스럽기 때문에 예수님이 택자들을 위하여 감하여 주셔서 삼일 반입니다.

무저갱에서 올라온 짐승은 두 증인을 괴롭히다 죽입니다. 두 증인은 순교를 당합니다. 그 장소는 주께서 십자가에 못 박힌 곳이라고 하며 그곳은 예루살렘입니다. 예루살렘은 영적으로 하면 소돔이라고도 하고 애굽이라고도 합니다. 예루살렘이 예수님을 십자가에 못 박고 영적으로 소돔, 애굽이 되었습니다. 육체적으로 예루살렘일지 모르지만 영적으로는 예수 그리스도를 대적하는 거짓 성도, 거짓 교회를 의미하고 있습니다. 그러므로 참 교회는 거짓 교회에 의해서 핍박과 수난을 당하게 된다는 것입니다. 예수님 재림직전에 그런 고통이 있을 것이라는 이야기입니다.

그런 점에서 무서운 것은 이교도가 아닙니다. 거짓된 교회입니다. 2천 년 교회 역사를 보면 그리스도인을 죽인 것은 외적이나 힌두교, 이슬람교가 아닙니다. 오히려 이슬람 교인들은 기독교인들한테 더 많이 죽었습니다. 십자군 전쟁을 통해서 무슬림을 엄청나게 죽였습니다. 순교자들은 오히려 거짓 교회에 의해 죽게 된 것이 훨씬 많습니다.

9절은 핍박의 강도가 강해짐을 보여줍니다. 두 증인은 시신이 되어 무덤에 장사되지도 못했다고 했습니다. 그러나 그 기간이 사흘 반에 불과하고 매우 짧은 기간인 것을 말해주고 있습니다. 그러므로 예수 그리스도의 재림 직전이 되면 사단이 일시적으로 왕성하게 활동해서 교회의 모든 활동이 거의 불가능해질 정도로 악한 세대가 잠깐 동안 올 것임을 말해주고 있습니다. 하지만 그 기간은 짧습니다. 악은 잠깐 승리하는 것처럼 보이지만 결국은 패배한다는 것을 말하고 있습니다.

10절은 두 증인의 죽음을 땅에 거하는 사람들 즉 세상의 불신자들이 다 기뻐하고 서로 예물을 보낸다고 했습니다. "이 두 선지자가 땅에 거하는 자들을 괴롭게 한 고로 땅에 거하는 자들이 저희의 죽음을 즐거워하고 기뻐하여 서로 예물을 보내리라 하더라"(계 11:10). 불신자들이 교회가 증거를 못하고 핍박을 당하고, 죽임을 당하는 것을 좋아하여 서로 선물을 주고받았다는 말입니다. 실제로 오늘날에도 교회가 망하기를 바라는 사람이 많습니다. 종합하면 11장 7절에서 10절은 무저갱에서 올라온 짐승 사단과 예루살렘 곧 거짓 교회와 세상 사람들이 삼위일체가 되어서 예수 그리스도의 재림 전에 핍박하는 일이 강화될 것임을 말해주고 있습니다. 재림 직전이라고 말하는 이유는 7절 전반에 저희가 증거를 마칠 때에 이런 핍박과 환난이 온다고 했기 때문입니다. 예수 그리스도 재림 직전에 큰 환난이 오지만 교회시대에는 작은 환난들이 계속 됩니다.

지금 대한민국에서 예수님을 믿는다는 것은 축복입니다. 누가 예수 믿는다고 핍박을 하는 것도 아니고, 죽이는 것도 아니고, 교인 죽었다고 선물 주면서 축하하는 것도 아니라는 점에서 참 좋은 환경입니다. 이런 시기에 불평한다는 것은 감사를 모르는 것입니다. 우리는 역사적으로 영적으로 감사한 시대에 살고 있습니다. 이런 시대에 살면서 게으르지 않게 복음을 증거하고 선교하는데 힘을 모아야 할 것입니다.

"세상에서는 너희가 환난을 당하나 담대하라 내가 세상을 이기었노라 하시니라"(요 16:33). 우리는 세상을 살면서 신앙생활이 어렵더라도 주님이 이기셨기에 우리도 이길 것이라는 믿음으로 살아야 할 것입니다.

교회의 최후 승리: 여호와의 날

이렇게 교회가 복음을 증거하다 마지막 때에 사단과 거짓교회와 세상이 삼위일체가 되어 온 힘을 다하므로 교회가 핍박과 순교를 당하지만 그 기간은 삼일 반 정도의 짧은 시간입니다. 그 이후의 이야기가 11절에서 13절에 계속 됩니다. "삼일 반 후에 하나님께로부터 생기가 저희 속에 들어가매 저희가 발로 일어서니 구경하는 자들이 크게 두려워하더라 하늘로부터 큰 음성이 있어 이리로 올라오라 함을 저희가 듣고 구름을 타고 하늘로 올라가니 저희 원수들도 구경하더라 그 시에 큰 지진이 나서 성 십분의 일이 무너지고 지진에 죽은 사람이 칠천이라 그 남은 자들이 두려워하여 영광을 하늘의 하나님께 돌리더라"(계 11:11-13). 11절에서 13절은 교회의 최후 승리와 악인에 대한 최후 심판의 날인 여호와의 날이라 불리는 사건입니다. 심판의 날이 오면 교회는 다 부활합니다. 그리고 불신자들은 심판을 받게 됩니다. 이것이 동시에 일어나며 두 증인의 부활 즉 교회는 그날 부활한다는 것입니다. 그리고 하늘로 끌어 올려져 영광을 받게 됩니다. 이것은 세대주의 종말론자들이 말하는 비밀 휴거가 아닙니다. 왜냐하면 사람들, 원수들도 보고 놀라기 때문에 비밀이 아닙니다. 하나님의 백성들은 부활하면 그 몸은 하늘로 올라갑니다. 우리는 부활의 몸 그대로 하늘로 올라가고 내려오기도 하는 몸이 될 것입니다. 그래서 이 구절들은 교회의 부활, 성도의 부활을 말하는 것입니다.

성도가 부활하는 그날, 예루살렘 거짓 교회는 큰 지진이 일어나 성 십분의 일이 무너지면서 칠천 명이 죽게 된다고 합니다. 성은 예루살렘 성이고, 이것은 거짓 교회를 상징하고 예루살렘의 십분의 일이 무너졌다는 것은 거짓 교회에 대한 심판이 먼저 온다는 상징입니다. 칠천 명이 죽는다는 것은 많은 수가 죽는다는 상징입니다. 하나님이 제일 먼저 심판하는 것은 거짓 교회입니다. 거짓 교회가 심판 받을 때에 믿지 않는 거짓 교인들이 벌벌 떨고 있습니다. 13절에서 지진이 나서 사람들이 죽자 남은 자들이 두려워하면서 하나님께 영광을 돌렸다고 합니다. 믿음으로 영광을 돌리는 것이 아니라 두려워서 영광을 돌리는 것입니다.

그리스도 예수님의 재림은 거짓 교회로부터 심판이 시작되어서 거짓 교회에서 끝나지 않고 두려움에 사로잡힌 세상 사람들, 불신자들에게도 임하게 됩니다. 즉 온 세상에 심판이 임하게 됩니다. 온 세상에 임하는 심판은 15절 이하 일곱 번째 나팔을 불 때 일어납니다.

최후 심판 때에 교회는 부활해서 생명을 얻지만, 거짓 교회와 불신자들은 거짓 교회가 먼저 심판을 받고 그 다음 불신자들은 일곱 번째 나팔이 불리면 예수 그리스도가 재림을 하셔서 심판 받고 멸망을 하게 될 것입니다. 이런 심판의 순서는 베드로도 말하고 있습니다. *"하나님 집에서 심판을 시작할 때가 되었나니 만일 우리에게 먼저 하면 하나님의 복음을 순종치 아니하는 자들의 그 마지막이 어떠하며"*(벧전 4:17).

결론

요한계시록 11장은 어려운 본문입니다. 이 본문이 가르치고자 하는 것은 하나님의 교회는 세상 속에서 복음을 증거하다가 핍박과 고난을 당하더라도 결국은 승리한다는 것입니다. 교회는 승리합니다. 우리는 승리할 것입니다. 사단과 거짓 교회와 세상은 삼위일체가 되어 교회를 핍박하지만 결국 여호와의 날에 거짓 교회를 시작으로 세상은 모두 심판받고 영원히 멸망하게 될 것입니다. 우리는 최후 승리를 믿고 항상 승리하는 사람으로 살아가야 할 것입니다.

20

일곱째 나팔

요한계시록 11:14-19

"둘째 화는 지나갔으나 보라 셋째 화가 속히 이르는도다 일곱째 천사가 나팔을 불매 하늘에 큰 음성들이 나서 가로되 세상 나라가 우리 주와 그 그리스도의 나라가 되어 그가 세세토록 왕노릇 하시리로다 하니"(계 11:14~15).

요한계시록을 해석할 때에 세대주의 종말론자들이 했던 미래주의적 해석과 자유주의자들이 사용한 과거주의적 해석이 있습니다. 그러나 이 두 해석은 모두 계시록의 내용을 미래로 만들거나 혹은 1세기 교회 때로 제한시킴으로 인해 우리가 사는 시대에 아무런 의미를 주지 못한다는 점에서 이 해석 방법들은 결코 좋지 않습니다.

점진적 병행법으로 본 요한계시록

요한계시록을 해석할 때 가장 좋은 것은 초림과 재림이 일곱 번 반복되어 나오는 것을 보면서 처음 세 번은 사실을 얘기하고 다음 네 번은 그 사실이 일어난 영적인 이유가 무엇인지를 탐구하면서 의미가 점점 깊어지는 해석법인 점진적 병행법이 좋은 해석방법입니다. 이 해석방법을 착안한 사람의 이름은 윌리엄 핸드릭슨이라는 사람입니다. 최근의 신앙 있는 보수적인 학자들은 모두 이 방법을 사용하고 있습니다.

제가 미국에 갔을 때만 해도 한국은 세대주의 종말론의 미래주의적 해석이 주를 이루고 있었습니다. 저도 그것을 배우고 바른 것이라고 생각하고 유학을 갔습니다. 여러분들도 자주 들어보았을 것입니다. 컴퓨터 바코드가 666이고 유럽이 연합하면 적그리스도가 나온다는 것 등입니다. 그러나 미국에 갔을 때 교수가 점진적 병행법으로 해석하였습니다. 당시에는 그 교수를 욕했지만 제가 성경을 진지하게 공부하고 바라보면서 이 해석법이 옳다는 것을 알게 되었습니다. 그래서 바르게 배워야겠다는 생각으로 계시록을 다시 공부했던 기억이 있습니다.

점진적 병행법으로 다시 정리해보면 1장에서 3장까지는 초림부터 재림까지 있을 일곱 교회의 유형을 말해주고 있고, 4장부터 7장까지의 일곱 인은 초림부터 재림까지 있게 될 재앙을 말해주는 것입니다. 8장에서 11장까지는 일곱 나팔의 재앙이 나오며 앞의 네가지 나팔은 자연 세계에 내려지는 재앙이고, 뒤의 두가지 나팔은 인을 맞지 않는 자들에게 내리는 재앙입니다.

네 개는 자연세계에 내리는 재앙이고 두 개는 이마에 인 맞지 않은 불신자들에게 내리는 재앙이라면 일곱 번째 나팔은 무엇입니까? 이것은 예수님의 재림을 말하고 있습니다. 예수님이 재림하시면 믿는 자는 상을 받고 믿지 않는 자는 벌을 받는다는 내용입니다.

일곱째 나팔: 예수님의 재림

"둘째 화는 지나갔으나 보라 셋째 화가 속히 이르는도다"(계 11:14). 둘째 화가 지나갔다는 것이 주는 의미는 네 개의 나팔은 자연 세계에 주는 재앙이고 두 개 나팔은 인간에게 임하는 재앙이며 이중 두 개의 나팔이 지나갔습니다. 다섯 번째 나팔은 황충의 재앙, 악령의 재앙이고, 여섯 번째 재앙은 유브라데 강에 묶여 있던 천사들이 풀려나는 전쟁의 재앙입니다. 그러므로 사람에게 임하는 두 재앙이 지나갔다는 것입니다. 그리하여 "보라 세 번째 화가 속히 이른다."고 하는 것입니다. 즉 인간에게 임하는 세 번째 재앙이 바로 일곱째 나팔이라는 것입니다.

일곱째 나팔은 예수님의 재림입니다. 15절에 보면 일곱째 천사가 나팔을 불었고 예수님이 오셨습니다. "나팔 소리가 나매 죽은 자들이 썩지 아니할 것으로 다시 살고 우리도 변화하리라"(고전 15:52), "주께서 호령과 천사장의 소리와 하나님의 나팔로 친히 하늘로 좇아 강림하시리니 그리스도 안에서 죽은 자들이 먼저 일어나고"(살전 4:16). 나팔소리가 나면 예수님이 오시는 것입니다. 과거에 찰스 피니라는 부흥사가 나팔소리 나면 예수님이 오신다고 나팔수를 뒤에 숨겨놓고 사람들과 함께 예배드리다가 사인을 했을 때 나팔을 불자 사람들이 다 의자 밑으로 기어들어갔다는 이야기가 있습니다. 나팔소리가 난다는 것은 예수님이 오신다는 신호로 이해하고 있다는 것입니다.

일곱째 천사가 나팔을 불자 하늘에서 큰 음성들이 났다고 합니다. 이 음성이 누구의 음성인지는 알 수 없습니다. 하지만 분명한 것은 하나님의 음성은 아닙니다. 하늘의 큰 음성이 나면 천사들, 구원받은 성도들이 소리를 내는 것으로 볼 수 있습니다. 그들은 "세상 나라가 우리 주와 그 그리스도의 나라가 되어 그가 세세토록 왕노릇 하시리로다 하니"(계 11:15 하)라고 외쳤습니다. 예수님이 재림하시어 하나님 나라가 완성이 되고 예수님이 영원무궁토록 왕 노릇하고 통치하시는 나라가 완성이 됐다고 외치는 소리입니다.

세상 나라라고 하는 것은 "The kingdom of the worlds."라고 했다면 정치적인 나라 미국, 영국, 러시아, 일본 등 이런 나라를 의미하는 것이겠지만 여기에서는 "The kingdom of the world."로 단수로 사용이 되었습니다. 이 말은 세상의 왕국이 주님의 왕국이 되었다는 의미입니다. 세상 왕국이 단수라는 말은 사단이 지배하는 세계를 말하는 것입니다. 사단이 지배하는 세상 나라가 이제는 사단이 지배하지 못하고, 그리스도가 지배하는 나라가 되었다는 것입니다. "되었다"는 말은 헬라어로 "ἐγένετο"(에게네토)로 하나님의 나라가 오더니 완성이 되었다는 의미입니다.

하나님의 나라는 확장되고 있습니다. 구원받은 사람들이 늘어나면서 확장됩니다. 하지만 예수님이 재림하게 되면 하나님의 나라는 확장이 아니라 완성이 되는 것입니다. 하나님의 택한 백성들이 계속해서 구원받다가 재림하시면 택한 백성의 숫자가 가득 차 더 이상 예수님이 하늘에 계실 필요가 없다는 것입니다. 그래서 택한 백성의 숫자가 한 명도 빠짐 없이 다 구원을 받게 되면 하나님의 나라가 완성이 되는 것입니다. 세상 나라는 완성된 하나님의 나라로 바뀌게 되고 예수 그리스도께서 완성된 하나님 나라에서 영영토록 왕 노릇 하실 것입니다. 우리는 그 나라에서 부활한 몸을 입고 영원히 살게 될 것입니다.

재림 때에 울려퍼지는 경배와 찬양

하늘의 천사들과 구원받은 성도들이 큰 음성으로 찬양을 하고 16절을 보면 "하나님 앞에 자기 보좌에 앉은 이십사 장로들이 엎드려 얼굴을 대고 하나님께 경배하여"(계 11:16)라고 했습니다. 이십사 장로는 구약의 12지파 신약의 12사도를 합쳐서 신구약의 모든 하나님의 백성을 말합니다. 하나님의 백성으로 승리하여 천국에 간 승리적 교회를 의미하는 것입니다. 천국의 영광을 받은 교회가 재림하시는 그리스도 앞에 얼굴을 댔습니다. 그리고 하나님께 경배를 하였습니다. 그리스도 예수님이 재림하실 때 모든 교회는 하나님께 경배하게 될 것입니다.

그리고 이십사 장로가 말합니다. "가로되 감사하옵나니 옛적에도 계셨고 시방도 계신 주 하나님 곧 전능하신이여 친히 큰 권능을 잡으시고 왕노릇 하시도다"(계 11:17). 경배하며 감사하고 있습니다. 성도들의 할 일은 이것입니다. 경배하고 감사하고 찬양해야 합니다. 옛적에도 계시고 지금도 계신 전능하시고 큰 권능을 가지신 왕 되신 하나님을 찬양해야 합니다. 그러나 여기에 이상한 것이 있습니다. 요한계시록 1장 4절과 8절, 4장 8절은 하나님을 가리켜서 "이제도 계시고 전에도 계셨고, 장차 오실 자라."고 표현하고 있습니다. 또한 11장 17절은 "옛적에도 계시고 지금도 계신"이라고 표현했습니다. "장차 올 자가" 빠져있습니다. 왜냐하면 오셨기 때문에 빠져 있는 것입니다. 오셨기 때문에 장차 올 자는 빠진 것입니다. 이제도, 옛적에도 계시고 장차 오실 자가 아니라 이미 오신 자가 되는 것입니다. 17절은 하나님의 교회 24장로들이 재림하신 그리스도와 그를 보내주신 하나님을 찬양하는 것입니다.

재림 때에 일어나는 일

그렇다면 그리스도 예수님이 재림하실 때에 일어나는 일은 무엇입니까? "이방들이 분노하매 주의 진노가 임하여 죽은 자를 심판하시며 종 선지자들과 성도들과 또 무론대소하고 주의 이름을 경외하는 자들에게 상 주시며 또 땅을 망하게 하는 자들을 멸망시키실 때로소이다 하더라"(계 11:18). 이 구절을 보면 상 받는 자들과 멸망당하는 사람들이 있습니다. 상 받는 사람들은 "선지자들과 성도들과 무론대소하고 주의 이름을 경외하는 자들"이라고 합니다. 선지자나 성도나 주의 이름을 경외하는 자들은 다 같습니다. 요한은 성도들도 선지자라고 합니다. 예를 들면 우리가 우리를 만인제사장이라고 합니다. 마찬가지로 우리에게는 선지자와 같은 요소도 있는 것입니다. 결국 이 구절은 동일한 용어를 계속 반복하고 있는 것입니다. 요한계시록은 성도들을 가리켜 선지자들과 성도들이라는 표현을 계속 반복하고 있습니다. 요한계시록 16장 6절, 18장 24절, 22장 9절에 계속 등장하고 있습니다.

그렇다면 왜 선지자들과 성도들이라고 두 가지로 표현했을까요? 그것은 교회를 두 증인이라고 말한 것과 마찬가지입니다. 하나의 증인은 믿을 수 없지만 두 증인은 믿을 수 있는 것처럼 선지자들과 성도라고 표현한 것은 교회의 증거가 확실한 증거이며 하나의 증거가 아니라 두 증인의 증거와 같다는 것을 말하고 있는 것입니다. 그러나 멸망당하는 사람들이 있습니다. 땅을 망하게 하는 사람들입니다. 이들은 사단이나 악령이나 불신자들, 거짓 선지자들과 같은 사람들입니다. 18절 전반을 보면 "이방들이 분노하매 주의 진노가 임하여 죽은 자를 심판하시며"(계 11:18 상)라고 했습니다. 믿지 않는 이방인들을 심판한다는 것입니다. 복잡한 이야기 같지만 나팔을 불어 예수님이 오시면 하늘에 있는 성도들은 찬양하고 땅에서는 심판이 일어나며 그중 성도들은 상을 받고 불신자들은 멸망을 당한다고 말하는 것입니다. 그러므로 예수 그리스도가 재림하면 성도는 상을 받고 악인들, 불신자들, 이방인들, 망하게 하는 자들은 멸망을 당할 것입니다.

19절은 24장로가 고백을 하고 찬양을 하고 감사하고 경배하자 하늘에서 난 반응입니다. "이에 하늘에 있는 하나님의 성전이 열리니 성전 안에 하나님의 언약궤가 보이며 또 번개와 음성들과 뇌성과 지진과 큰 우박이 있더라"(계 11:19). 성전이 열리고 언약궤가 보인다는 것은 하나님의 임재를 상징합니다. 언약궤는 구약에서 하나님의 임재의 상징이었습니다. 언약궤가 있는 곳은 하나님이 있는 곳이었습니다. 그러므로 언약궤가 보인다는 것은 성도들에게 하나님이 함께 하신다는 말입니다. 그러나 불신자들에게는 번개와 음성과 뇌성과 지진과 큰 우박이 옵니다. 쉽게 말하면 벼락 맞는 것인데 우박이 같이 온다는 것입니다.

18절과 19절은 동일한 이야기를 하고 있습니다. 일곱째 나팔과 함께 예수 그리스도께서 재림하시면 성도는 상을 받고 불신자는 벌을 받음을 말하고 있는 것입니다. 성도들도 그렇게 말을 하지만 하나님도 동일한 반응을 보여주고 있다는 것입니다.

　예수 그리스도는 재림하실 것입니다. 언제 오실지 저는 알 수 없습니다. 그러나 확실히 알 수 있는 것은 하나님의 나라가 완성되면 오십니다. 하나님의 택한 백성들이 다 구원받으면 오실 것입니다. 그때는 우리가 알 수 없습니다. 그러므로 우리는 그때까지 경거망동하지 말아야 합니다. 어떤 사람은 자기가 재림예수라고 하는데 그런 헛소리에 넘어가면 안 됩니다.

　최근에 신천지는 요한계시록을 아주 희한한 해석을 하면서 이만희가 재림예수인 것처럼 이야기를 합니다. 믿을 것이 못됩니다. 말씀을 조금만 자세히 공부해도 헛소리인 것을 알 수가 있습니다. 아주 나쁜 사람입니다. 이런 사람한테 넘어가면 안 됩니다. 성경을 바르게 보시기를 바랍니다.

결론

　15절은 헨델이 유명한 "메시아"를 작곡할 때 중요한 가사가 되었습니다. 17절에서 18절의 성도들은 기도를 합니다. 기도의 내용이 감사와 찬양뿐입니다. 일용할 양식을 달라든지, 시험에서 건져달라는 그런 내용이 없습니다. 왜냐하면 그런 것들은 이미 지나갔기 때문입니다. 먹을 것은 넘치고 시험은 없습니다. 사단, 악령 들은 무저갱에서 영원히 멸망받기 때문에 그런 것은 없는 것입니다. 그러므로 성도들은 오직 감사와 찬양과 경배만 계속하는 것입니다. 하나님의 나라가 완성되는 날 악인들은 모두 심판받게 되고 우리는 상을 받게 될 것입니다. 이런 우리의 모습을 시편 2편에서 시편기자는 노래하고 있습니다. 함께 이 시편을 감상하며 힘을 얻기를 바랍니다.

"어찌하여 열방이 분노하며 민족들이 허사를 경영하는고 세상의 군왕들이 나서며 관원들이 서로 꾀하여 여호와와 그 기름 받은 자를 대적하며 우리가 그 맨 것을 끊고 그 결박을 벗어 버리자 하도다 하늘에 계신 자가 웃으심이여 주께서 저희를 비웃으시리로다 그때에 분을 발하며 진노하사 저희를 놀래어 이르시기를 내가 나의 왕을 내 거룩한 산 시온에 세웠다 하시리로다 내가 영을 전하노라 여호와께서 내게 이르시되 너는 내 아들이라 오늘날 내가 너를 낳았도다 내게 구하라 내가 열방을 유업으로 주리니 네 소유가 땅 끝까지 이르리로다 네가 철장으로 저희를 깨뜨림이여 질그릇같이 부수리라 하시도다 그런즉 군왕들아 너희는 지혜를 얻으며 세상의 관원들아 교훈을 받을지어다 여호와를 경외함으로 섬기고 떨며 즐거워할지어다 그 아들에게 입맞추라 그렇지 아니하면 진노하심으로 너희가 길에서 망하리니 그 진노가 급하심이라 여호와를 의지하는 자는 다 복이 있도다"(시편 2편).

아들에게 입 맞추라고 합니다. 예수님의 재림을 준비하는 것은 다른 것이 없습니다. 아들에게 입 맞추면 되는 것입니다. 아들은 예수 그리스도입니다. 예수 그리스도와 항상 가까이하고 하나님을 경배하고 감사하며 사는 성도가 되기를 바랍니다.

21

영적 전쟁의
3대 진리 요한계시록 12:1-17

"용이 여자에게 분노하여 돌아가서 그 여자의 남은 자손 곧 하나님의 계명을 지키며 예수의 증거를 가진 자들로 더불어 싸우려고 바다 모래 위에 섰더라"(계 12:17).

요한계시록 1장부터 11장까지는 교회가 핍박 받는 내용을 기록하고 있습니다. 12장부터는 핍박의 원인을 기록하고 있습니다. 핍박의 원인은 바로 용과 짐승들입니다. 용은 사탄의 상징이며, 짐승은 바다와 땅에서 나온 짐승들입니다. 바다에서 나온 짐승은 정치적으로 교회를 핍박하는 세력이며, 땅에서 나온 짐승은 거짓된 종교인들입니다. 짐승들이 사탄의 지휘를 받아 하나님의 교회를 핍박한다는 내용이 기록되어있습니다.

그러나 용이 두 짐승을 지휘하여 여자가 낳은 남자아이(여자 = 하나님의 교회, 남자아이 = 예수님)를 핍박할지라도 예수 그리스도가 재림하시면 용과 두 짐승은 영원히 망하게 되는 것입니다.

우리는 전쟁 중에 있습니다. 전쟁은 위험합니다. 그러나 전쟁가운데 안전한 곳이 있다는 것은 정말 다행입니다. 요한계시록 12장에서는 영적인 전쟁 가운데서도 안전지대가 있다고 가르치고 있습니다. 전쟁 중인 성도들에게 용기를 주는 세 가지 진리는 다음과 같습니다.

원수는 이미 패배하였다

첫째 진리는 영적인 원수는 이미 패배했다는 진리입니다. 이 세상 전쟁은 끝나기 전에는 누가 승리할지 모르지만, 영적전쟁은 성도가 이미 승리한 상태에서 전쟁에 임합니다.

요한계시록 12장에서는 성도의 원수를 4가지로 표현하고 있습니다. 첫 번째는 용입니다. 용은 실제로 본 사람은 없지만, 용은 머리가 일곱이고 뿔이 열이고 머리마다 면류관을 썼다고 표현하고 있습니다. 권세와 힘이 대단히 크다는 것을 알 수 있습니다. 두 번째는 옛 뱀입니다. 옛 뱀은 에덴동산에서 아담과 하와를 유혹해 전 인류를 죄와 사망의 구렁텅이에 빠트린 존재입니다. 사람을 미혹하는 존재입니다. 세 번째는 마귀입니다. 하나님과 교회를 대적하는 존재입니다. 네 번째는 사단입니다. 사단은 성도를 송사하는 존재입니다. 이 4가지 원수의 목적은 하나님 나라를 전멸하는 것입니다.

그러나 이 원수는 이미 패배한 존재입니다. 에덴동산에서 옛 뱀의 유혹으로 인류전체가 죄와 사망과 저주에 빠지자마자 창세기 3장 15절에 하나님이 약속하셨습니다. "내가 너로 여자와 원수가 되게 하고 너의 후손도 여자의 후손과 원수가 되게 하리니 여자의 후손은 네 머리를 상하게 할 것이요 너는 그의 발꿈치를 상하게 할 것이니라 하시고"(창 3:15). 이 약속은 예수 그리스도의 초림에 대한 약속의 말씀입니다. 예수님은 이 땅에 오셔서 이 약속을 실현하셨습니다. 예수님은 죗값을 청산하시고 사단을 무력화 시키셨습니다. 요한계시록 12장 1절에서 2절을 보면 해를 입은 한 여자가 있다고 하고 있습니다. 가톨릭에서는 이 여자를 마리아라고 하고 있지만 이 여자는 상징적으로 하나님의 언약의 백성들 즉 하나님의 교회를 말하고 있습니다. 이 언약의 백성으로부터 예수님이 오신 것입니다. 4절에 해산하려는 여자가 해산하면 용이 아이를 삼키고자 한다고 합니다. 사단의 목적은 자신의 머리가 상하지 않기 위해 여자의 후손을 삼키려 하는 것입니다. 사단은 여자의 후손이 다윗의 후손이라는 것을 알고 많은 시도를 하여 죽이려고 하였습니다. 하지만 실패하였습니다. 아달랴라는 여자는 다윗의 후손을 모두 죽이려 시도하였지만 그 중 1살의 요하스는 살아서 왕이 되었습니다. 에스더서를 보면 유대인 모두 죽을 뻔하였지만 실패하였습니다. 예수님이 탄생하였을 때도 사단이 헤롯왕을 이용하여 예수님을 죽이려 하였지만 하나님께서 요셉에게 말씀하시어 예수님은 살았습니다. 구약성경에 보면 사단이 예수그리스도의 계보를 끊으려 끊임없이 시도하였던 것을 알 수 있습니다. *"여자가 아들을 낳으니 이는 장차 철장으로 만국을 다스릴 남자라 그 아이를 하나님 앞과 그 보좌 앞으로 올려가더라"*(계 12:5). 이 말씀은 예수 그리스도의 탄생, 권세, 승리를 말하고 있습니다. 용이 배후세력이 되어 예수 그리스도를 죽이려 하였지만 예수님은 오셨고 십자가로 승리하시고 죗값을 갚으시고 구속 사역을 마치시고 승천하셨습니다. 사단은 완전히 패배하였습니다.

"하늘에 전쟁이 있으니 미가엘과 그의 사자들이 용으로 더불어 싸울째 용과 그의 사자들도 싸우나 이기지 못하여 다시 하늘에서 저희의 있을 곳을

얻지 못한지라 큰 용이 내어쫓기니 옛 뱀 곧 마귀라고도 하고 사단이라고도 하는 온 천하를 꾀는 자라 땅으로 내어쫓기니 그의 사자들도 저와 함께 내어 쫓기니라"(계 12:7-9). 용은 그의 사자들이 있습니다. 그 사자들은 귀신 악령들입니다. 용과 사자들은 하늘에서 땅으로 이미 내어 쫓겼다고 8절에 말하고 있습니다. 이 땅에서나 역사해도 하늘에서는 이미 패배한 것입니다. 그러므로 사단과 싸울 때에 예수그리스도의 이름으로 사단아 물러가라 하면 물러가는 것입니다. "그런즉 너희는 하나님께 순복할지어다 마귀를 대적하라 그리하면 너희를 피하리라"(약 4:7). 마귀가 우리를 피하는 이유는 이미 패배한 존재이기 때문에 피하는 것입니다. 마귀는 궤휼과 권세가 많지만 하늘에서 패배해서 쫓겨 온 존재이기 때문에 우리는 그 사실을 믿고 패배한 존재와 싸우는 것입니다. 우리는 승리부대 소속입니다. 승리하신 구주 예수님을 따라가는 승리부대 소속이므로 영적전쟁에서는 예수 그리스도의 이름이라는 무기를 가지고 있습니다.

영적전쟁은 끊임없이 싸우는 전쟁

두 번째 진리는 그럼에도 불구하고 땅에서는 영적전쟁이 계속된다는 것입니다. "그러므로 하늘과 그 가운데 거하는 자들은 즐거워하라 그러나 땅과 바다는 화 있을진저 이는 마귀가 자기의 때가 얼마 못된 줄을 알므로 크게 분내어 너희에게 내려 갔음이라 하더라"(계 12:12). 사단은 하늘에서 쫓겨나서 땅과 바다에서 계속 전쟁을 한다는 것입니다. 사단이 패배했을지라도 예수님의 재림 때까지 영적전쟁은 계속됩니다. 우리는 이미 승리한 존재입니다. 이미 승리했을지라도 계속 싸워야 하는 것이 영적전쟁의 특징입니다. 우리의 무기는 혈과 육이 아니라 영적인 것이어야 합니다. "또 여러 형제가 어린 양의 피와 자기의 증거하는 말을 인하여 저를 이기었으니 그들은 죽기까지 자기 생명을 아끼지 아니하였도다"(계 12:11). 어린 양의 피와 하나님의 말씀이 우리의 무기입니다. 예수님의 이름이 위대한 능력인 것입니다.

끊임없이 보호받는 교회

세 번째 진리는 교회는 끊임없이 하나님의 보호를 받습니다. "용이 자기가 땅으로 내어쫓긴 것을 보고 남자를 낳은 여자를 핍박하는지라 그 여자가 큰 독수리의 두 날개를 받아 광야 자기 곳으로 날아가 거기서 그 뱀의 낯을 피하여 한 때와 두 때와 반 때를 양육받으매 여자의 뒤에서 뱀이 그 입으로 물을 강같이 토하여 여자를 물에 떠내려가게 하려 하되 땅이 여자를 도와 그 입을 벌려 용의 입에서 토한 강물을 삼키니"(계 12:13-16). "또 내가 네게 이르노니 너는 베드로라 내가 이 반석 위에 내 교회를 세우리니 음부의 권세가 이기지 못하리라"(마 16:18). 용이 물을 토해내어 여자를 죽이려 합니다. 이 물은 온갖 이단, 사설, 거짓말입니다. 교회 역사에는 이런 이단, 거짓말들이 너무나도 많습니다. 그러나 땅이 도와 강물을 다 삼키고 여자를 보호합니다. 14절은 이스라엘 백성이 애굽에서 구원받아 광야에 나온 예표입니다. 하나님의 교회가 광야로 나와 지내는 기간인 1,260일, 한 때와 두 때와 반 때, 3년 반은 모두 동일한 의미입니다. 제한된 시간을 가리킵니다. 이 시간의 시작은 12장 5절입니다. "여자가 아들을 낳으니 이는 장차 철장으로 만국을 다스릴 남자라 그 아이를 하나님 앞과 그 보좌 앞으로 올려가더라"(계 12:5). 이 시간은 예수 그리스도의 초림과 재림 사이의 시간을 상징합니다. 광야에서 하나님의 양육과 보호를 받지만 결국 젖과 꿀이 흐르는 땅으로 참된 믿음을 가진 사람들이 들어가게 될 것을 믿습니다. "용이 여자에게 분노하여 돌아가서 그 여자의 남은 자손 곧 하나님의 계명을 지키며 예수의 증거를 가진 자들로 더불어 싸우려고 바다 모래 위에 섰더라"(계 12:17). 여자의 남은 자손은 하나님의 계명을 지키고 하나님의 증거를 가진 자들입니다. 사단은 전체를 공격하다가 안 되면 개개인을 공격합니다. 사단의 역사는 3가지입니다. 교회의 평신도, 교회의 직분자, 교회의 목사를 공격합니다. 사단은 밤낮으로 계속 송사하지만 하나님은 우리의 죄와 허물을 예수 그리스도와 함께 못 박으시고 우리에게 은혜를 주십니다. "누가 능히 하나님의 택하신 자들을 송사하리요 의롭다 하신 이는 하나님이시니 누가 정죄하리요 죽으실 뿐 아니라 다시 살아나신 이는 그리스도 예수시니 그는 하나님 우편에 계신 자요 우리를 위하여 간구하시는 자시니라"(롬 8:33-34).

결론

하나님께서 우리를 의롭다 하시고 우리를 절대적으로 보호하시므로 말씀과 기도로 사단을 대적하면 사단은 우리를 피할 수밖에 없습니다. 우리는 십자가 아래가 가장 안전합니다. 언제나 십자가 아래서 하나님의 보호와 축복 가운데 항상 승리를 체험하기를 바랍니다.

22

두 짐승

요한계시록 13:1-18

"내가 보니 바다에서 한 짐승이 나오는데 뿔이 열이요 머리가 일곱이라 그 뿔에는 열 면류관이 있고 그 머리들에는 참람된 이름들이 있더라"(계 13:1).

다른 종교에서는 용을 많이 그리고 있지만 기독교에서는 용을 그리지 않습니다. 용은 성경에 사단의 상징으로 되어 있습니다. 성경에 보면 용이 두 짐승을 도와줍니다. 두 짐승은 바다에서 난 짐승과 땅에서 올라온 짐승이 있습니다. 두 짐승은 용의 지휘아래 있습니다. 마귀의 하수인이 되어서 하나님을 대적합니다.

기독교를 방해하는 정치세력

먼저 바다에서 나온 짐승을 살펴보겠습니다. 이 짐승은 기독교를 방해하는 정치세력입니다. 땅에서 올라온 짐승은 거짓된 종교 세력입니다. 이 두 짐승은 언제나 손을 잡고 하나님의 교회를 핍박합니다. 1절에 바다에서 한 짐승이 나옵니다. "바다"는 땅에 있는 국가세력들을 말합니다. 성경에 나오는 바다는 좋은 의미로 사용되지 않습니다. "슬프다 많은 민족이 소동하였으되 바다 파도의 뛰노는 소리 같이 그들이 소동하였고 열방이 충돌하였으되 큰 물의 몰려옴 같이 그들도 충돌하였도다"(사 17:12). 열방이 싸우는 것을 바다 파도에 비유하고 있습니다. "또 천사가 내게 말하되 네가 본바 음녀의 앉은 물은 백성과 무리와 열국과 방언들이니라"(계 17:15). 음녀가 앉은 바다는 백성과 무리와 열국과 방언들이라 하고 있습니다. 그러므로 바다에서 나온 짐승은 정치적인 나라들을 의미합니다. 나라와 정부는 국민의 유익을 위하여야 하지만 계시록 13장의 나라는 하나님을 대적하고 성도를 대항하는 정치적인 세력입니다. 이 계시록을 처음 받은 사람들은 로마제국에 의해 핍박받는 사람들이었습니다. 로마제국은 사람들을 고문하고 가정을 파괴하고 살해하고 교회를 폐쇄하였습니다. 그래서 그리스도인들은 이 로마제국을 바다에서 나온 짐승이라 하였습니다.

계시록의 처음 수신자들은 바다에서 나온 짐승이 로마제국이라고 알았습니다. 로마제국이 멸망한 후 바다에서 나온 짐승은 현재의 우리와 아무 상관이 없을까요? 그렇지 않습니다. 5절의 마흔두 달이라는 기간은 12장 6절의 1,260일, 12장 14절의 한때와 두때와 반때, 모두 3년 반을 가리킵니다. 이 3년 반이라는 기간은 제한된 시간을 말합니다. 그리스도 예수님의 초림과 재림 사이의 제한된 시간입니다. 예수님이 천국으로 승천하면서 이 시간은 시작되었다고 12장에는 말하고 있습니다. 그러므로 바다에서 나온 짐승 곧 교회를 핍박하는 정치세력은 단순히 로마제국만이 아니라 로마제국 이후에 교회를 핍박하는 모든 정치세력입니다.

사단에게 받은 권세를 가진 짐승

바다에서 나온 짐승은 용의 지휘아래 있습니다. 교회와 성도를 핍박합니다. 교회와 성도를 억압하는 국가의 배후에는 사단이 있습니다. 사단은 정치세력을 이용하여 자신 스스로가 경배를 받으려 합니다. "이 사람들은 여자로 더불어 더럽히지 아니하고 정절이 있는 자라 어린 양이 어디로 인도하든지 따라가는 자며 사람 가운데서 구속을 받아 처음 익은 열매로 하나님과 어린 양에게 속한 자들이니"(계 14:4). 기독교를 핍박하는 정치세력은 용 즉 사단에게서 힘을 받아서 백성으로 하여금 용을, 짐승을 경배하게 하려는 목적이 있습니다. 교회라 하더라도 로마제국의 황제를 대적할 수 없는 것입니다. 그러므로 저 짐승은 참 크도다 할 수 있는 것입니다. 로마제국, 공산국가, 이슬람 국가 안에 있는 백성들은 대적할 수 없는 것입니다. 우리가 이 정치세력에 의해서 핍박을 받는 것은 하나님에게 속한 사람들이기 때문입니다.

"세상이 너희를 미워하면 너희보다 먼저 나를 미워한 줄을 알라"(요 15:18). 짐승은 예수님을 미워하므로 예수님을 따르는 성도를 핍박하는 것입니다. 우리는 21세기의 자유로운 대한민국에 살고 있으므로 바다에서 나온 짐승과 상관없다고 생각할 수 있습니다. 그러나 최근 대한민국은 반기독교적이며 반교회적인 분위기가 상승하고 있습니다. 이것은 바다에서 나온 짐승이 머리를 들고 있다는 말입니다. 북쪽의 대표적인 세력들과 연관된 사람들이 일어나고 있다는 것입니다. 이 세력에 누가 능히 대적할 수 있겠습니까. 이런 짐승의 역사는 사람의 능력으로는 물리칠 수 없으며 오직 성령의 능력에 의한 부흥으로만 물리칠 수 있습니다. 우리의 후손들이 바다에서 나온 짐승들의 핍박에 죽게 하지 않으려면 부흥을 위해 기도해야 합니다. "죽임을 당한 어린 양의 생명책에 창세 이후로 녹명되지 못하고 이 땅에 사는 자들은 다 짐승에게 경배하리라"(계 13:8). 이름이 생명책에 기록되지 않은 자들은 짐승에게 경배하게 됩니다.

그러나 바다에서 나온 짐승에게도 한계가 있습니다. 바다에서 나온 짐승은 용에게서 권세를 받습니다. 용 즉 사단은 하나님이 지배하고 계십니다. 사단이 아무리 핍박을 해도 하나님의 손아귀에 있습니다. "또 짐승이 큰 말과 참람된 말 하는 입을 받고 또 마흔두 달 일할 권세를 받으니라"(계 13:5). 짐승의 권세는 창조한 것이 아니라 다 받은 권세입니다. "짐승이 입을 벌려 하나님을 향하여 훼방하되 그의 이름과 그의 장막 곧 하늘에 거하는 자들을 훼방하더라"(계 13:6). 용에게 권세를 받아서 성도를 핍박합니다. "또 권세를 받아 성도들과 싸워 이기게 되고 각 족속과 백성과 방언과 나라를 다스리는 권세를 받으니"(계 13:7). 권세를 받아 성도와 싸워서 이깁니다. 그 권세는 스스로 발전하는 자생력 있는 권세가 아닌 받은 권세입니다. 주는 존재 즉 사단이 사라지면 짐승의 권세가 사라집니다. 그러므로 성도 가운데 핍박받는 사람은 순교를 당할지라도 인내와 믿음으로 결국은 승리하게 됩니다. 우리를 핍박하는 사람은 영원히 망하더라도 우리는 천국 가서 왕 노릇 할 것입니다. 그러므로 짐승이 아무리 핍박을 하더라도 성도들은 인내와 믿음으로 결국은 이깁니다. "사로잡는 자는 사로잡힐 것이요 칼로 죽이는 자는 자기도 마땅히 칼에 죽으리니 성도들의 인내와 믿음이 여기 있느니라"(계 13:10).

바다에서 나온 짐승의 의미

"내가 보니 바다에서 한 짐승이 나오는데 뿔이 열이요 머리가 일곱이라 그 뿔에는 열 면류관이 있고 그 머리들에는 참람된 이름들이 있더라 내가 본 짐승은 표범과 비슷하고 그 발은 곰의 발 같고 그 입은 사자의 입 같은데 용이 자기의 능력과 보좌와 큰 권세를 그에게 주었더라 그의 머리 하나가 상하여 죽게 된 것 같더니 그 죽게 되었던 상처가 나으매 온 땅이 이상히 여겨 짐승을 따르고(계 13:1-3). 바다에서 나온 짐승은 생김새가 이상합니다. 머리가 일곱, 뿔이 열 개, 뿔에는 면류관을 쓰고 있으며 참람한 이름을 가득 쓰고 있다고 합니다. 이 모습은 누구를 흉내 내고 있는 것입니다. "하늘에 또 다른 이적이 보이니 보라 한 큰 붉은 용이 있어 머리가 일곱이요 뿔이 열이라 그 여러 머리에 일곱 면류관이 있는데"(계 12:3). 사단의 모습을 흉내 내고 있습니다. "지혜 있는 뜻이 여기 있으니 그 일곱 머리는 여자가 앉은 일곱 산이요 또 일곱 왕이라 다섯은 망하였고 하나는 있고 다른이는 아직 이르지 아니하였으나 이르면 반드시 잠간 동안 계속하리라"(계 17:9-10). "네가 보던 열 뿔은 열 왕이니 아직 나라를 얻지 못하였으나 다만 짐승으로 더불어 임금처럼 권세를 일시 동안 받으리라"(계 17:12). 일곱 머리와 열 뿔이 무엇인지는 몰라도 왕이나 정치세력이라는 것을 알 수 있겠습니다.

왕은 정치적인 세력입니다. 머리 다섯이 지나갔다는 것은 앗수르, 바벨론, 메대, 바사, 헬라이며 지금 있는 머리는 로마이며 앞으로 올 머리는 로마이후에 올 정치세력들입니다. 열 뿔들은 열 왕들인데 아직 나라를 얻지 못했다합니다. 일곱 머리, 열 뿔이 있다는 것은 여러 나라를 의미하는 막강한 정치적 세력을 의미합니다. 이 짐승의 모습은 표범과 비슷하며 발은 곰과 같고 입은 사자와 같다고 합니다. 이 동물들은 다니엘 7장에 나오지만 정치적인 세력을 의미합니다. 이 괴상하게 생긴 바다에서 나온 짐승은 모두 하나님을 대적하고 성도를 핍박하는 이 세상의 정치적인 세력을 상징합니다. 그리고 이 머리 중 하나가 상하여 죽게 되었다고 나오는데 요한계시록의 수신자들은 이것이 네로인 것을 알고 있습니다. 네로는 기독교인들을 많이 죽였다고 합니다. 네로가 죽으면서 이제 핍박이 끝났구나 했지만 더 강력한 세력들이 세워졌습니다. *"그의 머리 하나가 상하여 죽게 된 것 같더니 그 죽게 되었던 상처가 나으매 온 땅이 이상히 여겨 짐승을 따르고"*(계 13:3). 네로가 죽었음에도 로마제국이 더 강력해지는 것을 보고 로마제국을 따르게 되었다는 말입니다. 거짓된 정치세력들도 기독교의 방법을 흉내 내서 기독교를 핍박합니다.

그리고 일곱 머리마다 참람된 이름들을 갖고 있다고 합니다. 기독교를 핍박하는 정치세력들은 자신들을 신이라 합니다. 왕이나 황제들이 인간이면서 신의 명칭을 사용하고 하나님을 대적합니다. *"저는 대적하는 자라 범사에 일컫는 하나님이나 숭배함을 받는 자 위에 뛰어나 자존하여 하나님 성전에 앉아 자기를 보여 하나님이라 하느니라"*(살후 2:4). 인간이 스스로 신이라 하는 것은 참람된 행동입니다. 이런 현상들이 제일 전형적으로 일어나고 있는 나라는 북한과 이슬람국가입니다. 이 배후에는 사단이 조종하고 있는 것을 오늘 본문에서 알 수 있습니다. 기독교를 핍박하는 정치세력과 손잡는 세력이 땅에서 나온 짐승입니다. 우리는 짐승들이 지배하는 세상에서 살고 있지만 인내를 가지고 넉넉히 이긴다는 믿음으로 살아야 하겠습니다.

아무리 세상이 이상하더라도 좌절하지 말고 인내와 믿음으로 기도하면서 이 모든 세상 정치세력에도 사단의 배후가 있다는 것을 알고 우리나라는 사단의 지배받는 나라가 아니라 성령의 부은바 되어서 하나님 나라에 공헌을 세우는 나라가 되도록 간절히 기도해야겠습니다.

기독교를 방해하는 종교 세력

땅은 세상을 의미합니다. 땅에서 나온 짐승은 거짓된 종교 세력을 가리킵니다. 두 짐승은 혼연일체 되어 용에게 권세를 받아서 세상에서 활동하는 것입니다. 땅에서 나온 짐승의 모양은 새끼 양같이 두 뿔이 났다고 합니다. "내가 보매 또 다른 짐승이 땅에서 올라오니 새끼 양 같이 두 뿔이 있고 용처럼 말하더라"(계 13:11). 생김새는 양이나 말은 용처럼 한다고 합니다. 양의 탈을 쓴 이리 같은 위험한 존재입니다. 생김새와 말하는 것이 일치되지 않는 다는 것입니다. 이것은 거짓말하는 영적인 세력을 의미합니다.

"또 저희를 미혹하는 마귀가 불과 유황 못에 던지우니 거기는 그 짐승과 거짓 선지자도 있어 세세토록 밤낮 괴로움을 받으리라"(계 20:10). "저런 사람들은 거짓 사도요 궤휼의 역군이니 자기를 그리스도의 사도로 가장하는 자들이니라 이것이 이상한 일이 아니라 사단도 자기를 광명의 천사로 가장하나니"(고후 11:13-14). 땅에서 나온 짐승은 거짓말하는 종교 철학자들입니다. 거짓된 종교, 거짓된 세계관은 하나님의 존재와 예수 그리스도의 존재를 부인합니다. 이 짐승의 목적은 세상 사람들을 모두 미혹하는 것입니다. "짐승 앞에서 받은바 이적을 행함으로 땅에 거하는 자들을 미혹하며 땅에 거하는 자들에게 이르기를 칼에 상하였다가 살아난 짐승을 위하여 우상을 만들라 하더라"(계 13:14). 학문, 철학, 언론 이라는 이름으로 속입니다. 땅에서 나온 짐승은 거짓된 사상을 사용하기도 하지만 거짓된 이적을 사용하기도 합니다. 사람을 미혹하여 바다에서 나온 짐승을 경배하게 합니다. "거짓 그리스도들과 거짓 선지자들이 일어나서 이적과 기사를 행하여 할 수만 있으면 택하신 백성을 미혹케 하려 하리라"(마 13:22). "악한 자의 임함은 사단의 역사를 따라 모든 능력과 표적과 거짓 기적과"(살후 2:9). 땅에서 나오는 짐승은 거짓된 기적을 행하는 것입니다. 땅에서 나오는 짐승은 불이 하늘로부터 내려오도록 하는 기적을 일으킵니다. 이것은 엘리야를 흉내 내는 것입니다. 거짓된 종교는 거짓된 이적과 거짓말을 합니다. "큰 이적을 행하되 심지어 사람들 앞에서 불이 하늘로부터 땅에 내려오게 하고"(계 13:13). 사단도 이정도 이적은 행할 수 있는 것입니다. 거짓말로 미혹할 뿐 아니라 이적으로도 미혹하는 것입니다.

땅에서 나온 짐승의 목적

거짓말의 목적은 첫 번째 짐승(정치적인 세력)을 경배하게 하는 것입니다. "저가 권세를 받아 그 짐승의 우상에게 생기를 주어 그 짐승의 우상으로 말하게 하고 또 짐승의 우상에게 경배하지 아니하는 자는 몇이든지 다 죽이게 하더라"(계 13:15). 기독교를 핍박하는 정치세력은 우상 만들기를 좋아합니다. 정치가들이 돈을 주고 우상을 만들어서 경배하도록 미혹합니다. 이 모든 권세는 용 즉 사단으로부터 나옵니다. 거짓종교는 정치세력들이 죽었다가 살았으니 믿으라고 우상 숭배하도록 만드는 것입니다. 우상숭배를 하지 않는 사람에게는 조직적인 핍박을 가합니다. "저가 모든 자 곧 작은 자나 큰 자나 부자나 빈궁한 자나 자유한 자나 종들로 그 오른손에나 이마에 표를 받게 하고 누구든지 이 표를 가진 자 외에는 매매를 못하게 하니 이 표는 곧 짐승의 이름이나 그 이름의 수라"(계 13:16-17). 죽이기도 하고 경제생활도 못하게 합니다. 육백육십육이라는 숫자의 표를 못 받은 사람은 매매도 못하게 합니다. 거짓된 종교와 기독교를 핍박하는 정치세력이 연합하여 기독교인들을 경제생활도 못하게 하고 말 안 들으면 죽이기도 하는 것입니다. 이 666이 무엇인가요? 이것에 대해 많은 이야기들이 있었습니다. 그러나 이것은 모두 틀린 이야기입니다. 윌리암 헨드릭스는 666은 인간의 숫자요 실패를 의미한다고 했습니다. 악한 짐승들을 따르는 인간들은 결국은 실패한다는 것입니다. 777은 신자의 승리라고 합니다. 이 숫자를 문자 그대로 해석하기엔 어렵습니다.

666이라는 숫자를 이마나 손에 표를 받았다는 것은 충성과 소유권을 의미합니다. 그리스도를 믿지 않는 사람들이 거짓된 정치세력과 거짓된 종교 세력에 붙어서 그들의 소유가 되어 그들에게 충성한다는 것을 의미합니다.

결론

요한계시록은 세세하게 맞느냐 틀리느냐를 보장할 수 있는 사람은 아무도 없습니다. 분명한 것은 하나님을 대적하는 정치세력과 이 정치세력과 손잡은 거짓된 종교 세력이 있다는 것입니다. 성도는 교회시대에도 두 짐승이 있다는 것을 알고 연합하여 하나님의 진리를 대적한다는 것을 잊으면 안 됩니다. 용으로부터 권세를 받아서 두 짐승이 연합하여도 결국엔 영영히 멸망한다는 것을 확신해야 합니다. 결국 성도는 하나님의 복음을 굳게 지켜 인내와 믿음, 지혜와 총명을 따라야겠습니다. "사로잡는 자는 사로잡힐 것이요 칼로 죽이는 자는 자기도 마땅히 칼에 죽으리니 성도들의 인내와 믿음이 여기 있느니라"(계 13:10). "지혜가 여기 있으니 총명 있는 자는 그 짐승의 수를 세어 보라 그 수는 사람의 수니 육백 육십 륙이니라"(계 13:18). 하나님을 향한 예배를 방해하는 자는 짐승인 것입니다. 거짓된 정치세력, 종교 세력들이 아무리 이적을 행하여도 우리는 결코 타협하거나 동화되지 말고 인내와 믿음을 지키고 지혜와 총명을 따르는 성도들이 되어야겠습니다.

23 요한이 본 천국의 장면 요한계시록 14:1-20

"성도들의 인내가 여기 있나니 저희는 하나님의 계명과 예수 믿음을 지키는 자니라 또 내가 들으니 하늘에서 음성이 나서 가로되 기록하라 지금 이후로 주 안에서 죽는 자들은 복이 있도다 하시매 성령이 가라사대 그러하다 저희 수고를 그치고 쉬리니 이는 저희의 행한 일이 따름이라 하시더라"(계 14:12~13).

요한계시록 14장은 요한이 본 세 가지에 관한 말씀입니다. 1절과 6절, 14절에 보았다고 표현하고 있습니다.

천국에서 본 장면

1절부터 5절까지는 요한이 본 천국의 장면입니다. "또 내가 보니 보라 어린 양이 시온 산에 섰고 그와 함께 십사만 사천이 섰는데 그 이마에 어린 양의 이름과 그 아버지의 이름을 쓴 것이 있도다"(계 14:1). 어린 양은 예수님이고 시온 산은 예루살렘입니다. 시온 산은 성경전체에서 천국을 상징하는 표현입니다. "그러나 너희가 이른 곳은 시온 산과 살아계신 하나님의 도성인 하늘의 예루살렘과 천만 천사와"(히 12:22). 시온 산은 하늘의 예루살렘 즉 천국입니다. 어린 양 예수님과 함께 14만 4천명이 서있다고 합니다. 예수님이 재림하시고 천국에 있는 숫자가 14만 4천명입니다. 이 숫자는 상징이지 문자 그대로 해석하는 것은 이단입니다. 이 숫자는 12×12×1000입니다. 12는 구약교회, 그 다음 12는 신약교회, 1000은 완전수를 상징하는 것입니다. 14만 4천이라는 숫자는 바로 신구약 교회가 완성된 모습입니다. 구원받은 성도가 하나도 빠짐없이 다 천국에 있는 모습을 의미합니다. 이들은 아무도 땅에서 나온 짐승, 바다에서 나온 짐승에 미혹되어 배교한 사람이 아닌 것입니다.

순종, 믿음, 기쁨(obeying, trusting, rejoicing)

"또 내가 보니 보라 어린 양이 시온 산에 섰고 그와 함께 십사만 사천이 섰는데 그 이마에 어린 양의 이름과 그 아버지의 이름을 쓴 것이 있도다"(계 14:1). 이마에 썼다는 말은 하나님이 이 백성들을 소유하고 계시다는 표현입니다. 그리고 하나님이 그들을 보호하고 계신다는 의미이기도 합니다. 그러므로 14만 4천명의 백성들은 예수 그리스도의 이름과 하나님의 이름이 새겨 있으므로 예수 그리스도와 하나님의 소유가 되었고 보호하심을 받는 백성이 되었다는 것입니다.

그럼 14만 4천명은 무엇을 하는지 2절에 나와 있습니다. "내가 하늘에서 나는 소리를 들으니 많은 물소리도 같고 큰 뇌성도 같은데 내게 들리는 소리는 거문고 타는 자들의 그 거문고 타는 것 같더라"(계 14:2). 하나님의 보좌와 네 생물, 장로들, 신구약 지도자들 앞에서 새 노래를 부른다고 합니다. 이 새 노래는 땅에서 구속함을 얻은 14만 4천명 이외에는 부를 자가 없다고 합니다. 이 천국의 새 노래는 많은 물소리 같고 뇌성과도 같다고 합니다. 이 새 노래는 요한계시록 5장에도 나와 있습니다. "새 노래를 노래하여 가로되 책을 가지시고 그 인봉을 떼기에 합당하시도다 일찍 죽임을 당하사 각 족속과 방언과 백성과 나라 가운데서 사람들을 피로 사서 하나님께 드리시고"(계 5:9). 14만 4천으로 상징되는 성도들은 새 노래를 부르는데 이 새 노래는 어린 양 예수가 우리를 위해 죽임을 당하시므로 우리를 구원하셨다는 내용입니다. 온 성도가 다 부르는데 물소리 같고 뇌성 같고 거문고 소리와 같다는 것입니다. 우리는 천국 가서 그리스도가 우리를 구원한 새 노래를 영원토록 부르게 될 줄 믿습니다.

"이 사람들은 여자로 더불어 더럽히지 아니하고 정절이 있는 자라 어린 양이 어디로 인도하든지 따라가는 자며 사람 가운데서 구속을 받아 처음 익은 열매로 하나님과 어린 양에게 속한 자들이니 그 입에 거짓말이 없고 흠이 없는 자들이더라"(계 14:4-5). 이 말씀에서는 14만 4천명의 성도의 성품을 말하고 있습니다. 성도들은 거룩한 삶을 사는 사람들이며 거룩한 삶으로 부르심을 받은 자들입니다. 우상에게 더럽힘을 받지 않은 존재, 두 짐승에게 굴복하지 않은 존재들입니다. "하나님이 우리를 부르심은 부정케 하심이 아니요 거룩케 하심이니"(살전 4:7). 우리 성도들은 모두 사람가운데서 구속을 받아 처음 익은 열매입니다. 구약시대 이스라엘 백성들은 농사를 지으면 처음 열매를 구별하여 하나님께 드렸습니다. 우리 성도들은 세상 사람들 가운데 구별되어 하나님께 드려진 사람들이요 예수님께 속한 자들입니다.

우리는 신앙의 정절을 지켜야 할 줄 믿습니다. 거짓된 이단에 굴복해서는 안 될 사람들입니다. 예수 그리스도를 신뢰하고 순종하고 인도하심을 따라 사는 존재들입니다. 성도들 입에는 거짓이 없고 진리를 따르고 진리를 말하고 흠이 없어야 합니다. 우리는 자신의 노력으로 흠이 없는 존재가 된 것이 아니라 예수 그리스도가 십자가를 지시고 죽으셨을 뿐만 아니라 완전히 흠 없는 삶을 사시고 완전한 의를 준비해주셨습니다. 우리가 예수 그리스도를 믿을 때에 십자가에서 흘리신 피로는 우리 죄를 씻어주시고 예수 그리스도가 이 땅에서 죄 없이 사신 그 의로는 우리에게 옷처럼 입혀주신 것입니다. 땅에서 나온 짐승이 미혹해도 넘어가지 않는 존재가 된 것입니다. 우리 성도들은 신앙의 정절을 지키고 어린 양 예수가 인도하신 대로 따라가고 그 입술에는 거짓말이 없고 예수의 의를 힘입어 항상 의의 옷을 입고 살아가시길 바랍니다. 우리는 이 땅에서 그렇게 살다가 죽으면 천국에서 시온 산에 올라가서 어린 양 예수님과 영원히 새 노래를 부르게 될 것입니다. 그 날을 바라보면서 이 땅의 나그네 여행길에서 길을 잃어버리지 마시기를 바랍니다.

인류 역사가 계속될 때 일어날 일

역사가 계속 되는 동안에 하나님이 불신 세상에는 심판을 하시고 성도들에게는 상급을 주신다는 것입니다. 세상이 계속되는 동안에 하나님은 하실 말씀이 있습니다. 그러나 하나님이 직접 하지 않으시고 메신저를 통해서 말씀하십니다. 첫째 천사는 여러 나라와 족속과 방언과 백성에게 전할 복음을 가졌다고 합니다. "또 보니 다른 천사가 공중에 날아가는데 땅에 거하는 자들 곧 여러 나라와 족속과 방언과 백성에게 전할 영원한 복음을 가졌더라"(계 14:6). 복음의 내용은 7절에 나와 있습니다. "그가 큰 음성으로 가로되 하나님을 두려워하며 그에게 영광을 돌리라 이는 그의 심판하실 시간이 이르렀음이니 하늘과 땅과 바다와 물들의 근원을 만드신 이를 경배하라 하더라"(계 14:7). 이 첫째 천사가 전하는 내용은 하나님을 경배하고 두려워하라는 내용입니다. 이것이 영원한 복음이라는 것입니다. 이 복음은 믿는 자에게는 좋은 소식이지만 믿지 않는 자에게는 좋지 않은 소식입니다. 두 번째 천사가 전하는 내용은 8절에 나와 있습니다. "또 다른 천사 곧 둘째가 그 뒤를 따라 말하되 무너졌도다 무너졌도다 큰 성 바벨론이여 모든 나라를 그 음행으로 인하여 진노의 포도주로 먹이던 자로다 하더라"(계 14:8). 바벨론이 구약시대에는 큰 원수였습니다. 요한계시록에서도 바벨론을 말합니다. 바벨론은 불신세상 즉 이교도 세상을 상징합니다. 바벨론은 이 세상에서 부요와 쾌락을 누리고 그 부요와 쾌락으로 세상을 취하게 만들지만 결국은 망하게 됩니다. 바벨론의 멸망에 관해서는 요한계시록 17장과 18장에 더 자세하게 나와 있습니다. 세 번째 천사가 전하는 메시지는 9절에 나와 있습니다. "또 다른 천사 곧 셋째가 그 뒤를 따라 큰 음성으로 가로되 만일 누구든지 짐승과 그의 우상에게 경배하고 이마에나 손에 표를 받으면"(계 14:9).

인간이 살아가는 동안에는 두 짐승이 있다고 요한계시록 13장에 나옵니다. 바다에서 나온 짐승 즉 하나님을 대적하는 정치적인 세력과 땅에서 나온 짐승 즉 하나님을 대적하는 정치세력과 연합된 거짓종교입니다.

이런 거짓된 정치세력과 종교 세력의 권력에 미혹되어 하나님을 배반하는 사람들은 영원히 심판을 받게 됩니다. 이들은 진노의 포도주를 마시는데 이 포도주를 마시면 영원토록 고난을 받습니다. 짐승에게 굴복하고 미혹되어 하나님을 배반하는 사람들은 영원한 불과 유황의 고난을 받습니다. 세상이 계속될 때 한 천사는 복음을 전하고, 한 천사는 세상을 미혹하는 이교도와 짐승을 따르면 고난을 받을 것이라고 계속 경고하고 있습니다.

"성도들의 인내가 여기 있나니 저희는 하나님의 계명과 예수 믿음을 지키는 자니라 또 내가 들으니 하늘에서 음성이 나서 가로되 기록하라 자금 이후로 주 안에서 죽는 자들은 복이 있도다 하시매 성령이 가라사대 그러하다 저희 수고를 그치고 쉬리니 이는 저희의 행한 일이 따름이라 하시더라"(계 14:12-13). 성도들은 인내하고 하나님의 계명과 예수 믿음을 지키면 주 안에서 순교를 당했다 하더라도 복이 있습니다. 요한계시록은 로마에게 핍박당하고 있는 사람들에게 위로하기 위해 기록되었습니다. 예수 믿으면 집안이 망하는구나 생각하는 사람들에게 망한 것이 아니라고 말하고 있는 것입니다. 성도들은 세상에 두 짐승이 많아도 인내를 가지고 믿음을 지켜야 할 줄 믿습니다. 주 안에서 죽는 자들은 복이 있다는 말씀은 모든 성도들에게 해당되는 말씀입니다. 이 땅에 있는 동안에 하나님을 위해서 조금이라도 수고한 것이 있으면 천국에서 다 상급으로 갚으십니다.

예수 그리스도의 재림으로 이루어지는 추수와 심판

요한이 세 번째로 본 것은 예수그리스도의 재림으로 이루어지는 추수와 심판입니다. "또 내가 보니 흰구름이 있고 구름 위에 사람의 아들과 같은 이가 앉았는데 그 머리에는 금 면류관이 있고 그 손에는 이한 낫을 가졌더라"(계 14:14). 심판주는 머리에 금 면류관을 쓰고 사람의 아들과 같고 흰 구름 위에 앉아계신 분 곧 예수 그리스도이십니다. 예수 그리스도가 심판하실 때는 이중적입니다. "또 내가 보니 흰구름이 있고 구름 위에 사람의 아들과 같은 이가 앉았는데 그 머리에는 금 면류관이 있고 그 손에는 이한 낫을 가졌더라 또 다른 천사가 성전으로부터 나와 구름 위에 앉은 이를 향하여 큰 음성으로 외쳐 가로되 네 낫을 휘둘러 거두라 거둘 때가 이르러 땅에 곡식이 다 익었음이로다 하니 구름 위에 앉으신 이가 낫을 땅에 휘두르매 곡식이 거두어지니라"(계 14:14-16). 알곡은 거두어 곳간에 두시고 가라지는 모아 불에 던지십니다. 그리스도는 더 이상 가시 면류관이 아닌 금 면류관을 쓰고 계십니다. 그리스도는 하나님이 택하신 알곡들을 거두어 곳간에 두십니다. "손에 키를 들고 자기의 타작 마당을 정하게 하사 알곡은 모아 곡간에 들이고 쭉정이는 꺼지지 않는 불에 태우시리라"(마 3:12).

요한계시록 14장 17절부터 20절 내용은 악인의 심판을 말합니다. "또 다른 천사가 하늘에 있는 성전에서 나오는데 또한 이한 낫을 가졌더라 또 불을 다스리는 다른 천사가 제단으로부터 나와 이한 낫 가진 자를 향하여 큰 음성으로 불러 가로되 네 이한 낫을 휘둘러 땅의 포도송이를 거두라 그 포도가 익었느니라 하더라 천사가 낫을 땅에 휘둘러 땅의 포도를 거두어 하나님의 진노의 큰 포도주 틀에 던지매 성 밖에서 그 틀이 밟히니 틀에서 피가 나서 말 굴레까지 닿았고 일천육백 스다디온에 퍼졌더라"(계 14:17-20).

성 밖은 깨끗하지 못한 사람들이 쫓겨나는 곳을 의미합니다. 불명

예의 장소, 쫓겨난 장소를 의미합니다. 영원히 버림받는 것입니다. 그들이 피를 일천육백 스다디온 즉 팔레스틴 땅만큼 흘려도 그들의 죄는 속죄될 수 없는 것입니다. 이것은 그들의 심판의 피지 구원의 피가 될 수 없다는 것입니다. 그러나 한 사람 예수 그리스도의 피는 자기 백성의 죄를 속죄하기에 충분한 것입니다. 14절부터 20절까지는 결국 그리스도가 재림하시면 최후 심판을 하시며 신자에게는 구원이 되시고 불신자들에게는 심판이 된다는 내용입니다. 예수님이 재림하시면 동시에 심판이 이루어집니다.

결론

이 요한계시록 14장은 강력한 경고를 주고 계십니다. "불신자들에게는 속히 회개하고 예수님께 돌아오라."입니다. 성도들에게는 이 세상에 살면서 어려움이 있고 고난이 있더라도 계속 순종하고 그리스도를 믿고 충성하라, 세상의 유혹에 굴복하지 말고 두 짐승에게 굴복하지 말고 하나님의 계명과 예수 믿음을 지키면 하나님의 영원한 상급이 기다리고 있다고 말하고 있습니다. 하나님은 다 아시므로 하나님께 계속 충성하시길 바랍니다. 세상 전쟁은 중립지대가 있습니다. 그러나 우리 성도와 바벨론 간에는, 믿음과 불신앙 사이에 중립지대가 결코 없습니다. *"성도들의 인내가 여기 있나니 저희는 하나님의 계명과 예수 믿음을 지키는 자녀라"* (계 14:12). 모든 성도들이 인내하고 하나님의 계명과 예수를 믿는 믿음을 지키시길 바랍니다.

24

일곱 대접
심판의 준비 요한계시록 15:1-8

"네 생물 중에 하나가 세세에 계신 하나님의 진노를 가득히 담은 금대접 일곱을 그 일곱 천사에게 주니 하나님의 영광과 능력을 인하여 성전에 연기가 차게 되매 일곱 천사의 일곱 재앙이 마치기까지는 성전에 능히 들어갈 자가 없더라"(계 15:7~8).

요한계시록에 대한 시사적인 해석은 바른 해석이 아닙니다. 교회 시대 전체에 걸쳐서 하나님의 섭리와 목적이 어떤 것인지 이해하려는 태도로 읽어야 합니다. 어느 특정시대에 일어난 일이 아닌 교회 시대 전체에 대한 관점으로 읽어야 합니다.

요한계시록의 내용

1장부터 3장까지는 일곱 교회에 관한 이야기입니다. 여기서 예수님은 교회에 거하시며 교회를 돌보신다고 말하고 있습니다. 4장부터 7장까지는 일곱 인에 관한 말씀입니다. 교회는 이 세상을 사는 동안 갖가지 환난을 당하지만 천국에 가서는 큰 위로를 받는다는 내용을 담고 있습니다.

8장부터 11장까지는 일곱 나팔의 재앙입니다. 일곱 천사가 일곱 나팔을 불 때에 재앙이 옵니다. 환경의 재앙, 바다의 재앙, 강의 재앙, 천체의 재앙, 황충(악령)의 재앙, 전쟁의 재앙, 예수님의 재림 후 심판입니다. 이 재앙들은 악한 세상에는 하나님이 재앙을 내리시고 교회를 핍박하는 사람들에게는 하나님의 복수가 있다는 내용입니다.

　　12장부터 14장까지는 교회가 환난을 당하는데 용과 두 짐승 때문에 일어난다는 내용입니다. 바다에서 나온 짐승은 거짓된 정치세력이며 땅에서 나온 짐승은 거짓된 종교입니다. 매 단락마다의 공통점은 예수 그리스도의 재림으로 끝난다는 것입니다. 예수님이 재림하셔서 악인을 심판하시고 성도를 위로 하시는 것입니다. 초림과 재림을 계속 반복하면서 의미가 점점 깊어지는 것입니다. 이런 해석을 점진적 병행법이라고 합니다.

　　15장부터 16장까지는 일곱 대접에 관한 내용입니다. 회개하지 않는 사람에게 진노의 심판을 내리십니다.

천국에서의 성도들의 예배

　　15장은 일곱 대접 심판을 준비하는 준비기간입니다. "*또 하늘에 크고 이상한 다른 이적을 보매 일곱 천사가 일곱 재앙을 가졌으니 곧 마지막 재앙이라 하나님의 진노가 이것으로 마치리로다*"(계 15:1). 마지막 재앙이란 더 이상의 재앙이 없고 예수 그리스도의 재림과 마지막 심판 밖에 없다는 말입니다. 성경에서 재앙이 많이 내리는 곳은 애굽입니다. 이 재앙은 하나님을 대적하는 애굽에는 심판이 되었지만 하나님의 백성들에게는 구원이 되었습니다. 요한계시록 15장은 두 가지로 내용이 구성되어있습니다. 2절부터 4절은 일곱 대접이 심판이 내리기전에 하나님의 백성들은 하나님의 영광을 노래하고 심판으로부터 안전한 곳에 있다는 내용입니다. 5절부터 8절은 일곱 대접의 심판을 준비하는 내용입니다.

"또 내가 보니 불이 섞인 유리 바다 같은 것이 있고 짐승과 그의 우상과 그의 이름의 수를 이기고 벗어난 자들이 유리바닷가에 서서 하나님의 거문고를 가지고 하나님의 종 모세의 노래, 어린 양의 노래를 불러 가로되 주 하나님 곧 전능하신 이시여 하시는 일이 크고 기이하시도다 만국의 왕이시여 주의 길이 의롭고 참되시도다 주여 누가 주의 이름을 두려워하지 아니하며 영화롭게 하지 아니하오리이까 오직 주만 거룩하시니이다 주의 의로우신 일이 나타났으매 만국이 와서 주께 경배하리이다 하더라"(계 15:2-4). 여기서는 천국에서 성도들이 하나님께 예배하는 장면이 나옵니다. 성도들이 유리바닷가 앞에서 모세의 노래를 거문고를 가지고 부릅니다. "보좌 앞에 수정과 같은 유리 바다가 있고 보좌 가운데와 보좌 주위에 네 생물이 있는데 앞뒤에 눈이 가득하더라"(계 4:6). 유리 바다는 하나님의 보좌 앞을 가리킵니다. 유리 바다가 있는 곳은 천국을 의미합니다. 천국에서 누릴 성도의 영광은 하나님 앞에서 영원히 사는 것입니다. 천국은 유리 바다라 하고, 세상은 요동하는 바다물결이라고 합니다. 고뇌와 고통을 가리키는 것입니다. 시편 18편, 32편, 46편, 69편은 이 세상이 요동하는 바다물결 같다고 하고 있습니다. "또 내가 보니 불이 섞인 유리 바다 같은 것이 있고 짐승과 그의 우상과 그의 이름의 수를 이기고 벗어난 자들이 유리바닷가에 서서 하나님의 거문고를 가지고"(계 15:2).

천국은 어찌하여 불이 섞인 유리 바다일까요?

"그 머리 위에 있는 궁창 위에 보좌의 형상이 있는데 그 모양이 남보석 같고 그 보좌의 형상 위에 한 형상이 있어 사람의 모양 같더라 내가 본즉 그 허리 이상의 모양은 단 쇠 같아서 그 속과 주위가 불 같고 그 허리 이하의 모양도 불 같아서 사면으로 광채가 나며 그 사면 광채의 모양은 비 오는날 구름에 있는 무지개 같으니 이는 여호와의 영광의 형상의 모양이라 내가 보고 곧 엎드리어 그 말씀하시는 자의 음성을 들으니라"(겔 1:26-28). 보좌에 앉으신 하나님이 불같은 하나님입니다. 그러므로 보좌 앞에 유리 바다에 하나님의 불이 반사되어 불같은 유리 바다로 보이는 것입니다. 이 유리 바다에서 모세의 노래를 부르는 성도들은 짐승과 그의 우상과 그의 이름의 수를 이기고 벗어난 자들입니다. 예수 그리스도에 대한 신앙을 타협하지 않고 거짓에 미혹되지 않고 참된 믿음을 지킨 사람들입니다. 천국에서 그들은 승리한 교회가 되었습니다. 이 승리한 교회는 상징적으로 14만 4천입니다. 구약 시대와 신약 시대의 모든 성도들이 다 가득 찬 숫자입니다. 이들이 유리 바닷가 앞에서 부르는 노래는 모세의 노래, 어린 양의 노래입니다. 모세의 노래는 출애굽기 15장과 신명기 32장에 2번 나옵니다.

요한계시록 15장에 나온 노래는 이 두 노래가 부분적으로 결합되어 나옵니다. 구약의 모세의 신앙이나 신약의 성도의 신앙이나 하나님의 구원을 찬송하는 신앙은 동일한 것입니다. 천국에서 사용한 악기는 거문고였습니다. "책을 취하시매 네 생물과 이십사 장로들이 어린 양 앞에 엎드려 각각 거문고와 향이 가득한 금 대접을 가졌으니 이 향은 성도의 기도들이라"(계 5:8). "내가 하늘에서 나는 소리를 들으니 많은 물소리도 같고 큰 뇌성도 같은데 내게 들리는 소리는 거문고 타는 자들의 그 거문고 타는 것 같더라"(계 14:2).

어린 양의 노래 내용은 분명합니다. 하나님은 전능하시며 그 행하시는 일이 크고 기이하며 만국의 왕이시며 그 길이 의롭고 참되시고 하나님은 두려워 할 대상이며 경배할 대상입니다. 성도는 지상에서나 천국에서나 하나님의 구원을 찬양하고 예배해야 합니다.

일곱 대접의 심판을 준비하다

5절부터 8절까지는 일곱 대접의 심판을 준비하는 내용입니다. "또 이 일 후에 내가 보니 하늘에 증거 장막의 성전이 열리며 일곱 재앙을 가진 일곱 천사가 성전으로부터 나와 맑고 빛난 세마포 옷을 입고 가슴에 금띠를 띠고 네 생물 중에 하나가 세세에 계신 하나님의 진노를 가득히 담은 금대접 일곱을 그 일곱 천사에게 주니 하나님의 영광과 능력을 인하여 성전에 연기가 차게 되매 일곱 천사의 일곱 재앙이 마치기까지는 성전에 능히 들어갈 자가 없더라"(계 15:5-8). 왜 증거 장막이 열립니까? 구약시대에는 광야에서 만든 증거 장막과 솔로몬이 지은 성전 이렇게 두 가지가 있습니다. 모세의 노래와 일곱 재앙 모두 출애굽 시대를 배경으로 하고 있으므로 증거 장막이 열린다고 표현하고 있습니다. 성막이 열린다는 것은 하나님이 심판 활동을 시작하신다는 의미입니다. 하나님이 일하실 때에는 천사들을 통해 하십니다. 일곱 천사의 모습은 밝고 빛난 세마포 옷과 가슴에는 금띠를 띠고 있습니다. 세마포 옷은 천사들이 지닌 영광이며 하는 일은 순수하다는 의미입니다. 하나님이 시키시는 일을 수행하므로 그들이 하는 일은 순수한 것입니다.

"일곱 재앙을 가진 일곱 천사가 성전으로부터 나와 맑고 빛난 세마포 옷을 입고 가슴에 금띠를 띠고"(계 15:6). 일곱 천사는 하나님 보좌를 둘러싸고 있는 네 생물 중 하나로부터 하나님의 진노가 가득히 담긴 대접 일곱을 받습니다. 일곱 재앙이 마치기 전에는 이 일곱 천사는 증거 장막에 들어갈 수 없습니다. "이같이 창화하는 자의 소리로 인하여 문지방의 터가 요동하며 집에 연기가 충만한지라"(사 6:4). 하나님의 능력이, 임재의 연기가 가득하므로 성전에 들어갈 수 없습니다. 회개치 않는 자들에게 일곱 대접의 심판을 다 부을 때까지 들어갈 수 없습니다. "하나님의 영광과 능력을 인하여 성전에 연기가 차비 되매 일곱 천사의 일곱 재앙이 마치기까지는 성전에 능히 들어갈 자가 없더라"(계 15:8).

"또 이 일 후에 내가 보니 하늘에 증거 장막의 성전이 열리며"(계 15:5). "이 일 후에"라는 표현은 20세기 세대주의자들은 3절에서 4절의 성도의 찬양과 5절부터 8절까지의 진노의 준비가 시간순으로 표현된 것이라고 합니다. 특히 2절부터 4절의 성도는 진노가 떨어지기 전에 휴거된 성도라고 하지만 이는 올바른 해석이 아닙니다. 이 두 장면은 완전히 다른 장면입니다. 요한이 시간차를 갖고 보았다는 것이지 이 장면들이 시간 순서대로 일어났다는 것은 아닙니다. 일곱 대접의 심판내용이나 일곱 나팔의 심판내용은 사실상 동일한 것입니다. 인류역사는 악인에 대한 심판과 성도에 대한 영광인 것입니다. 하나님을 예배하는 자는 영광으로 끝날 존재입니다. 성도에게는 어린 양의 노래가 있어야 합니다.

25

일곱 대접의 심판

요한계시록 16:1-21

"또 내가 들으니 성전에서 큰 음성이 나서 일곱 천사에게 말하되 너희는 가서 하나님의 진노의 일곱 대접을 땅에 쏟으라 하더라"(계 16:1).

요한계시록 16장에 일어난 사건의 제목은 15장 1절의 말씀입니다. 15장, 16장이 일곱 대접의 심판입니다. "또 하늘에 크고 이상한 다른 이적을 보매 일곱 천사가 일곱 재앙을 가졌으니 곧 마지막 재앙이라 하나님의 진노가 이것으로 마치리로다"(계 15:1). 재앙이라는 표현은 하나님이 애굽에 열 가지 재앙을 내렸을 때와 동일한 표현입니다. 재앙은 하나님의 백성을 대적하는 애굽에게는 심판이 되고 하나님의 백성에게는 구원이 된다는 두 가지 의미를 동시에 갖고 있습니다. 마지막 재앙이라는 말은 이 재앙이 끝나면 최후의 심판과 영원한 멸망밖에는 남은 것이 없다는 의미입니다. 하나님이 재앙을 내리시는 이유는 악에 대하여 심판한다는 의미와 사람들로 하여금 회개케 하려는 목적도 있습니다. 마지막 재앙이라는 의미는 더 이상 회개의 기회도 없을 것이라는 의미도 있는 것입니다. 그럼에도 불구하고 요한계시록 16장의 내용은 악한 자들이 회개하기를 거부합니다. 현대인들은 하나님이 진노하신다는 것을 싫어합니다. 왜냐하면 하나님은 사랑이시라는 개념만 많이 들었기 때문입니다. 그런데 요한계시록 15, 16장을 보면 하나님이 진노하시고 재앙을 내리신다는 개념을 피할 수 없습니다.

하나님의 진노의 부으심

요한계시록 16장은 네 부분으로 나눌 수 있습니다. 먼저 하나님의 진노의 부으심이 있습니다. 일곱 천사가 일곱 대접의 진노를 땅에 다 쏟아야 성전에 들어갈 수 있습니다. 일곱이라는 단어는 요한계시록에서 중요한 단어입니다. 이것은 하나님의 진노의 심판이 완전하다는 의미입니다. 일곱 대접의 심판을 받는 대상자는 짐승의 표를 받은 자입니다. 요한계시록에 보면 하나님의 원수가 다섯이 있습니다. 첫째는 용입니다. 용은 사단입니다. 두 번째는 하나님을 대적하는 정치적인 세력, 바로 바다에서 나온 짐승입니다. 세 번째는 하나님을 대적하는 종교적인 세력, 바로 땅에서 나온 짐승입니다. 네 번째는 짐승의 표를 받은 사람들 즉 짐승에게 굴복한 사람들입니다. "또 다른 천사 곧 셋째가 그 뒤를 따라 큰 음성으로 가로되 만일 누구든지 짐승과 그의 우상에게 경배하고 이마에나 손에 표를 받으면"(계 14:9). "첫째가 가서 그 대접을 땅에 쏟으매 악하고 독한 헌데가 짐승의 표를 받은 사람들과 그 우상에게 경배하는 자들에게 나더라"(계 16:2). 불신 세상의 정치세력과 거짓된 종교 세력에 미혹되고 굴복한 사람들입니다. 다섯 번째는 음행으로 모든 나라의 포도주를 먹이던 바벨론 즉 세속 문화입니다. 일곱 대접의 심판은 짐승의 표를 받은 사람들에게 내려집니다. 인류의 역사의 시기에 계속해서 내리게 되며 예수님의 재림이 가까워지면 더 강화됩니다. 적그리스도의 활동도 교회시대에 계속되다가 재림이 가까워지면 강화됩니다.

"첫째가 가서 그 대접을 땅에 쏟으매 악하고 독한 헌데가 짐승의 표를 받은 사람들과 그 우상에게 경배하는 자들에게 나더라"(계 16:2). 하나님이 때로는 불신자들에게 질병을 내리십니다. "둘째가 그 대접을 바다에 쏟으매 바다가 곧 죽은 자의 피같이 되니 바다 가운데 모든 생물이 죽더라"(계 16:3). 바다 공해도 일어납니다. "셋째가 그 대접을 강과 물 근원에 쏟으매 피가 되더라"(계 16:4). 물의 근원이 오염됩니다. "넷째가 그 대접을 해에 쏟으매 해가 권세를 받아 불로 사람들을 태우니"(계 16:8). 해가 사람을 불태웁니다. "또 다섯째가 그 대접을 짐승의 보좌에 쏟으니 그 나라가 곧 어두워지며 사람들이 아파서 자기 혀를 깨물고"(계 16:10). 어두워지고 사람들이 아프게 됩니다. "일곱째가 그 대접을 공기 가운데 쏟으매 큰 음성이 성전에서 보좌로부터 나서 가로되 되었다 하니 번개와 음성들과 뇌성이 있고 또 큰 지진이 있어 어찌 큰지 사람이 땅에 있어 옴으로 이같이 큰 지진이 없었더라 큰 성이 세 갈래로 갈라지고 만국의 성들도 무너지니 큰 성 바벨론이 하나님 앞에 기억하신바 되어 그의 맹렬한 진노의 포도주 잔을 받으매 각 섬도 없어지고 산악도 간데 없더라"(계 16:17-20). 지진이 일어납니다. 이 재앙의 대상자는 불신자들입니다. 역사속에 이런 재앙들이 많이 있었습니다. 자연 재앙이 자연의 무질서로 인하여 일어나는 것이라고 생각하지만 요한계시록 16장을 보게 되면 불신앙을 향한 하나님의 진노의 심판일 가능성도 높다는 것을 알 수 있습니다.

결국 이런 심판들을 일으키시는 목적은 맛보기 이며 진짜 최후의 심판에 대한 강력한 경고입니다. 교회역사를 보게 되면 유명한 성서 번역가인 존 위클리프라는 사람이 있습니다. 이 분이 어떻게 예수님을 믿게 되었느냐면 1348-1350년 2년 동안 유럽에 흑사병이 일어나서 유럽 인구의 60%가 죽었습니다. 이 재앙을 보고 회개하여 성경을 번역하는 위대한 사람이 되었던 것입니다. 이 재앙이 일어나고 나서 유럽에서 마르틴 루터의 종교개혁이 일어났던 것입니다.

인류 최후의 전쟁에 대한 경고

역사에 여러 재앙들이 있지만 요한계시록 16장은 큰 전쟁을 경고하고 있습니다. "또 여섯째가 그 대접을 큰 강 유브라데에 쏟으매 강물이 말라서 동방에서 오는 왕들의 길이 예비되더라 또 내가 보매 개구리 같은 세 더러운 영이 용의 입과 짐승의 입과 거짓 선지자의 입에서 나오니 저희는 귀신의 영이라 이적을 행하여 온 천하 임금들에게 가서 하나님 곧 전능하신 이의 큰 날에 전쟁을 위하여 그들을 모으더라 보라 내가 도적같이 오리니 누구든지 깨어 자기 옷을 지켜 벌거벗고 다니지 아니하며 자기의 부끄러움을 보이지 아니하는 자가 복이 있도다 세 영이 히브리 음으로 아마겟돈이라 하는 곳으로 왕들을 모으더라"(계 16:12-16). 최후의 전쟁은 용과 짐승과 거짓 선지자의 입에서 세 더러운 영이 나와서 기적을 일으켜 일어나는 것입니다.

하나님의 기적은 사람의 영혼을 변화시키고 그리스도께 가깝게 하지만 더러운 귀신의 영의 기적은 온 천하 임금으로 하여금 전쟁을 하게 합니다. 전쟁은 사단의 역사입니다. 아마겟돈은 나사렛에서 서남쪽으로 25km 떨어진 므깃도 언덕을 의미합니다. 세계 3차 대전은 결국 중동 지방에서 일어날 것입니다. 아마겟돈 전쟁은 사사기 4장, 5장에 보면 므깃도 언덕은 하나의 그림자로 나옵니다. 하나님을 대적하는 세력은 아무리 크고 강하고 하나님의 백성은 아무리 약할지라도 하나님이 개입하셔서 당신의 백성들에게 큰 승리를 주신다는 그림자로서의 아마겟돈의 전쟁이 사사기 4, 5장입니다. 인류역사의 마지막 때에 또 다른 아마겟돈 전쟁이 있을 것입니다. 이 아마겟돈 전쟁은 기독교를 반대하는 정치세력들, 문화세력들이 다 뭉쳐 물리적인 전쟁과 영적인 미혹이 함께 역사하는 인류의 큰 전쟁이 될 것입니다. 다니엘 11장에서 남방왕과 북방왕이 전쟁할 것이고 동방에서도 올 것이라고 합니다. 동방에서 오면 이란, 더 동방으로 가면 중국이 있습니다. 중국까지 개입하면 대단히 큰 전쟁이 될 것입니다. 아마겟돈 전쟁에는 단순히 기계적인 화력에 의한 전쟁만 있는 것이 아니라 영적인 미혹이 함께 할 것입니다. 이 전쟁은 주님이 도적같이 오면 끝나게 됩니다. "보라 내가 도적같이 오리니 누구든지 깨어 자기 옷을 지켜 벌거벗고 다니지 아니하며 자기의 부끄러움을 보이지 아니하는 자가 복이 있도다"(계 16:15). 주님이 재림하시면 전쟁은 끝나게 되고 성도는 영원한 세계로 들어가게 됩니다.

회개하지 않는 악인들

불신자들은 재앙이 일어나면 회개를 해야 하는데 그렇게 생각을 안 합니다. 요한계시록 16장에 보면 불신자들은 재앙이 일어나도 하나님을 계속 훼방합니다. "사람들이 크게 태움에 태워진지라 이 재앙들을 행하는 권세를 가지신 하나님의 이름을 훼방하며 또 회개하여 영광을 주께 돌리지 아니하더라"(계 16:9). "아픈 것과 종기로 인하여 하늘의 하나님을 훼방하고 저희 행위를 회개치 아니하더라"(계 16:11). "또 중수가 한 달란트나 되는 큰 우박이 하늘로부터 사람들에게 내리매 사람들이 그 박재로 인하여 하나님을 훼방하니 그 재앙이 심히 큼이러라"(계 16:21). 사람이 회개하고 예수를 믿게 되는 것은 재앙에 놀라서 하는 것이 아니라 하나님의 주권적인 은혜 밖에는 없다는 것을 알 수 있습니다. 믿음이라는 것은 하나님의 놀라운 은혜입니다. 하나님이 우리의 돌과 같은 마음을 제하시고 부드러운 마음을 주셔야 믿게 되는 것입니다.

믿음으로 깨어있는 축복된 사람

이런 재앙 속에서 축복된 사람이 있습니다. "보라 내가 도적 같이 오리니 누구든지 깨어 자기 옷을 지켜 벌거벗고 다니지 아니하며 자기의 부끄러움을 보이지 아니하는 자가 복이 있도다"(계 16:15). 영혼이 깨어있는 사람입니다. 우리는 깨어있어서 바른 판단력으로 세상을 보고 바른 믿음으로 살아가야 합니다. 그리스도의 의의 옷을 입고 다니고 벌거벗지 말아야 합니다. 그리고 의의 옷에 합당하게 살아야 합니다. "**일곱째가 그 대접을 공기 가운데 쏟으매 큰 음성이 성전에서 보좌로부터 나서 가로되 되었다 하니**"(계 16:17).

결론

"다 되었다"라는 말씀은 그리스도가 십자가에서도 하신 말씀입니다. 하나님은 우리의 구원의 역사도 다 이루시고 악인에 대한 심판의 역사도 다 이루시는 하나님입니다. 요한계시록 16장의 교훈은 살아계신 하나님 앞에 죄를 회개하고 죗값을 갚아 다 이루신 예수님을 구주로 믿고 신앙에 깨어서 하나님을 섬기며 살아가라는 것입니다. 우리 모든 성도들은 옷을 지켜 벌거벗고 다니지 말며 부끄러운 모습을 보이지 않는 성도 되시길 바랍니다.

Ⅳ 최후 승리와 영광

26 바벨론과 짐승(계 17:1~18)
27 내 백성아 거기서 나오라(계 18:4~7)
28 어린 양의 혼인잔치(계 19:1~6)
29 천년의 문제(계 20:1~15)
30 새 예루살렘 성(계 21:1~8)
31 생명나무(계 22:1~5)
32 마지막으로 계시된 그리스도(계 22:6~16)
33 초청과 경고와 열망(계 22:17~21)

26

바벨론과 짐승

요한계시록 17:1-18

"또 일곱 대접을 가진 일곱 천사 중 하나가 와서 내게 말하여 가로되 이리 오라 많은 물위에 앉은 큰 음녀의 받을 심판을 네게 보이리라"(계 17:1).

17장은 바벨론과 바다에서 나온 짐승이 어떤 성격의 존재인지 말하고 있습니다. 18장은 이들에 대한 심판의 기록입니다. 바벨론과 바다에서 나온 짐승은 그리스도를 대적하는 일에 있어서는 긴밀하게 협력합니다.

물 위에 앉은 큰 음녀 바벨론(1-6절)

17장 1절부터 6절까지는 물 위에 앉은 큰 음녀, 바벨론에 대한 말씀입니다. "또 일곱 대접을 가진 일곱 천사 중 하나가 와서 내게 말하여 가로되 이리 오라 많은 물위에 앉은 큰 음녀의 받을 심판을 네게 보이리라"(계 17:1). "곧 성령으로 나를 데리고 광야로 가니라 내가 보니 여자가 붉은 빛 짐승을 탔는데 그 짐승의 몸에 참람된 이름들이 가득하고 일곱 머리와 열 뿔이 있으며"(계 17:3). 음녀는 짐승을 타고 다닙니다. 그 짐승은 일곱 머리와 열 뿔이 있습니다. "내가 보니 바다에서 한 짐승이 나오는데 뿔이 열이요 머리가 일곱이라 그 뿔에는 열 면류관이 있고 그 머리들에는 참람된 이름들이 있더라"(계 13:1). 이 짐승은 바다에서 나온 짐승입니다. 큰 음녀 바벨론이 바다에서 나온 짐승을 타고 있는 것입니다. "그 이마에 이름이 기록되었으니 비밀이라 큰 바벨론이라 땅의 음녀들과 가증한 것들의 어미라 하였더라"(계 17:5). 음녀의 이름은 바벨론입니다. "천사가 가로되 왜 기이히 여기느냐 내가 여자와 그의 탄 바 일곱 머리와 열 뿔 가진 짐승의 비밀을 네게 이르리라"(계 17:7). 음녀는 비밀이지만 천사의 설명을 통해 알 수 있게 되었습니다. 성경적인 비밀은 알 수 없는 수수께끼가 아닙니다. 원래는 숨겨진 것이었으나 하나님의 계시로 알게 된 것을 성경에서는 비밀이라고 합니다. 음녀는 물위의 앉은 큰 음녀라고 하였습니다. "또 천사가 내게 말하되 네가 본바 음녀의 앉은 물은 백성과 무리와 열국과 방언들이니라"(계 17:15). 음녀가 앉은 물은 백성과 무리와 열국과 방언들입니다. "땅의 임금들도 그로 더불어 음행하였고 땅에 거하는 자들도 그 음행의 포도주에 취하였다 하고"(계 17:2). 큰 음녀는 온 세계의 임금과 백성들을 유혹합니다. 한 나라에만 영향을 미치는 세력이 아니라 온 세계에 영향을 미치는 역사인 것입니다. "곧 성령으로 나를 데리고 광야로 가니라 내가 보니 여자가 붉은 빛 짐승을 탔는데 그 짐승의 몸에 참람된 이름들이 가득하고 일곱 머리와 열 뿔이 있으며 그 여자는 자주 빛과 붉은 빛 옷을 입고 금과 보석과 진주로 꾸미고 손에 금잔을 가졌는데 가증한 물건과 그의 음행의 더러운 것들이 가득

하더라"(계 17:3-4). 이 말씀에서는 음녀가 얼마나 화려한지 알 수 있습니다. "그 이마에 이름이 기록되었으니 비밀이라, 큰 바벨론이라, 땅의 음녀들과 가증한 것들의 어미라 하였더라"(계 17:5).

바벨론은 세속적인 교만, 문화입니다. 성경에는 하나님의 교회를 상징하는 도시가 있습니다. 바로 예루살렘 즉 시온입니다. 교회와 반대되는 이방문화의 상징이 되는 도시가 바로 바벨론입니다. 성경은 예루살렘과 바벨론의 이야기입니다. "함의 아들은 구스와 미스라임과 붓과 가나안이요 구스의 아들은 스바와 하윌라와 삽다와 라아마와 삽드가요 라아마의 아들은 스바와 드단이며 구스가 또 니므롯을 낳았으니 그는 세상에 처음 영걸이라 그가 여호와 앞에서 특이한 사냥군이 되었으므로 속담에 이르기를 아무는 여호와 앞에 니므롯 같은 특이한 사냥군이로다 하더라 그의 나라는 시날 땅의 바벨과 에렉과 악갓과 갈레에서 시작되었으며"(창 10:6-10). 함이 니므롯을 낳았고 니므롯이 세미라메스와 결혼하였는데 니므롯이 셈족에게 죽임을 당하자 세미라메스가 유복자를 낳아 담무스라고 이름을 짓습니다. 세미라메스는 담무스를 가리켜 니므롯이 환생했다고 거짓말을 하며 동방의 신이라고 속입니다. 그러면서 본인은 태양신의 어머니가 되었습니다. 어머니가 아기를 안고 있는 그림이 바벨론 종교의 독특한 특징이며 로마 가톨릭에는 이런 그림이 많이 있습니다. 에스겔서에 보면 유다백성들이 성전 안에서 담무스를 위해 애곡하더라, 유다 장로들이 동방태양에 경배하더라는 내용이 나오는데 이것이 바로 하나님과 대적되는 것입니다. 바벨론은 세미라메스와 담무스를 경배하는 중심이 되었고 가짜 기독교인 것입니다. 기독교를 대적하는 상징입니다. 바벨론은 로마제국이나 로마 가톨릭이 아니라 범위가 훨씬 크며 단순한 종교 세력도 아닙니다. 모든 세대, 모든 나라, 모든 백성들에게 영향을 미치는 쾌락 중심, 인간 중심적인 이교도적인 세상문화입니다. 세상문화는 사람들에게 즐거움을 주기도 하지만 성도의 성장을 방해하는 원수가 될 수 있습니다.

오늘날 문화를 보면 방탕, 소비, 쾌락, 연애, 음란 등의 문화입니다. 탐욕과 불신앙이 혼합된 문화입니다. 바벨론은 화려하고 유혹적입니다. 하나님을 대적하는 세속문화는 바다에서 나온 짐승 즉 정치세력을 타고 있습니다. 언제나 정치세력과 연관되어 활동합니다. 바벨론 세속문화는 하나님의 백성들을 핍박합니다. 정치세력과 연합하여 핍박합니다. 어떤 지역에서는 물리적 핍박도 서슴치 않습니다. 어떤 지역에서는 좀 더 교묘하게 침투합니다. 마치 포도주를 먹여 취하게 만들어서 성도들로 하여금 하나님을 바로 보지 못하게 합니다. 쾌락 숭배사상, 물질 숭배사상들로 말할 수 있습니다. 바벨론이라는 세속 문화가 어떻게 기독교와 하나님을 대적하는데 강한 무기가 될 수 있는지 요한계시록 17장을 통해 알 수 있습니다. 우리 스스로 바벨론에 은근히 침투당하고 있지 않은지 확인하시기 바랍니다.

음녀가 앉은 붉은 빛 짐승(7-18절)

요한계시록에서는 우리 성도들에게 다섯 가지 원수가 있다고 말하고 있습니다. 첫째 원수는 용입니다. 용은 원수의 두목입니다. 용은 사단을 상징하는 것입니다. 사단인 용은 그 밑에 졸개들을 거느리고 있습니니다. 그 졸개는 바로 사단이 하늘에서 쫓겨날 때 유혹해서 같이 끌고 내려온 하늘의 천사들의 삼분지 일입니다. 하늘의 천사 삼분지 일이 바로 악령들, 귀신들인 것입니다. 어떤 분은 귀신은 사람 몸속에 들어와서 병이 나 주는 것으로 생각하는데 그런 것은 귀신 중에도 졸개가 하는 것입니다. 이 귀신들은 사람의 사상, 정치, 문화에 다양하게 역사합니다. 용은 그 밑의 졸개들을 이끌고 사람들의 문화와 정치와 사회와 학문에 갖가지로 역사를 하고 있는 것입니다. 이것이 최고 큰 원수인 용입니다.

두 번째는 바다에서 나온 짐승입니다. 이것은 그리스도인과 교회를 핍박하고 있는 정치세력을 말하는 것입니다. 공산주의 정치세력, 이슬람 정치세력은 교회를 엄청나게 핍박하고 선교사들을 죽이고 피 흘리게 합니다.

세 번째로는 바다에서 나온 짐승과 협력을 하는 짐승이 또 하나 있는데 그것은 땅에서 나온 짐승입니다. 이것은 교회를 핍박하는 정치세력과 연합하는 종교 세력을 말하는 것입니다. 이단자들은 대선이나 총선이 있으면 정치세력에 붙어서 표를 주겠다고 해서 정치가들로부터 도움을 받습니다. 이런 것들이 바로 바다에서 나온 짐승과 연합하는 땅에서 나온 짐승입니다. 이 종교 세력은 이단과 이방종교와 갖가지 사술 같은 것입니다. 이것이 종교 세력으로서의 우리의 원수입니다.

네 번째로는 음행으로써 모든 나라에게 진노의 포도주를 먹이는 음녀입니다. 이 음녀의 이름은 바벨론입니다. 이 음녀 바벨론은 성도들을 부패시키는 문화세력 혹은 경제세력을 의미합니다. 이 음녀는 물위에 앉았다고 했는데 물은 열국의 방언입니다. 기독교를 방해하고 대적하는 문화세력이 열국을 지배하고 있다는 것입니다. 이것이 바로 음행으로 진노의 포도주를 먹이는 바벨론, 음녀인 것입니다.

다섯 번째 원수는 짐승의 표를 오른손이나 이마에 받은 사람들 즉, 끝까지 예수를 믿지 않는 불신자들입니다.

요한 계시록 15장과 16장은 짐승의 표를 받은 사람들에 대한 개인적인 심판을 말하는 것이고 17장부터 19장은 바다짐승과 땅의 짐승과 바벨론에 대한 심판을 말하는 것이며 요한계시록 20장은 우리의 원수의 우두머리인 용에 대한 심판을 말하는 것입니다. 요한계시록은 결국 하나님은 교회를 대적하는 원수들인 정치세력, 문화세력, 종교세력을 심판하시고 이들은 멸망한다는 것입니다. 또 그리스도를 대적하는 개인도 멸망하지만 그리스도를 따르는 주의 백성들은 반드시 승리한다는 것을 가르칩니다.

요한계시록 17장을 보면 두 원수가 합쳤습니다. 음녀 바벨론이 붉은빛 짐승을 타고 있습니다. 일곱 머리와 열 뿔을 가진 붉은 색깔을 한 짐승을 음녀 바벨론이 타고 있다는 것입니다. 원수 다섯 중에 오분의 이가 합쳐져 있는 것입니다.

그러면 여기 일곱 머리와 열 뿔을 가진 붉은빛 짐승은 무엇입니까? "내가 보니 바다에서 한 짐승이 나오는데 뿔이 열이요 머리가 일곱이라 그 뿔에는 열 면류관이 있고 그 머리들에는 참람된 이름들이 있더라"(계 13:1). 머리가 일곱이고 뿔이 열인데 머리에 참람한 이름들이 기록된 이 짐승은 바다에서 나온 짐승입니다. 이 음녀가 타고 있는 짐승은 바다짐승인 것입니다. 하나님을 대적하는 세속문화, 세속경제의 세력들은 하나님을 대적하는 정치세력과 같이 연합해서 사단의 도구가 되어 하나님의 교회를 대적하고 핍박하다는 것을 말하는 것입니다.

그러면 이 짐승의 일곱 머리와 열 뿔은 무엇을 가리키는 것입니까? "지혜 있는 뜻이 여기 있으니 그 일곱 머리는 여자가 앉은 일곱 산이요 또 일곱 왕이라"(계 17:9-10상). 바다에서 나온 짐승의 일곱 머리는 일곱 왕을 말하는 것입니다. 그리고 열 뿔은 무엇입니까? "네가 보던 열 뿔은 열 왕이니"(계 17:12상). 일곱 머리와 열 뿔은 결국은 왕이라는 것입니다. 그 왕이라는 것은 정치세력을 말하는 것입니다. 지금 이 음녀가 타고 있는 짐승은 하나님을 대적하는 정치세력인 것입니다.

그러나 이 하나님을 대적하는 정치세력이 하나님 흉내를 냅니다. "네가 본 짐승은 전에 있었다가 시방 없으나 장차 무저갱으로부터 올라와 멸망으로 들어갈 자니 땅에 거하는 자들로서 창세 이후로 생명책에 녹명되지 못한 자들이 이전에 있었다가 시방 없으나 장차 나올 짐승을 보고 기이히 여기리라"(계 17:8). 이 짐승은 전에 있다가 시방은 없으나 장차 나와서 멸망으로 들어갑니다. 요한계시록 1장 8절을 보면 "주 하나님이 가라사대 나는 알파와 오메가라 이제도 있고 전에도 있었고 장차 올 자요 전능한 자라 하시더라"(계 1:8)라고 하나님을 묘사하고 있습니다. 이 짐승이 전에는 있었는데 시방은 없고 장차는 온다는 것은 하나님을 흉내 내는 것입니다. 하나님을 대적하는 정치세력은 자기들이 하나님인 척 한다는 것입니다. 그러나 하나님은 영원한 존재요 우리에게 구원을 주시는 분이시지만 이 짐승은 영원하지 못한 존재입니다. 그 기원이 무저갱이요 그 결국은 멸망인 존재입니다.

8절 후반에 그 짐승을 보고 놀랍게 여긴다고 한 것은 기독교를 대적하는 정치 세력을 보고 정치가 굉장한 것이라며 기이히 여기고 놀란다는 것입니다. 세상 사람들은 기독교를 대적하는 악한 정부를 기이히 여기고 정부가 무엇을 해 줄까 하고 그 능력을 의지하는 것입니다. 그런 사상을 자유주의 사상이라고 합니다. 정부는 개인을 위해서 존재하고 정부는 개인을 행복하게 해주어야 한다는 것이 정치적인 자유주의입니다. 이 자유주의 사상은 조만간 사회주의로 갑니다. 사회주의는 조만간 공산주의로 갑니다. 사회주의, 공산주의는 국가가 모든 면에서 인간의 필요를 해결해준다는 사상입니다. 그러므로 국가를 바라보고 국가가 다 해준다, 국가가 우리의 메시아라고 하는 것이 사회주의, 공산주의입니다. 이런 사상들은 대체로 기독교가 쇠퇴할 때에 일어나는 사상입니다. 기독교가 쇠퇴하면 비례적으로 사회주의, 공산주의와 같은 국가를 의존하는 사상들이 올라가는 것입니다. 우리나라도 좌파 사상이 올라간다는 것은 그만큼 기독교가 약화되고 있다는 의미인 것입니다. 기독교의 세력이 부흥되고 강화되면 좌파의 세력이 약화되는 것입니다. 공산주의라는 것이 얼마나 매력적인 사상입니까? 사람이 능력 따라 일하고 그것을 국가가 거두어서 필요에 따라 나누어주고 능력 없는 사람도 다 같이 평등하게 산다는 것이 얼마나 매력적인 사상입니까? 공산주의와 사회주의 사상은 인류사회가 존재하는 한 없어지지 않습니다. 그러나 이런 철학들은 결국은 멸망당할 철학에 불과하고 사단의 도구에 불과하다는 것입니다. 공산주의 사상이 들어간 나라에 교회가 부흥되는 거 보셨습니까? 공산주의가 커지면 교회는 또 다시 핍박당하게 되는 것입니다.

성도들은 이런 세상의 현상에 대해서 불평할 필요가 없습니다. "우리에게 세상은 어차피 그런 것이다"라고 생각하라고 가르치고 있는 것입니다. 우리가 선교해야 될 세상은 이처럼 음녀 바벨론이 붉은빛 짐승을 타고 있는 곳입니다. "우리는 세속 문화와 세속정치가 연합해서 하나님의 교회를 대적하고 있는 것이 바로 우리가 살고 있는 세상이다"라는 것을 알 필요가 있습니다.

"지혜 있는 뜻이 여기 있으니 그 일곱 머리는 여자가 앉은 일곱 산이요 또 일곱 왕이라 다섯은 망하였고 하나는 있고 다른 이는 아직 이르지 아니하였으나 이르면 반드시 잠깐동안 계속하리라 전에 있었다가 시방 없어진 짐승은 여덟째 왕이니 일곱 중에 속한 자라 저가 멸망으로 들어가리라"(계 17:9-11). 많은 주석이 일곱 왕은 로마제국의 일곱 황제라고 해석을 합니다. 로마가 일곱 산으로 둘러싸여 있다고 합니다. 일곱 산으로 둘러 싸여 있으면 다 짐승입니까? 로마제국을 일곱 머리 가운데 하나로 볼 수는 있어도 일곱 머리 전체를 로마로 보는 것은 무리가 있습니다. 왜냐하면 로마 황제는 일곱 명이 아니고 훨씬 많습니다. 망한 다섯 왕은 고대 바벨론, 앗수르, 신바벨론, 페르시아, 헬라 이 다섯 나라를 말하는 것입니다. 그리고 현재 있는 하나는 로마 제국입니다. 그리고 아직 이르지 아니한 한 제국은 잠깐 동안 계속 될 것이라고 했는데 요한계시록에는 이 잠깐이라고 하는 용어는 삼년 반 혹은 마흔두 달 혹은 일천이백육십일로 표현되고 있습니다. 이 잠깐이라고 하는 기간은 교회시대 전체를 가리키는 말인 것입니다. 일곱 번째 왕은 교회시대에 주 예수의 재림 이전에 임할 반기독교적인 정치세력을 집합적으로 가리키는 것입니다.

"네가 보던 열 뿔은 열 왕이니 아직 나라를 얻지 못하였으나 다만 짐승으로 더불어 임금처럼 권세를 일시 동안 받으리라"(계17:12). 이 일시 동안 혹은 잠깐 동안 이라는 것이 삼년 반입니다. 요한계시록이 계속해서 말하는 삼년 반이라고 하는 것은 정해진 시간, 한계가 있는 시간 즉, 교회시대를 의미하고 있는 것입니다. 이 짐승이 가지고 있는 일곱 머리는 다섯 제국은 이미 지나간 것이고 하나는 현재 있는 로마제국이고 나머지 하나는 앞으로 올 제국입니다. 그런데 앞으로 올 일곱 번째 머리는 열 뿔을 안고 있다는 것입니다. 일곱 번째 머리가 열 뿔을 포함하고 있는 것입니다. 이 열 왕이라고 하는 것은 교회시대에 계속되는 그리스도를 대적하는 다양한 정치세력들을 말하는 것입니다. 교회시대에 이슬람세력도 일어나고 공산주의세력도 일어나고 힌두교 세력도 일어나고 별별 세력들이 다 일어나지 않습니까? 이것이 바로 열 왕인 것입니다.

"전에 있었다가 시방 없어진 짐승은 여덟째 왕이니 일곱 중에 속한 자라 저가 멸망으로 들어가리라"(계 17:11). 여덟째 왕인데 일곱 중에 속한자라 라는 것은 짐승 자체를 의미하는 것인데 교회 시대에 마지막에 일어날 큰 정치세력인 적그리스도의 세력을 가리키는 것입니다. 결국은 이 짐승은 멸망으로 들어간다고 했으므로 그리스도를 대적하는 세속 정치세력인 일곱 머리와 열 뿔은 모두 다 멸망으로 들어갈 것을 말합니다. 요한계시록 17장의 목적은 그리스도가 재림하기 전에 몇 개의 왕국이 일어나고 멸망할 것이냐는 것을 말하고자 하는 것이 아니라 그리스도를 대적하는 정치세력은 다양한 모양과 다양한 이름으로 인류 역사에 계속 되고 이들은 그리스도를 대적하는 세속 문화와 결합해서 성도를 핍박하고 미혹을 하지만 그래도 놀라지 말라는 것입니다. 그것이 하나님의 섭리에 속한 일이고 하나님이 예정하신 역사의 흐름이라는 것입니다.

그러나 그리스도를 대적하는 세속 정치는 열 뿔이 되었든 일곱 머리가 되었든 공통점이 있습니다. "저희가 한 뜻을 가지고 자기의 능력과 권세를 짐승에게 주더라. 저희가 어린 양으로 더불어 싸우려니와 어린 양은 만주의 주시요 만왕의 왕이시므로 저희를 이기실 터이요 또 그와 함께 있는 자들 곧 부르심을 입고 빼내심을 얻고 진실한 자들은 이기리로다"(계 17:13-14). 이들은 연합해서 그리스도를 대적한다는 것입니다. 공통의 목표와 공통의 특징을 가지고 있는 것입니다. 세속정치는 그리스도를 대적하게 되어있습니다. 그러나 아무리 대적을 해도 역사의 종착역은 뻔합니다. 음녀는 짐승을 타고 온 세상 모든 나라 사람들에게 영향을 미치지만 결국은 어린 양이 이기신다는 것입니다. 왕들이 아무리 연합해서 대적을 해도 만왕의 왕, 만주의 주한테는 이기지 못합니다. 그리고 어린 양이 승리하는데 어린 양과 함께 있는 자들도 이긴다고 했습니다. 아무리 음녀와 짐승이 함께 연합을 해서 어린 양을 대적하고 그 배후에는 용이 있다고 할지라도 어린 양 예수를 이길 수는 없습니다. 어린 양의 최후 승리와 성도들의 최후 승리가 보장되어 있는 것입니다. 이것이 성도들의 확신입니다. 우리는 어린 양에게 속한 사람들이기 때문에 음녀가 미혹하는데 넘어가지 말아야 됩니다. 그리고 이 짐승들의 간계에 넘어가지 말아야 됩니다.

여기서 성도들은 세 가지로 묘사되고 있습니다. 성도들은 하나님의 부르심을 입은자, 하나님의 빼내심을 얻은 자, 진실한 자들 이라고 말합니다. 우리는 하나님의 부르심을 받았습니다. 우리는 하나님의 빼내심을 받았습니다. 택함을 받았다는 것입니다.

"네가 본 바 이 열 뿔과 짐승이 음녀를 미워하여 망하게 하고 벌거벗게 하고 그 살을 먹고 불로 아주 사르리라 하나님이 자기 뜻대로 할 마음을 저희에게 주사 한 뜻을 이루게 하시고 저희 나라를 그 짐승에게 주게 하시되 하나님 말씀이 응하기까지 하심이니라 또 내가 본 바 여자는 땅의 임금들을 다스리는 큰 성이라 하더라"(계 17:16-18). 음녀가 짐승을 타고 있는데 짐승이 음녀를 미워합니다. 둘이 협력을 하다가도 미워합니다. 이것은 사단의 세계 내부에서도 끊임없는 갈등과 다툼이 있다는 것입니다. 반기독교적인 정부도 세속 문화를 때로는 정죄하고 말살하려고 합니다. 공산주의 국가들도 반기독교적인 문화를 누르고 핍박할 수도 있습니다. 예를 들면 좌파 정부도 법을 만들어서 성매매를 금지 시킵니다. 성매매 하는 것은 어떻게 보면 음녀의 활동인데 기독교를 배척하는 정치세력이 음녀를 핍박한다는 것입니다. 그러나 이 말씀은 이 짐승이 음녀를 핍박을 해도 여전히 짐승은 음녀를 떠나지 못한다는 것입니다. 음녀와 이 짐승은 결국은 한통속인 것입니다. 어떤 부부가 있는데 서로 맨날 죽기까지 싸웁니다. 그러면서도 옆집하고 싸울 때는 완전 한편이 돼서 같이 싸웁니다. 이 사단의 세력도 서로 둘이 있을 때는 싸웁니다. 그러다가 그리스도와 다툴 때에는 합칩니다. 헤롯왕과 빌라도는 평소에는 원수였으나 예수님을 십자가에 못 박을 때는 합쳤습니다. 우리 성도들은 세속 문화와 세속정치 가운데 살 수 밖에 없습니다. 그러나 그 가운데에서도 세속문화의 미혹에 빠지지 말고, 세속 정치의 유혹에 빠지지 말고, 오직 그리스도에게 충성하며 살아야 됩니다. 그렇게 살아가는 것이 이기는 인생이라는 것을 말씀하는 것입니다.

결론

"너희가 음란과 정욕과 술취함과 방탕과 연락과 무법한 우상 숭배를 하여 이방인의 뜻을 좇아 행한 것이 지나간 때가 족하도다"(벧전 4:3). 이제는 더 이상 그렇게 살지 말고 그리스도에게 충성하며 살라는 것입니다. 그리고 성도들은 이 세상 속에 사는데 이 세상이 아무리 그렇게 교회를 핍박하고 더러워도 탄식할 것이 없다는 것입니다. 이런 세상 속에서 살아도 패배의식을 갖지 말고 항상 우리 신앙인들은 이긴다는 승리의식을 가지고 살라는 것입니다. "이것을 너희에게 이름은 너희로 내 안에서 평안을 누리게 하려함이라 세상에서는 너희가 환난을 당하나 담대하라 내가 세상을 이기었노라 하시니라"(요 16:33).

27

내 백성아
거기서 나오라 요한계시록 18:4-7

"또 내가 들으니 하늘로서 다른 음성이 나서 가로되 내 백성아 거기서 나와 그의 죄에 참예하지 말고 그의 받을 재앙들을 받지 말라"(계 18:4).

요한계시록 18장은 바벨론의 멸망을 예언하는 것입니다. 바벨론이라고 하는 것은 교회의 다섯 원수 가운데 하나로서 하나님을 대적하는 세속문화를 말합니다. 세속문화라고 할 때에는 인간사회의 사상, 생업, 예술, 문화 등을 다 포함하는 것입니다. 바벨론은 세상 문화인 것입니다. 타락하고 부패하고 반기독교적이고 인간중심적이고 무법적이고 물질중심적인 세속문화의 중심도시가 바벨론이었기 때문에 이 바벨론이 세상의 상징어가 된 것입니다. 천국은 하늘에 있는 예루살렘이라고 하지만 바벨론이라고 하면 하나님을 대적하는 세상, 이방문화, 세속문화를 통틀어서 말하는 것입니다. 요한계시록 18장은 이방문화, 세속문화에 대한 예수 그리스도의 심판을 말씀하고 있습니다.

그 가운데서 성도들을 향한 하나님의 분명한 명령이 계시되어 있습니다. 그 명령은 4절입니다. "또 내가 들으니 하늘로서 다른 음성이 나서 가로되 내 백성아, 거기서 나와 그의 죄에 참예하지 말고 그의 받을 재앙들을 받지 말라"(계 18:4). 세상에 휩쓸려 살아서 세상 죄에 참여하지 말고 세상이 받는 재앙을 받지 말라는 명령인 것입니다. 그래서 오늘 말씀의 제목은 "내 백성아 거기서 나오라" 입니다.

요한1서 2장 15절부터 17절은 세속문화의 3대 특징을 말하고 있습니다. 에덴동산에서부터 하나님을 대적하는 세상은 3대 특징을 가지고 있습니다. 그것은 육신의 정욕, 안목의 정욕, 이생의 자랑입니다. 에덴동산에서 아담과 하와가 선악과를 따먹을 때도 보암직도 하고 먹음직도 하고 지혜롭게 할 만큼 탐스럽다고 했습니다. 사단이 예수님을 시험할 때에도 육신의 정욕, 안목의 정욕, 이생의 자랑 이런 것을 가지고 시험했던 것입니다. 하나님은 당신의 모든 백성들에게 이 육신의 정욕, 안목의 정욕, 이생의 자랑으로부터 분리되라 그런 것에 빠져서 세상을 심판하는 하나님의 심판에 참여하지 말라는 것을 명령하고 있는 것입니다.

요한계시록은 하나님의 다섯 가지 원수의 멸망을 말하고 있는데 15장, 16장은 짐승의 표를 받은 사람들 즉, 불신자들의 개인적인 멸망을 예언하는 것입니다. 17장부터 19장은 두 짐승과 바벨론의 멸망을 예언하는 것입니다. 바다에서 나오는 짐승은 하나님을 대적하는 정치세력이고 땅에서 나온 짐승은 하나님을 대적하는 종교 세력이고 바벨론은 하나님을 대적하는 경제, 문화 세력을 다 가리키는 것입니다. 그리고 요한계시록 20장은 이 모든 배후에 최후 원인자인 용 즉, 사단의 최후 멸망을 예언하고 있습니다. 하나님의 원수들은 결국은 멸망하고 만다는 것입니다.

개인도 멸망하시지만 집단적인 정치, 종교, 문화의 세력도 멸망하게 된다는 것입니다.

바벨론에 대한 심판(1-8절)

요한계시록 18장은 하나님을 대적하는 세속문화를 상징하는 바벨론을 예언하고 있는데 세 부분으로 나눠집니다. 먼저 1절부터 8절은 바벨론에 대한 심판을 선고하는 것입니다. "이 일 후에 다른 천사가 하늘에서 내려오는 것을 보니 큰 권세를 가졌는데 그의 영광으로 땅이 환하여지더라 힘센 음성으로 외쳐 가로되 무너졌도다 무너졌도다 큰 성 바벨론이여 귀신의 처소와 각종 더러운 영의 모이는 곳과 각종 더럽고 가증한 새의 모이는 곳이 되었도다"(계 18:1-2). 힘 센 다른 천사가 와서 "무너졌도다 무너졌도다 큰 성 바벨론이여"라고 두 번이나 외치고 있습니다. 성서의 언어는 과거 시제를 가지고 미래를 예언하는 경우가 있습니다. 이것을 예언적 과거라고 합니다. 이것은 하나님이 작정하신 일이고 변경 불가능한 확실한 일을 표현할 때는 과거를 가지고 미래를 예언하는 것입니다. 바벨론이 앞으로 무너질 것이지만 "무너졌도다 무너졌도다"라고 두 번 외치는 것은 변경 불가능하고 너무나 강력한 확실성을 가지고 있다는 것을 보여주는 것입니다. 우리가 살고 있는 하나님을 대적하는 이 세상은 틀림없이 망할 것이라는 것입니다.

그러나 이 천사는 이런 세속문화의 배후에는 귀신과 더러운 영들이 있다는 것을 말하고 있습니다. 이 귀신들을 더럽고 가증한 새라고 말하고 있습니다. 마태복음 13장에 씨 뿌리는 비유에도 이 말씀의 씨를 먹는 새가 나옵니다. 새가 뿌려진 말씀의 씨를 다 먹습니다. 설교 아무리 들어도 무엇을 들었는가를 물어보면 아무것도 생각이 안 납니다. 그것은 목사가 설교를 못해서가 아니라 새가 다 먹어버리는 것입니다. 농담은 새가 맛이 없어서 안 먹습니다. 그래서 농담만 생각이 나는 것입니다. 말씀의 씨를 먹는 새는 악한 자를 의미한다고 예수님이 말씀하시는 것입니다. 이 세상의 음악이나 소설이나 미술에는 하나님이 주신 예술도 있지만 하나님을 대적하는 이 세상적인 문화의 그 배경에는 전부 귀신, 악한 영들이 있는 것입니다. 귀신이라는 것이 단순히 사람 몸속에 들어가서 병이나 일으키는 것이 아니고 이런 문화를 지배하고 사람들의 영혼을 타락시키고 부패시킵니다.

3절 말씀은 바벨론이 멸망하는 이유를 말하고 있습니다. *"그 음행의 진노의 포도주를 인하여 만국이 무너졌으며 또 땅의 왕들이 그로 더불어 음행하였으며 땅의 상고들도 그 사치의 세력을 인하여 치부하였도다 하더라"* (계 18:3). 이 바벨론은 만국을 무너뜨리는 세력입니다. 바벨론은 한 나라에만 영향을 미치는 것이 아니라 세계적인 문화라는 것을 알 수 있습니다. 바벨론의 특징은 음행, 미혹, 사치 이 세 가지입니다. 다른 말로하면 음행이라는 것은 쾌락의 추구요 미혹은 탐욕의 추구요 사치는 돈의 추구입니다. 바벨론은 하나님을 대적하는 세속문화이기 때문에 쾌락의 추구, 탐욕의 추구, 돈의 추구 이 세 가지가 특징을 가지고 있는 것입니다. 이런 세속문화는 사람을 유혹하는 특징이 있습니다. 사람들은 쾌락을 준다고 하면 미혹 당하고 돈을 많이 준다고 하면 미혹당하는 것입니다. 이런 세상문화에 미혹되게 되면 사람들은 영적인 일에 기쁨을 누리지 못하게 되는 것입니다.

그러므로 하나님이 경고하시는 것입니다.

"또 내가 들으니 하늘로서 다른 음성이 나서 가로되 내 백성아, 거기서 나와 그의 죄에 참예하지 말고 그의 받을 재앙들을 받지 말라"(계 18:4). 요한계시록 18장을 쓰신 목적은 하나님의 백성들로 하여금 세상에 미혹되어 세상 망할 때 같이 망하지 말라는 것입니다. "너희가 세상에 속하였으면 세상이 자기의 것을 사랑할 터이나 너희는 세상에 속한 자가 아니요 도리어 세상에서 나의 택함을 입은 자인 고로 세상이 너희를 미워하느니라"(요 15:19). 성도들은 세상에 속한 자가 아니기 때문에 세상의 미움을 받습니다. 성도들은 이 세상에 속한 자가 아니기 때문에 세속문화의 가치관을 추구하지 말아야 합니다. 세상을 추구해서 육신의 정욕, 안목의 정욕, 이생의 자랑을 좇아가면 결국은 망하고 재앙이 초래되는 것입니다.

우리 성도들은 왜 이러한 세속문화를 추구하지 말아야 됩니까? 우리가 추구하는 가치관은 세상이 추구하는 가치관보다 훨씬 고상하고 훨씬 높고 영원한 것을 추구하고 있기 때문에 그런 것입니다. 우리는 세상에서 잘 먹고 잘사는 것도 중요하지만 그것보다도 우리가 근본적으로 추구하는 것은 영원인 것입니다. 또 땅의 것이 아니라 하늘의 것입니다. 우리가 추구하는 것은 훨씬 더 고상한 것입니다. 육신의 정욕, 안목의 정욕, 이생의 자랑 이 세상은 3대 특징보다 우리가 추구하는 것이 훨씬 높은 것이기에 세속문화의 가치관을 추구하지 말고 세상에 빠져있으면 거기서 나오라고 말씀 하시는 것입니다.

그러므로 하나님을 섬기는 우리는 세상 쾌락, 세속문화에 미혹 되었는가 우리 마음의 동기를 항상 살펴보아야 됩니다. 우리는 그리스도의 소유된 백성들이고 그리스도 안에서 기쁨을 추구해야 될 존재들입니다. 하나님이 우리에게 "내 백성아"라고 부르십니다. "내 백성아"라고 하는 타이틀은 성도에 대한 하나님의 소유권을 의미하는 것입니다. 하나님이 말씀하시는 거룩한 가치관을 추구하며 살면 마음에 하늘의 기쁨이 있게 되고 평안이 있게 되고 모든 것이 다 평안하게 되고 그것이 참된 행복으로 가게 되는 것입니다. 그리고 이 세상에서 평안뿐만 아니라 영원한 행복이 있게 되는 것이니 그것이 인간이 살아갈 바른 길이라는 것을 말씀해주는 것입니다.

5절에 보면 하나님은 이 세상의 죄를 다 기억하신다고 했습니다. "그 죄는 하늘에 사무쳤으며 하나님은 그의 불의한 일을 기억하신지라"(계 18:5). 세상에서 살면서 미혹되어 짓는 죄를 다 차곡차곡 쌓아가다가 어느 정도에 상달되게 되면 그때부터는 재앙이 오게 되는 것입니다. 죄는 하나님이 한번 지었다고 때리고 한번 지었다고 때리지 않습니다. 하지만 죄의 분량이 충만해지면 그때는 권징이 오게 되는 것입니다.

그러나 세상을 따라가며 죄를 짓게 되면 벌이 올 때에 자기가 저지른 죄의 갑절로 옵니다. "그가 준 그대로 그에게 주고 그의 행위대로 갑절을 갚아주고 그의 섞은 잔에도 갑절이나 섞어 그에게 주라 그가 어떻게 자기를 영화롭게 하였으며 사치하였든지 그만큼 고난과 애통으로 갚아 주라 그가 마음에 말하기를 나는 여황으로 앉은 자요 과부가 아니라 결단코 애통을 당하지 아니하리라 하니 그러므로 하루 동안에 그 재앙들이 이르리니 곧 사망과 애통과 흉년이라 그가 또한 불에 살라지리니 그를 심판하신 주 하나님은 강하신 자이심이니라"(계 18:6-8). 세상을 추구하는 사람들은 다 영화롭고 사치하고 누린 것보다 갑절로 고난과 애통이 올 것입니다. 그 고난과 애통은 갑자기 하루에 올 것입니다. 고생하던 사람은 조금 고생해도 별 문제 없습니다. 애당초 가난했으니까 잘 못 먹어도 몇 끼 굶어도 문제없습니다. 그러나 어려서부터 영화롭고 사치하다가 어려움에 처하게 되면 그 사람은 감당하지 못하고 일어나지 못합니다. 하루 동안에 사망과 애통과 흉년이 오게 되면 넘어지고 쓰러지게 되는 것입니다. 이 세상은 재미도 있고 쾌락도 있고 미혹도 있고 사치도 있고 영화롭기도 하겠지만 그것을 따라가면 하나님의 천사가 와서 결국은 하루에 망하는 인생길이 되는 것입니다. 그러므로 하나님의 백성들아 거기 빠져 살지 말고 하나님이 우리에게 원하시는 고상한 가치관을 추구하며 살아라, 영원한 가치관을 추구하며 살아가라고 말씀하고 있는 것입니다.

바벨론의 멸망(9-20절)

요한계시록 18장 1절부터 8절은 바벨론의 멸망에 대한 예언, 경고, 심판에 대한 선고로 볼 수 있습니다. 그리고 9절부터 20절은 이 세상이 멸망할 때에 세상 사람들은 어떻게 생각하는지 바벨론 시민의 입장에서 바라보는 것입니다. 바벨론 내부에서 바벨론의 멸망을 보는 관점을 말하고 있는 것입니다. 여기 9절과 10절은 먼저 왕들은 바벨론이 망할 때 어떻게 되는지를 보여줍니다. "그와 함께 음행하고 사치하던 땅의 왕들이 그 불붙는 연기를 보고 위하여 울고 가슴을 치며 그 고난을 무서워하여 멀리 서서 가로되 화 있도다 화 있도다 큰 성, 견고한 성 바벨론이여 일시간에 네 심판이 이르렀다 하리로다 "(계 18:9-10). 이 세상은 점진적으로 망하는 것이 아니라 번영하다가 일순간에 망하게 됩니다. 그때에 세상에서 최고 사치와 권력을 누리던 왕들이 불붙는 연기를 보고 울고 가슴을 치는 것입니다.

11절부터 19절은 장사하던 사람들의 모습을 보여줍니다.

"땅의 상고들이 그를 위하여 울고 애통하는 것은 다시 그 상품을 사는 자가 없음이라 그 상품은 금과 은과 보석과 진주와 세마포와 자주 옷감과 비단과 붉은 옷감이요 각종 향목과 각종 상아 기명이요 값진 나무와 진유와 철과 옥석으로 만든 각종 기명이요 계피와 향료와 향과 향유와 유향과 포도주와 감람유와 고운 밀가루와 밀과 소와 양과 말과 수레와 종들과 사람의 영혼들이라 바벨론아 네 영혼의 탐하던 과실이 네게서 떠났으며 맛있는 것들과 빛난 것들이 다 없어졌으니 사람들이 결코 이것들을 다시 보지 못하리로다 바벨론을 인하여 치부한 이 상품의 상고들이 그 고난을 무서워하여 멀리 서서 울고 애통하여 가로되 화 있도다 화 있도다 큰 성이여 세마포와 자주와 붉은 옷을 입고 금과 보석과 진주로 꾸민 것인데 그러한 부가 일시간에 망하였도다 각 선장과 각처를 다니는 선객들과 선인들과 바다에서 일하는 자들이 멀리 서서 그 불붙는 연기를 보고 외쳐 가로되 이 큰 성과 같은 성이 어디 있느뇨 하며 티끌을 자기 머리에 뿌리고 울고 애통하여 외쳐 가로되 화 있도다 화 있도다 이 큰 성이여 바다에서 배 부리는 모든 자들이 너의 보배로운 상품을 인하여 치부하였더니 일시간에 망하였도다"(계 18:11-19).

요한계시록 18장에 제일 많이 나오는 단어가 일시간입니다. 세상은 번영하다가 일시간에 망해버립니다. 예수 그리스도가 재림하는 순간 완전히 망해버립니다. 왕들과 장사하는 사람들과 선객과 선인은 세상 속에서의 가장 큰 쾌락과 부요를 누리던 사람들인데 그들이 다 서서 울고 애통하고 "망하였도다 망하였도다 일시간에 다 망하였도다"라고 말한다는 것입니다. 이런 상황은 역사 속에 반복이 됩니다. 경제공항이 한번 일어나서 하나님이 세상을 심판을 하시면 사회의 많은 지도자들, 사업가들이 자살을 합니다. 한때는 좋았는데 갑자기 망하였구나하고 자살을 합니다. 그들이 왜 자살을 합니까? 그들의 두려움은 지위와 재물과 쾌락을 잃어버리는 것입니다. 원래 없던 사람은 잃어버릴 것도 없어서 경제공항이와도 왔나보다 하고 맙니다. 그러나 있던 사람들은 다 잃어버리기 때문에 그것을 울며 애통해 하는 것입니다.

하지만 부와 지위와 쾌락의 제거는 하나님의 심판중에서도 큰 심판이 아닙니다. 그것은 아주 맛보기 심판에 불과합니다. 그것이 심판의 본질이 아니라는 것입니다. 예수 그리스도가 재림하셔서 최후의 심판을 하실 때에는 아무것도 남는 것이 없고 회복도 불가능한 것입니다. 우리는 이 세상의 쾌락과 부유와 재물은 하루 동안에 사라질 수 있다는 것을 기억해야 됩니다. 요한계시록 18장에서 제일 중요한 단어는 '일시간에' 입니다. 한 시간에 다 없어진다는 것입니다. 세상의 쾌락과 부요와 재물과 권력은 하루아침에 다 없어질 수가 있습니다. 그러면 왕도 애통하고 상고도 애통하고 선장도 애통하는 것입니다.

바벨론의 상고들이 팔던 물건의 리스트가 있습니다. 금과 은과 보석과 진주와 같은 물건들은 몇 가지 특징이 있습니다. 첫째로는 대부분 사치스러운 것입니다. 사람의 눈에 기쁨을 주고 혀의 만족을 주는 물건이지만 꼭 필요한 것들은 아닌 사치품들입니다. 또 이런 물건들은 다 일시적인 것들입니다. 썩는 것들이고 일시간에 없어질 것들입니다. 17절에도 "일시간에 망하였도다", 19절 후반에도 "일시간에 망하였도다"라고 한 것처럼 다 일시적인 것입니다. 아무리 비단 옷이 예뻐도 조금 보면 다 그게 그것입니다. 저는 새 차가 나오면 디자인이 예쁘구나 하는데 3개월만 보면 그게 그거구나라는 생각이 듭니다. 그리고 여기에 희한한 것이 있습니다. 이 세상이 사고팔던 상품 가운데는 사람의 영혼이라는 것이 있습니다. 영어 성경에는 "bodies and souls of men"이라고 되어있는데 사람의 영혼과 육신을 사고판다는 것입니다. 이것은 이들이 노예장사를 했다는 의미로 볼 수는 없습니다. 아무리 노예상인이라고 해도 사람의 영혼은 팔수는 없는 것입니다. 영혼을 가지고 얼마를 받겠습니까? 육신은 팔아도 영혼을 팔지 못합니다. 이 세상 문화의 유물 주인은 결국은 인간 영혼을 파괴한다는 의미인 것입니다. 마태복음 16장 26절에도 "사람이 만일 온 천하를 얻고도 제 목숨을 잃으면 무엇이 유익하리요 사람이 무엇을 주고 제 목숨을 바꾸겠느냐"(마 16:26)라고 말합니다. 이 목숨이라는 것은 영혼입니다. 사람이 온 천하를 얻어도 자기 영혼에 손해를 보면 무슨 유익이 있습니까? 주일 예배 드리지 않고 나가서 돈 벌어서 온 천하를 다 얻어서 땅 억만 평을 샀다고 해서 무슨 유익이 있습니까? 사람이 온 천하를 얻고도 자기 영혼을 해롭게 하면 무슨 소용이 있습니까? 이 세상 바벨론은 사람의 영혼을 해롭게 하는 것입니다. 하지만 이 세상 바벨론은 천사가 와서 망한다고 경고한 것과 같이 결국은 일시에 망해버립니다.

바벨론 멸망에 의한 반응(21-24절)

21절부터 24절은 그 망하는 것이 얼마나 철저한지를 보여줍니다. "이에 한 힘센 천사가 큰 맷돌 같은 돌을 들어 바다에 던져 가로되 큰 성 바벨론이 이같이 몹시 떨어져 결코 다시 보이지 아니하리로다 또 거문고 타는 자와 풍류하는 자와 퉁소 부는 자와 나팔 부는 자들의 소리가 결코 다시 네 가운데서 들리지 아니하고 물론 어떠한 세공업자든지 결코 다시 네 가운데서 보이지 아니하고 또 맷돌 소리가 다시 네 가운데서 들리지 아니하고 등불 빛이 결코 다시 네 가운데서 비취지 아니하고 신랑과 신부의 음성이 결코 다시 네 가운데서 들리지 아니하리로다 너의 상고들은 땅의 왕족들이라 네 복술을 인하여 만국이 미혹되었도다 선지자들과 성도들과 및 땅 위에서 죽임을 당한 모든 자의 피가 이 성중에서 보였느니라 하더라"(계 18:21-24). 바벨론에 대한 심판은 얼마나 철저한지 큰 맷돌을 바다에다 던져버리는 것과 같다고 했습니다. 배 타고 가다가 맷돌을 던지면 요즘은 잠수부가 들어가서 건져 올수도 있지만 옛날에는 그것을 어떻게 건져오겠습니까? 그것은 바벨론에 대한 심판은 회복이 불가능하다는 것입니다. 22절과 23절은 다시 보이지 않고 다시 들리지 않는다는 표현이 6번이나 반복되고 있습니다. 이 세상은 멸망하고 나면 음악 소리도 더 이상 없고 발전소도 없고 결혼하는 일도 없게 된다는 것입니다. 일상생활의 즐거움과 모든 기쁨이

다 사라져버릴 것이라는 말입니다. 그 사라지는 것이 얼마나 회복이 불가능한지 맷돌을 바다에 던져버리는 것과 같다고 했습니다. 이 세상 문화는 외견적으로는 다 사람에게 유익을 주는 것 같지만 그 깊은 배후에는 성도를 죽이는 피가 드러나 있다는 것입니다.

성경은 결국은 두 도성을 말하는 것입니다. 하나는 예루살렘 또 하나는 바벨론입니다. 예루살렘은 교회와 천국이고 바벨론은 세상입니다. 우리는 예루살렘 주민으로 바벨론에 살고 있습니다. 그렇다보니 바벨론에 미혹될 가능성이 많이 있는 것입니다. 하나님은 너희는 예루살렘 성의 주민이니까 바벨론에 살더라도 바벨론 시민이 아니라고 말씀하십니다. 대한민국 사람이 일본에 여행 갔다고 해서 일본 사람입니까? 그런데 일본 가서 자기가 일본 시민 된줄 알고 돌아다니고 한국에 와서도 그렇게 하고 다니면 그건 정신이 나간 사람입니다. 이 바벨론이라고 하는 세상은 우리가 마음을 쏟고, 사랑하고, 소망을 둘 곳이 못 됩니다. 우리가 일해야 될 도성은 하나님의 교회인 예루살렘입니다. 우리는 이 세상의 세속문화와 물질주의가 다 사라지고 심판받게 될 것을 안다면 세상 것을 탐하는 탐심에서는 해방될 수 있는 것입니다.

결론

요한계시록 18장은 참 어려운 말씀입니다. 그러나 아무리 어려워도 내용은 간단합니다. 하나님을 대적하는 세상은 망한다는 것입니다. 우리 성도들은 세상을 사랑하지 말고 하나님과 교회를 사랑하라는 말씀인 것입니다. "이 세상이나 세상에 있는 것들을 사랑치 말라 누구든지 세상을 사랑하면 아버지의 사랑이 그 속에 있지 아니하니"(요일 2:15). "이 세상도 그 정욕도 지나가되 오직 하나님의 뜻을 행하는 이는 영원히 거하느니라"(요일 2:17). 그러므로 계시록 18장을 읽는 우리는 우리의 참된 기쁨과 부요는 천국에 두어야 할 줄로 믿습니다. 세상 문화의 정욕과 탐욕에 빠지지 말아야 할 줄로 믿습니다. "또 내가 들으니 하늘로서 다른 음성이 나서 가로되 내 백성아, 거기서 나와 그의 죄에 참예하지 말고 그의 받을 재앙들을 받지 말라"(계 18:4)처럼 하나님의 권면을 기억하여 여러분들은 바벨론에 빠져 살지 마시기를 바랍니다.

28 어린양의 혼인잔치

요한계시록 19:1-6

"이 일 후에 내가 들으니 하늘에 허다한 무리의 큰 음성 같은 것이 있어 가로되 할렐루야 구원과 영광과 능력이 우리 하나님께 있도다"(계 19:1).

어떤 사람들은 요한계시록을 비밀코드로 생각을 해서 계시록을 알면 아주 신령한 사람인 것처럼 생각하기도 합니다. 그런 사람들은 대부분 이단이거나 학문이 아주 모자란 사람입니다. 요한계시록이 우리에게 가르치는 것이 분명합니다. 그리스도 예수를 잘 믿고 믿음으로 살라는 것입니다. 그리고 그리스도의 원수들은 다 망하게 된다는 것입니다. 다른 비밀코드가 있는 것이 아닙니다. 계시록은 평범하고 단순하고 담백하게 풀어야 되는 것입니다. 계시록을 읽는 기쁨 가운데 하나는 우리 성도들에게 하나님이 영원한 축복을 주신다는 비전입니다. 하늘에서 성도들은 어떻게 되는가를 계시록이 잘 보여주고 있습니다. 이런 비전을 주신 목적은 환란에 처한 성도들을 하나님이 위로하시기 위함이고 또 하나는 우리 성도들이 이 세상에서 천국을 잘 준비하도록 하기 위함입니다. 위로, 준비 이 두 가지 목적으로 천국에서의 영원한 상태에 대한 비전을 주시는 것입니다. 신부가 신랑을 위해서 준비하는 것처럼 옳은 행실 즉, 성화로써 천국을 준비하라는 것을 우리에게 가르치고 있습니다.

교회와 예수 그리스도의 영원한 결합은 어린 양의 혼인잔치라는 이미지로 묘사되고 있습니다. 성경서에 성도와 그리스도는 남편과 아내의 관계 혹은 신랑과 신부의 관계와 같다고 말씀하고 있습니다. 요한계시록 19장은 그것의 극치인 것입니다. 그런데 요한계시록 19장은 어린 양의 혼인잔치로 그 내용이 시작되는 것은 아닙니다. 음녀 바벨론의 멸망으로 인해서 천국에 할렐루야 찬양이 있는 것으로부터 시작됩니다.

그리스도의 승리(1-6절)

1절부터 6절까지는 바벨론이 멸망함으로 인해서 그리스도가 승리하시고 천국에서 성도들이 기뻐 찬양을 부르는 것을 묘사하고 있습니다. 그래서 1절부터 6절은 "할렐루야 찬양"입니다. 이 "할렐루야"라고 하는 단어는 성경에서 요한계시록 19장에 처음으로 나오는 것입니다. 요한계시록 17장과 18장은 두 짐승과 바벨론은 교만을 부리고 권세를 누리지만 결국은 멸망하게 되고 이 바벨론에 속해있던 왕들과 장사꾼들과 선인들은 모두 다 슬퍼하지만 천국에 있는 이십사 장로와 네 생물과 허다한 무리는 모두 기뻐한다는 것입니다. 이십사 장로는 신구약의 모든 성도를 가리키는 것이고 네 생물은 천국에 있는 천사들을 대표하는 말입니다. 천국에 있는 구원받은 사람들과 천사들이 다 기뻐한다는 것입니다. 예수님이 오시고 심판하시면 세상에는 슬픔이 있지만 천국에는 기쁨이 있습니다.

　1절부터 6절까지 네 번이나 반복해서 나오는 제일 중요한 단어는 "할렐루야"입니다. '할렐루'라는 말은 '찬양하라'라는 명령어입니다. '야'는 언약의 하나님을 축약 형태로 말한 것입니다. "할렐루야"는 "언약의 하나님을 찬양하라"는 말씀입니다. 영원 전에 구원할 사람을 선택하시고 예정하시고 그들을 부르시고 의롭다 하시고 영화롭다 하시는 은혜언약을 통해서 구원을 주시기로 작정하시고 그들을 구원하시는 하나님을 찬양한다는 말입니다. 헨델이 작곡한 대작「메시아」는 시편 2편과 요한계시록 19장을 가지고 작곡한 것입니다. 더블린에서 첫 번째 공연을 할 때 영국 왕이 공연을 관람하였는데 메시아 중 '할렐루야'에서 너무나 감동을 받아서 벌떡 일어나니 참석한 모든 청중이 다 같이 일어났습니다. 그래서 그 이후에는 '할렐루야'를 연주할 때마다 청중들이 다 일어나는 관습이 생긴 것입니다. 그래서 우리도 '할렐루야' 들을 때마다 다 일어나는 것입니다. 그런데 헨델의 메시아의 '할렐루야' 찬양보다도 더 위대한 할렐루야 찬양이 바벨론이 멸망하고 예수 그리스도가 재림하시고 세상 끝이 오게 되면 있게 될 것인데 그것이 요한계시록 19장 1절부터 6절의 "할렐루야 찬양"입니다. 하나님이 바벨론을 심판하시기 때문에 천국에서 성도들은 할렐루야 찬양을 하게 되는 것입니다. 성도들은 세상이 망하는 것을 보고 그렇게 기뻐하는 존재들인가, 남들 망하는 것이 그렇게 고소한 것인가라고 질문하는 사람도 있습니다. 그러나 이런 질문은 바른 관점의 질문이 아닙니다. 성도들은 하나님이 세상을 심판하심으로 드러나게 된 하나님의 속성을 찬양하는 것입니다. "구원과 영광과 능력과 공의가 모두 하나님께 속하였도다". 하나님이 바벨론을 심판하는 것은 하나님이 의로우신 분이시라는 것을 드러낸 것이기 때문에 하나님을 찬양하는 것입니다. 세상 문화는 땅을 더럽게 했고 하나님의 종들의 생명을 취하여 피를 흘렸기 때문에 하나님이 심판하시는 것은 공의로운 것입니다.

어린양의 혼인잔치(7-10절)

7절부터 10절은 어린 양의 혼인잔치입니다. "우리가 즐거워하고 크게 기뻐하여 그에게 영광을 돌리세 어린 양의 혼인 기약이 이르렀고 그 아내가 예비하였으니 그에게 허락하사 빛나고 깨끗한 세마포를 입게 하셨은즉 이 세마포는 성도들의 옳은 행실이로다 하더라 천사가 내게 말하기를 기록하라 어린 양의 혼인 잔치에 청함을 입은 자들이 복이 있도다 하고 또 내게 말하되 이것은 하나님의 참되신 말씀이라 하기로 내가 그 발 앞에 엎드려 경배하려 하니 그가 나더러 말하기를 나는 너와 및 예수의 증거를 받은 네 형제들과 같이 된 종이니 삼가 그리하지 말고 오직 하나님께 경배하라 예수의 증거는 대언의 영이라 하더라"(계 19:7-10). 성경은 교회를 그리스도의 신부라고 계속해서 묘사하고 있습니다. 그리스도는 교회의 신랑입니다. 신랑은 생명 값을 치르고 신부인 교회를 사신 것입니다. 그리고 그리스도가 재림하실 때에 천국의 혼인잔치를 치루는 것입니다. 신랑이신 예수 그리스도는 신부에게 깨끗하고 빛난 세마포를 입혔습니다. 교회의 웨딩드레스는 세마포입니다. 이 세마포는 성도들의 옳은 행실이라고 했습니다. 예수 그리스도는 완전한 의를 준비하셔서 성도들에게 입혀주셨고 예수 그리스도의 의의 옷을 입고 그리스도의 의를 전가 받아서 의인된 성도들은 또한 의로운 삶, 옳은 행실을 행하며 살면 그것이 신부의 웨딩드레스가 되는 것입니다. 어린 양의 혼인잔치는 예수님이 재림하실 때에 일어날 미래의 일입니다. 그렇기 때문에 이 혼인잔치는 지금은 청하시는 것입니다. 혼인잔치에 오라고 청하는데 손님으로 오라는 것이 아니고 신부로 오라고 청하는 것입니다. 예수 그리스도의 교회의 일원이 되고 성도가 되는 것은 이렇게 영원히 축복되는 일입니다. 우리는 전능하신 하나님의 아들 예수 그리스도를 신랑으로 맞게 됩니다. 이 어린 양의 혼인잔치는 하나님의 아들이신 예수 그리스도가 신랑이 되시고 우리는 신부가 되어서 빛나고 깨끗한 새마포를 입고 어린 양이신 그리스도 예수님과 영원히 복을 누리며 살게 되는 것입니다. 얼마나 영광스럽습니까? 교회의 일원이 된다는 것은 이렇게 영광스러운 것입니다.

백마 탄 자의 출현(11-16절)

"또 내가 하늘이 열린 것을 보니 보라 백마와 탄 자가 있으니 그 이름은 충신과 진실이라 그가 공의로 심판하며 싸우더라 그 눈이 불꽃 같고 그 머리에 많은 면류관이 있고 또 이름 쓴 것이 하나가 있으니 자기밖에 아는 자가 없고 또 그가 피 뿌린 옷을 입었는데 그 이름은 하나님의 말씀이라 칭하더라 하늘에 있는 군대들이 희고 깨끗한 세마포를 입고 백마를 타고 그를 따르더라 그의 입에서 이한 검이 나오니 그것으로 만국을 치겠고 친히 저희를 철장으로 다스리며 또 친히 하나님 곧 전능하신 이의 맹렬한 진노의 포도주 틀을 밟겠고 그 옷과 그 다리에 이름 쓴 것이 있으니 만왕의 왕이요 만주의 주라 하였더라"(계 19:11-16). 여기 보면 백마 탄 자가 출연합니다. 백마 탄 자는 예수님이라는 것이 분명합니다. 만왕의 왕 만주의 주 예수 그리스도입니다. 요한은 11절에 하늘이 열린 것을 보게 되었다고 했습니다. 천국이 열렸습니다. 그 눈이 '불꽃같다'고 했습니다. 예수님은 사람들의 마음속에 무엇이 들었는지를 다 아시는 분입니다. 불꽃같다는 것은 우리 안에 무엇이 들어있는지를 다 안다는 것입니다. 그리고 그 머리에 많은 면류관이 있다는 것은 심판하는 권세가 있다는 것을 의미합니다. 예수님은 사람들의 마음속에 뭐가 있는지 다 아시고 심판하는 권세를 가지신 백마 탄 분 이십니다. 그가 피 뿌린 옷을 입었고 하늘에 있는 군대들이 희고 깨끗한 세마포를 입고 그를 따른다고 했습니다. 예수 그리스도의 옷에 뿌려진 피는 예수님의 십자가 피가 아닙니다. 이것은 심판 받는 사람들의 피가 뿌려진 것입니다. 포도주 틀을 밟으면 포도즙이 튀어서 옷에 묻게 되듯이 예수님이 악인을 심판하면서 나오는 피가 옷에 튀어서 피 뿌린 옷을 입었다고 말하는 것입니다. 이사야 63장 1절부터 3절에도 동일한 내용이 기록되어 있습니다. "에돔에서 오며 홍의를 입고 보스라에서 오는 자가 누구뇨 그 화려한 의복, 큰 능력으로 걷는 자가 누구뇨 그는 내니 의를 말하는자요 구원하기에 능한 자니라. 어찌하여 네 의복이 붉으며 네 옷이 포도즙 틀을 밟는 자 같으뇨 만민 중에 나와 함께한 자가 없이 내가 홀로 포도즙 틀을 밟았는데 내가 노함을 인하여 무리를 밟았고 분함을 인하여 짓밟았으므로 그들의 선혈이 내 옷에 튀어 내 의복을 다 더럽혔음이니"(사 63:1-3). 예수 그리스도께서 악인을 심판 하실 때에 선혈이 튀어 의복이 더럽혀졌다는 것입니다.

백마 탄 심판주는 바로 예수 그리스도입니다. 예수 그리스도는 지금은 구원자이시지만 재림하실 때에는 심판주가 되십니다. 시편 2편에 기록된 예언의 실현입니다. 열방을 심판하는 분이 바로 예수 그리스도입니다. 구원자로 예수님을 만나지 못한 사람은 심판주로 만나게 될 것입니다. 예수님을 심판주로 만나기 전에 구원주로 만나게 되시기를 바랍니다.

하나님의 큰 잔치(17-21절)

17절부터 21절은 하나님의 큰 잔치입니다. 어린 양의 혼인잔치와는 완전히 다른 잔치입니다. "또 내가 보니 한 천사가 해에 서서 공중에 나는 모든 새를 향하여 큰 음성으로 외쳐 가로되 와서 하나님의 큰 잔치에 모여 왕들의 고기와 장군들의 고기와 장사들의 고기와 말들과 그 탄 자들의 고기와 자유한 자들이나 종들이나 무론대소하고 모든 자의 고기를 먹으라 하더라 또 내가 보매 그 짐승과 땅의 임금들과 그 군대들이 모여 그 말 탄자와 그의 군대로 더불어 전쟁을 일으키다가 짐승이 잡히고 그 앞에서 이적을 행하던 거짓 선지자도 함께 잡혔으니 이는 짐승의 표를 받고 그의 우상에게 경배하던 자들을 이적으로 미혹하던 자라 이 둘이 산채로 유황 불붙는 못에 던지우고 그 나머지는 말 탄 자의 입으로 나오는 검에 죽으매 모든 새가 그 고기로 배

불리우더라"(계 19:17-21). 우리 성도들은 어린 양의 혼인잔치를 기다리지만 하늘의 새들은 하나님의 큰 잔치를 기다린다는 것입니다. "또 내가 보매 그 짐승과 땅의 임금들과 그 군대들이 모여 그 말 탄자와 그의 군대로 더불어 전쟁을 일으키다가"(계 19:19). 이것만큼 악하고 어리석은 짓이 어디 있겠습니까? 만왕의 왕 만주의 주가 백마 타고 오시는데 그것을 이기려고 전쟁을 일으키는 것은 가장 어리석은 헛된 짓입니다. "짐승이 잡히고 그 앞에서 이적을 행하던 거짓 선지자도 함께 잡혔으니 이는 짐승의 표를 받고 그의 우상에게 경배하던 자들을 이적으로 미혹하던 자라 이 둘이 산채로 유황 불붙는 못에 던지우고"(계 19:20). 그리스도를 대적하던 모든 세력은 영영히 타는 유황 못에 던지운다는 것입니다. 그리고 하나님을 대적하던 정치 세력, 종교세력, 이들을 따르던 불신자들은 모두 다 영영한 지옥 형벌을 받게 되고 그 고기가 공중에 새의 밥이 된다는 것입니다. 이것을 가리켜 하나님의 큰 잔치라고 부르는 것입니다.

요한계시록 19장은 어린 양의 혼인잔치와 하나님의 큰 잔치가 있습니다. 우리는 하나님의 큰 잔치가 아닌 어린 양의 혼인잔치에 들어가야 됩니다. 예수 그리스도가 재림하는 때에는 하나님을 대적하던 정치세력, 종교세력, 세상 문화 세력, 그리고 그들을 따르던 불신자들은 다 그리스도를 더욱 대적하지만 결국은 그들은 공중 나는 새의 밥이 되거나 유황 불에 던지우는 신세가 될 것입니다. 우리는 천국에서 하나님을 찬양하며 할렐루야 찬양을 부르며 어린 양을 신랑으로 맞아서 영영히 복을 누리며 살게 될 것입니다. 불신앙의 세력은 아무리 강해도 그리스도의 심판을 견딜 수 없습니다. 아무리 돈 많은 국제 기업, 다국적 기업이라 해도 그리스도의 심판을 견딜 수 없습니다. 칼에 죽거나 새에게 먹히거나 유황 불에 타서 죽는 심판을 받게 될 것입니다. 그러나 어린 양의 신부가 되어 어린 양의 혼인잔치에 참여하고 어린 양 예수를 신랑으로 맞아 영원한 축복을 받는 것은 얼마나 신나고 영원히 축복되는 일입니까?

결론

우리는 빛나고 깨끗한 세마포 옷을 신랑으로부터 받아 입은 존재들입니다. 우리는 이 옷을 더럽히지 말아야 겠습니다. 옳은 행실로 이 옷을 더욱 빛나게 하며 살아야 합니다. 사람은 자기가 입은 옷에 따라 행동을 합니다. 아무리 점잖은 사람도 예비군 복만 입으면 건들거리고 아무데나 소변을 봅니다. 그러나 의사가운을 입거나 판사 옷을 입고 있으면 행동을 함부로 하지 않습니다. 우리는 빛나고 깨끗한 세마포 옷을 입었으니 옳은 행실을 행하며 사는, 그래서 천국의 혼인잔치를 준비하는 성도가 되시기를 바랍니다.

29 천 년의 문제

요한계시록 20:1-15

● "또 내가 보매 천사가 무저갱 열쇠와 큰 쇠사슬을 그 손에 가지고 하늘로서 내려와서 용을 잡으니 곧 옛 뱀이요 마귀요 사단이라 잡아 일천 년 동안 결박하여"(계 20:1~2).

"밀레니엄"이라는 단어는 1900년대에는 잘 몰랐던 단어입니다. 1999년에서 2000년으로 넘어가면서 사람들이 밀레니엄을 알기 시작했습니다. 그래서 빵집이고 호텔이고 레스토랑이고 밀레니엄이 안 붙은 데가 없었습니다. 밀레니엄이라는 단어는 천 년이라는 라틴어입니다. 이 천 년이라는 말은 요한계시록 20장에서만 사용된 단어입니다. 2절부터 7절까지 6번이나 사용되었습니다. 계시록에 사용되고 있는 숫자들은 문자 그대로 해석해서는 안 됩니다. 이단들은 다 계시록을 문자 그대로 해석을 합니다. 그래서 십사만 사천 명을 자기들이 구원한다는 소리를 하는 것입니다. 천 년이라는 것도 마찬가지입니다. 이것을 상징적으로 보아야 되는 것입니다. 요한계시록에 나와 있는 것은 대부분 상징입니다. 예를 들면 천사가 열쇠와 쇠사슬을 갖고 용을 묶는다고 했는데 마귀가 쇠사슬로 묶입니까? 상징적인 문헌은 상징적으로 해석해야지 상징적인 것을 문자 그대로 해석하려고 하면 무리가 따르는 것이고 잘못하면 이단이 되는 것입니다. 계시록의 숫자들을 문자 그대로 해석하려는 시도들은 대부분 이단이거나 성경에 대해서 피상적인 해석을 하는 근본주의 집단이거나 둘 중 하나인 것입니다.

천 년이라고 하는 숫자는 10을 세 번 곱한 숫자입니다. 삼년 반이라고 하면 짧은 시간이지만 천 년은 긴 시간을 의미하는 것입니다. 그러나 천 년이라고 했으니 길긴 길지만 무한정 긴 것은 아닙니다. 이것은 정해진 긴 시간이라는 것을 의미합니다. 길긴 길어도 시작이 있고 끝이 있는 시간입니다. 천 년이라고 하는 것은 예수 그리스도의 초림과 재림 사이에 기간을 의미합니다. 즉 초림과 재림 사이의 기간을 천 년이라고 말하는 것입니다.

천 년 동안 일어나는 두 가지

계시록의 큰 주제는 예수 그리스도와 그리스도의 교회는 다섯 가지 원수에 대해서 궁극적으로 승리한다는 것입니다. 그러므로 천 년 동안에는 교회와 다섯 원수들 사이에 영적인 전쟁이 일어나고 천 년이 끝날 때에는 다섯 원수의 최고 두목인 용이 궁극적으로 멸망을 한다는 것입니다. 계시록 20장은 천 년동안에 일어난 일이 두 가지가 있고 천 년이 끝날 때에 일어나는 일이 두 가지가 있다고 말하고 있습니다. 천 년이라고 하는 것은 초림과 재림 사이를 말하는 것인데 초림과 재림 사이에 두 가지 일이 일어납니다.

■ 사단의 결박

첫 번째는 사단이 결박됩니다. "또 내가 보매 천사가 무저갱 열쇠와 큰 쇠사슬을 그 손에 가지고 하늘로서 내려와서 용을 잡으니 곧 옛 뱀이요 마귀요 사단이라 잡아 일천 년 동안 결박하여 무저갱에 던져 잠그고 그 위에 인봉하여 천 년이 차도록 다시는 만국을 미혹하지 못하게 하였다가 그 후에는 반드시 잠깐 놓이리라"(계 20:1-3). 천 년은 초림과 재림 사이인 지금 우리가 살고 있는 시대인데 이 시대의 특징은 사단이 큰 쇠사슬에 결박되어 무저갱에 던져졌다는 것입니다. 무저갱은 끝이 없는 바닥이 보이지 않는 수렁을 말하는 것입니다. 사단이 결박되어 무저갱으로 끊임없이 떨어지고 있다는 것은 놀라운 비전입니다.

그러나 이 놀라운 비전에 대한 환상은 그것이 말하고 있는 실체가 있는 것입니다. 용 즉, 사단이라고도 하고 옛 뱀이라고도 하고 마귀라고도 하는 이 원수의 두목의 목적은 예수 그리스도의 교회를 파괴하고 진멸하는 것이 목적입니다. 핍박을 이용하기도 하고 거짓말을 이용하기도 하고 세상 쾌락을 이용하기도 하고 성도를 미혹하기도 합니다. 그러나 용은 마치 쇠사슬에 묶여 기둥에 매여 있는 무서운 도사견과 같습니다. 우리는 아무리 도사견이라도 쇠기둥에 쇠사슬로 묶여 있으면 짖어도 하나도 무서워하지 않고 그 집에 들어갈 수 있습니다. 도사견이 쇠사슬에 묶여 있으면 그것은 아무리 무서운 것이라도 우리가 두려워할 필요가 없다는 것입니다. 그러나 도사견을 풀어놓게 되면 사람을 물어뜯고 죽이겠지만 이 도사견이 쇠사슬에 묶여있기 때문에 마음대로 사람을 죽일 수가 없는 것입니다. 또 자발적으로 자기에게 다가오는 사람을 해칠 수도 있습니다. 그러나 묶여 있는 상태이기 때문에 사람을 해치는 것은 한계가 있습니다. 쇠사슬이 미치지 못하는 곳에는 힘을 쓸 수가 없는 것입니다. 용이 쇠사슬에 결박되었다는 것은 구체적으로는 만국을 미혹하지 못한다는 것입니다. 다른 말로 하면 만국에 복음이 전파되어서 영혼이 구원받는 것을 막을 수는 없다는 것입니다.

요한계시록이 쓰일 당시에도 교회는 소아시아 일부에만 국한되어 있었습니다. 소아시아 아니면 헬라 정도에만 교회가 있었지 교회가 전 세계에 퍼진 것이 아니었습니다. 그러나 사도요한은 복음이 만국에 전파될 것이고 사단은 이것을 막을 수가 없을 것이라는 말을 하고 있습니다. 복음전파가 가능해진 이유는 사단이 쇠사슬에 묶여있기 때문입니다. 사단이 묶이기 전에는 이 세상에서 하나님을 만날 수 있는 길은 아주 좁은 길이었습니다. 이스라엘 예루살렘 성전에, 그것도 성전 전체에서 만날 수 있는 것이 아니라 성소를 지나 지성소 안에 들어가야 그 지성소 안에서만 하나님을 만날 수가 있었습니다. 세상 열방은 흑암과 사망의 그늘에 처해 있었습니다. 그래서 하나님을 만날 수 있는 길이 없었습니다. **"사람이 흑암과 사망의 그늘에 앉으며 곤고와 쇠사슬에 매임은 하나님의 말씀을 거역하며 지존자의 뜻을 멸시함이라"**(시 107:10-11). 에덴동산에서 하나님을 반역하고 지존자의 뜻을 멸시함으로 인해서 사람은 다 흑암과 사망의 그늘에 처하게 되었습니다. 사단이 만국을 미혹하는 미혹에 완전히 사로잡혀 있었습니다. 거기서 하나님을 만날 수 있는 길은 오로지 지성소에서인데 그것도 그나마 1년에 한 번 밖에는 만날 수 없었던 것입니다.

　그러나 사단이 천 년이 시작되기 전에 결박이 되면서 복음의 빛은 열방에 비추게 되었습니다. 사단이 복음의 빛을 비추는 것을 막을 수가 없게 되었습니다. 선교사들이 파송되고 성경이 각 국어로 번역이 되고 교회가 열방에 세워지는 것을 막을 수가 없습니다. 우리가 영혼을 구원하려고 교회로 데리고 오는 것은 구약시대에는 어림도 없는 일이었습니다. 그러나 이제는 막을 수가 없습니다. 사단이 결박되어있기 때문입니다. 예수님이 마태복음 12장 29절에 귀신들려 눈멀고 듣지 못하게 된 자를 고쳐 구원하신 후에 이렇게 말씀 하셨습니다. "사람이 먼저 강한 자를 결박하지 않고야 어떻게 그 강한 자의 집에 들어가 그 세간을 늑탈하겠느냐 결박한 후에야 그 집을 늑탈하리라"(마 12:29). 예수님이 강한 자를 결박하셨다고 말씀하셨는데 이때에 사용된 헬라어와 '천 년동안 결박되리라'에 사용된 단어가 동일한 단어입니다. 예수님은 사단을 결박해놓고 사단의 종 된 사람을 계속 건지시고 그것은 사단이 막을 수가 없게 되었다고 마태복음 12장에 말씀한 것입니다. 예수님의 이런 역사를 가리켜서 사단의 역사라고 말하는 자는 성령 훼방죄에 해당이 되어 현세와 내세에 영원토록 용서를 받지 못할 것이라고 말씀했습니다. 예수님이 초림 하셨을 때에 사단을 결박 하셨기 때문에 사단의 종 된 사람들이 구원받기 시작합니다. 이런 그리스도 영혼구원의 사역은 초림과 재림 사이의 기간에 계속 되는 것입니다. 그래서 교회가 확장되고 여기저기 세워지고 선교사들이 파송되고 그들이 교회를 세우는 일을 할 수 있게 된 것입니다. 만약에 사단이 결박되지 않았다면 선교사가 파송될 수도 없고 교회가 세워질 수도 없고 영원히 구원받을 수도 없는 것입니다. 그러나 결박된 도사견에게도 자발적으로 가서 '내 손 한 번 물어보라'고 하면 도사견이 무는 것입니다.

■ 순교한 성도들이 그리스도와 더불어 천국을 통치한다

"또 내가 보좌들을 보니 거기 앉은 자들이 있어 심판하는 권세를 받았더라 또 내가 보니 예수의 증거와 하나님의 말씀을 인하여 목 베임을 받은 자의 영혼들과 또 짐승과 그의 우상에게 경배 하지도 아니하고 이마와 손에 그의 표를 받지도 아니한 자들이 살아서 그리스도로 더불어 천 년 동안 왕 노릇 하니 (그 나머지 죽은 자들은 그 천 년이 차기까지 살지 못하더라) 이는 첫째 부활이라 이 첫째 부활에 참예하는 자들은 복이 있고 거룩하도다 둘째 사망이 그들을 다스리는 권세가 없고 도리어 그들이 하나님과 그리스도의 제사장이 되어 천 년 동안 그리스도로 더불어 왕 노릇 하리라"(계 20:4-6). 이것은 천국의 입장에서 천 년을 바라본 것입니다. 예수의 증거와 하나님의 말씀을 인해서 순교한 사람들 영혼은 천국에 가 있습니다. 그리고 짐승과 그의 우상에게 경배하거나 짐승 표를 받지 않은 사람들은 참된 성도들입니다. 살아있다는 것은 존재가 있느냐 없느냐가 아니라 하나님과 교제를 하고 있느냐 하는 것입니다. 그것은 천국에서 영광을 받고 그리스도와 함께 다스리시는 자리에서 심판하는 권세를 받았다는 것입니다. 사도바울도 고린도전서 6장 2절과 3절에 "성도가 세상을 판단할 것을 너희가 알지 못하느냐 세상도 너희에게 판단을 받겠거든 지극히 작은 일 판단하기를 감당치 못하겠느냐 우리가 천사를 판단할 것을 너희가 알지 못하느냐 그러하거든 하물며 세상 일이랴"(고전 6:2~3)라고 했습니다. 우리 성도들이 세상을 판단하고 천사도 판단하지만 어떻게 구체적으로 판단하는지는 모릅니다. 이들은 땅에서 그리스도를 진실로 따르다가 죽어서 천국에서 영광을 누리고 있는 사람들입니다. 이들은 첫째 부활한 사람들이라고 했습니다. 그 첫째 부활은 둘째 사망의 해를 받지 않는다는 의미입니다. 첫째 부활한 사람들은 지옥에 가지 않습니다. 지옥의 권세와 형벌이 이들을 다스릴 권세가 전혀 없습니다. 예수 믿다가 초대 교회 때에 순교한 사람들도 많고 또 믿음을 지키다가 평생 고생하다 죽은 사람도 많습니다. 그런데 요한이 천국에 올라가서 보니까 그 사람들은 순교당해서 자신과 집안이 망한 줄 알았더니 그리스도와 더불어 왕 자리에 앉아서 천사들도 심판하고 세상도 심판하고 왕이 되어 있더라는 것입니다. 예수 믿다가 순교를 당해도 그것이 망하는 것이 아니고 왕이 되는 길입니다. 그러므로 예수 믿다 순교를 당한 사람들도 절망하지 말라는 격려의 메시지인 것입니다.

천 년 후에 일어나는 두 가지

■ 큰 전쟁이 일어난다

천 년이 끝날 때에도 두 가지 일이 일어난다고 했습니다. 하나는 교회를 대항해서 싸우는 큰 전쟁이 일어난다는 것입니다. 하나님의 교회는 그리스도 예수님이 재림하시기 직전에 큰 전쟁의 환란이 있을 것입니다.

"천 년이 차매 사단이 그 옥에서 놓여 나와서 땅의 사방 백성 곧 곡과 마곡을 미혹하고 모아 싸움을 붙이리니 그 수가 바다 모래 같으리라 저희가 지면에 널리 퍼져 성도들의 진과 사랑하시는 성을 두르매 하늘에서 불이 내려와 저희를 소멸하고 또 저희를 미혹하는 마귀가 불과 유황 못에 던지우니 거기는 그 짐승과 거짓 선지자도 있어 세세토록 밤낮 괴로움을 받으리라"(계 20:7-10). "천 년이 차매"라는 말은 "예수님의 재림이 가까워 오매"라는 의미입니다. 쇠사슬이 풀리고 무저갱에서 나오게 된 사단이 땅에 사방 백성을 모아서 성도의 진과 사랑하시는 성인 시온 성을 향해서 큰 전쟁을 일으키는 것입니다. 하나님의 교회는 큰 전쟁이 일어나게 됩니다. 이 전쟁은 예수 그리스도의 재림 직전에 일어날 큰 전쟁입니다.

구약에서 이 전쟁을 예표하는 사건이 두 가지가 있습니다. 하나는 사사기 4장에 나오는 므깃도 언덕에서 일어난 전쟁입니다. 가나안 왕 야빈과 그 군대장관 시스라가 철병거 구백 승과 또 바닷가의 모래 같은 온 군대를 모아서 이스라엘을 전멸시키려고 왔습니다. 그러나 여선지자 드보라와 믿음이 약한 바락이 사사가 되어서 납달리 스불론에 가서 일만 명을 모아서 다볼 산에 올라가서 내려다보니 철병거 구백 승과 가나안의 군대가 모래처럼 밑에 있는 것입니다. 하나님이 여선지자 드보라를 통해서 바락에게 내려가라고 했습니다. 그래서 일만 명이 무기도 없이 집에서 과일 깎던 과도를 들고 내려가는 것입니다. 그런데 갑자기 비가 어마어마하게 와서 철병거 구백 승이 다 물에 잠기게 되었습니다. 탱크 구백 대가 한 대도 못쓰게 되고 비가 얼마나 세게 오는지 앞뒤를 분간하지 못하고 가나안의 군대장관 시스라 한명만 빼놓고 자기들끼리 다 죽였습니다. 시스라도 야엘이라는 여인에 의해 말뚝이 박혀 죽게 되었습니다. 하나님의 백성들을 핍박하는 세력들이 온 힘을 모아서 쳐들어 왔지만 하나님이 개입하시니 그들이 완전히 망해버린 것입니다.

또 다른 하나는 에스겔서 38장에 나오는 곡과 마곡의 전쟁입니다. 곡과 마곡은 노아의 자손 중 셈을 제외한 함과 야벳의 자식들입니다. 함과 야벳의 후손들이 셈을 공격한다는 것입니다. 한마디로 말하면 하나님의 택함 받지 못한 자들이 사단의 미혹을 받아서 택자들인 교회를 공격하는 것입니다. 숫자가 어마어마하게 많고 잘 조직이 되었습니다. 에스겔 38장에 곡과 마곡의 군대가 이스라엘을 쳐들어와서 이스라엘이 완전히 망하는 줄 알았는데 하나님이 갑자기 개입을 해서 곡과 마곡의 군대가 다 죽었습니다. 그래서 이스라엘이 그 시체 치우는데 일곱 달이 걸렸고 그 무기를 빼앗아 장작을 만들어서 밥을 해먹는데 칠년이 걸렸다는 이야기가 기록이 되어있습니다.

구약성경 사사기 4장의 아마겟돈 전쟁 그리고 에스겔 38장에 곡과 마곡의 전쟁 이 두 가지는 공통적인 특징이 있습니다. 그것은 하나님의 택함 받지 못한 백성들이 하나님의 백성들을 대대적으로 공격하지만 하나님이 개입을 해서 그들은 완전히 망해버린다는 것입니다. 마찬가지로 사단이 무저갱에서 놓이고 쇠사슬이 풀리고 천 년의 끝에 교회를 대항하는 대전쟁을 일으켰습니다. 그래서 예배당 문을 다 닫게 하고 예배도 드리지 못하게 하고 성도들을 다 잡아가고 전쟁을 일으키는데 하나님이 갑자기 개입을 하셨습니다. *"저희가 지면에 널리 퍼져 성도들의 진과 사랑하시는 성을 두르매 하늘에서 불이 내려와 저희를 소멸하고"*(계 20:9). 하나님이 갑자기 개입을 하셔서 바닷가의 모래 같은 곡과 마곡의 원수들이 마침내 다 망해버린 것입니다. 하나님이 이런 사건을 기록해 놓으신 이유는 악의 세력은 아무리 강하고 많아도 승리할 수 없다는 것을 보여주기 위함인 것입니다. 그리고 예수 그리스도의 재림이 가까워 올수록 배교자가 많아지고 교회를 향한 핍박과 미혹이 강해질 것을 경고하고 우리 성도들을 무장시키기 위함인 것입니다. 천 년의 끝에 예수님 재림하시기 직전에는 마귀가 잠깐 풀려서 교회를 향해서 대대적인 전쟁을 일으키지만 하나님이 개입하셔서서 그들은 완전히 망하게 되고 마귀는 영영한 불에 던져지게 될 것입니다.

■ 백보좌 심판

천 년이 끝날 때에 또 한 가지 사건은 백보좌 심판입니다. "또 내가 크고 흰 보좌와 그 위에 앉으신 자를 보니 땅과 하늘이 그 앞에서 피하여 간 데 없더라 또 내가 보니 죽은 자들이 무론대소하고 그 보좌 앞에 섰는데 책들이 펴 있고 또 다른 책이 펴졌으니 곧 생명책이라 죽은 자들이 자기 행위를 따라 책들에 기록된 대로 심판을 받으니 바다가 그 가운데서 죽은 자들을 내어주고 또 사망과 음부도 그 가운데서 죽은 자들을 내어주매 각 사람이 자기의 행위대로 심판을 받고 사망과 음부도 불못에 던지우니 이것은 둘째 사망 곧 불못이라 누구든지 생명책에 기록되지 못한 자는 불못에 던지우더라"(계 20:11-15). 천 년이 끝나면 그리스도 예수님이 재림하시고 심판이 있게 되는데 이것이 백보좌 심판입니다. 예수 그리스도가 심판주가 되셔서 절

대적인 권위를 가지고 행하는 심판입니다. 그래서 사도바울은 이 심판을 그리스도의 심판대라고 고린도후서 5장 10절에 말했습니다. "이는 우리가 다 반드시 그리스도의 심판대 앞에 드러나 각각 선악간에 그 몸으로 행한 것을 따라 받으려 함이라(고후 5:10)". "인자가 아버지의 영광으로 그 천사들과 함께 오리니 그 때에 각 사람의 행한대로 갚으리라"(마 16:27). "아버지께서 아무도 심판하지 아니하시고 심판을 다 아들에게 맡기셨으니"(요 5:22). 그러므로 아들 예수님이 재림하실 때는 심판주로 오시는 것입니다. 초림은 구속주로 오시지만 재림은 심판주로 오시는 것입니다. 백보좌 심판은 이 지상에 존재했던 모든 사람이 다 대상이 됩니다. 개신교도나 로마 가톨릭 교도나 이단이나 이방종교인이나 불교인이나 유교인이나 부자나 가난한 자나 남자나 여자나 종이나 자유자나 공부 많이 한 사람이나 안 한 사람이나 잘생긴 사람이나 못생긴 사람이나 황인종이나 백인종이나 흑인종이나 다 서게 되는 것입니다.

그러나 이 백보좌 심판에는 책이 여러 종류가 있습니다. 책들에 기록된 대로 심판을 한다고 했습니다. 이것은 정확한 공의에 근거해서 심판이 이루어진다는 것입니다. 실수로 잘못 재판 받는 사람은 아무도 없습니다. 자기의 저지른 행위대로 다 심판받고 불 못에 던지우는 것입니다. 이것이 곧 둘째 사망입니다. 첫째 부활에 참여하지 못한 사람은 둘째 사망에 들어가게 됩니다. 지옥의 영영한 고통을 받게 되는데 지옥은 불신자만 들어가는 것이 아니라 사망까지 지옥에 들어갑니다. 이제는 사망이 없어지는 것입니다. 우리 인간에게 사망만 없으면 얼마나 좋겠습니까? 사망이 없으면 병드는 것도 없고 늙는 것도 없습니다. 사망이 인류의 최고 원수 아닙니까? 사람이 늙어가고 죽어간다는 것은 이것이 바로 원죄의 결과입니다. 그 사망도 불 못에 던지운다는 것입니다. 그러나 감사한 것은 행위를 기록한 책들 말고 다른 책이 또 하나 있습니다. 그 책은 생명책입니다. 이 생명책에 이름이 기록된 사람들은 예수님이 심판을 하지 않으십니다. 하나님이 다 받으시고 천국에서 영영히 살게 하시고 둘째 사망이 그들을 다스릴 권세가 없지만 생명책에 기록되지 못한 사람은 누구든지 불못에 던지우는 것입니다.

결론

요한계시록 20장을 보면 지상에 대한 이야기는 하나도 나오지 않습니다. 천 년을 문자적으로 해석하는 것은 아주 잘못된 해석인 것입니다. 천 년 동안에는 두 가지 일이 있습니다. 사단이 결박되어 복음이 전파되고 성도들은 천국 가서 예수님과 함께 다스리게 됩니다. 천 년이 끝날 때에는 사단이 놓여서 하나님의 교회를 대항한 큰 전쟁이 있을 것이지만 하나님이 개입하셔서 전쟁은 끝나게 되고 예수님이 재림하셔서 백보좌 심판이 있게 되는데 그 심판에 생명책에 기록되지 못한 사람들은 다 자기의 행위대로 심판받고 생명책에 기록된 사람들은 심판이 면제되고 사망이 없는 천국에서 영생을 누리며 살게 될 것입니다. 우리 인간에게는 제일 중요한 질문은 공부 많이 했나 돈이 많냐가 아니라 내 이름이 생명책에 기록이 되었느냐하는 것입니다. 자신의 죄를 하나님께 고백하고 죄로부터 돌이켜서 예수 그리스도를 구주로 믿고 의지하는 사람들은 생명책에 그 이름이 기록되었고 정죄가 없고 심판이 없고 하나님으로부터 사죄와 칭의와 화친하는 3대 은혜를 받게 되는 것입니다. 이렇게 이 믿음은 귀한 것이고 영원한 가치가 있는 것입니다. 그러므로 믿다가 순교를 당할지라도 믿음이 더 중요하다는 말씀을 요한계시록 20장은 우리에게 가르치고 있는 것입니다. 여러분은 이 생명책에 이름이 기록되어 있습니까? 내 이름은 생명책에 기록되있다는 것을 확신하시고 다른 사람의 이름도 생명책에 기록될 수 있도록 전도에 열심을 낼 수 있기를 바랍니다.

30
새 예루살렘 성

요한계시록 21:1-8

"또 내가 보매 거룩한 성 새 예루살렘이 하나님께로부터 하늘에서 내려오니 그 예비한 것이 신부가 남편을 위하여 단장한 것 같더라"(계 21:2).

오늘날 많은 사람들이 교회를 비웃고 비판합니다. 비판하는 것에는 이유도 있습니다. 비판할 수도 있겠다는 생각도 듭니다. 왜냐하면 교회가 세습 문제도 있고 도덕적인 부패의 문제도 있고 위선자도 많고 분열도 많고 다툼도 많습니다. 그것이 이유가 될 수 있습니다. 그러나 그들은 근본적으로 교회가 어떤 것인지 모르고 있습니다. 많은 사람들이 교회를 비판하고 대적하는 것에는 이유가 있지만 그들은 교회의 참된 가치가 무엇이고 교회의 미래가 어떤 지를 잘 모르고 있기 때문입니다.

교회의 원수는 다섯이 있다고 했습니다. 그중에 두목은 용이라고도 불리고 옛 뱀이라고도 불리는 사단이 두목입니다. 사단과 그의 하수인들이 하나님의 교회를 멸절 시키려고 노력해왔습니다. 하지만 그 모든 시도는 다 실패하고 교회 원수들은 도리어 영원한 멸망을 당하게 되었습니다. 이것이 요한계시록 20장의 내용입니다. 반면에 요한계시록 21장에서는 하나님의 교회는 얼마나 영광스럽고 완전한 미래를 맞게 될 것인지 교회가 맞게 될 영광스러운 미래를 보여줍니다. 요한계시록 21장을 우리가 제대로 이해한다면 우리 각 사람이 하나님의 교회에 일원이 된 것이 얼마나 행복한 특권인가를 다시 한 번 감격하게 될 것입니다. 요한계시록 21장은 성경 가운데서 가장 아름답고 영광스러운 부분입니다. 요한계시록 21장은 두 가지를 보여주고 있습니다.

어디에서 영원히 보낼 것인가

첫 번째는 교회는 어디에서 영원을 보낼 것인가를 보여주고 있습니다. 요한계시록 21장 3절에는 그 천국이 새 하늘과 새 땅에 있다고 하는 놀라운 대답을 주고 있습니다. 새 하늘과 새 땅은 하나님의 백성들이 영원히 살 수 있는 완벽하고도 실제적인 거주지가 될 것입니다. 천국은 땅이 있는 것입니다. 새 땅에 건설되는 것이고 새 땅은 새 하늘과 함께 합쳐져서 하나가 되는 것입니다. *"또 내가 새 하늘과 새 땅을 보니 처음 하늘과 처음 땅이 없어졌고 바다도 다시 있지 않더라"*(계 21:1). 새 땅이 될 때에는 바다가 있지 않습니다. 요한계시록에서 바다라고 하는 것은 항상 요동하고 갈등하는 불안과 다툼의 상징입니다. 새 하늘과 새 땅은 이런 불안과 요동과 갈등과 악이 모두 사라지는 완벽한 거주지가 되는 것입니다.

우리가 지금 고통을 겪고 있는 것은 새 하늘과 새 땅이 되면 다 없어진다는 것입니다. 병도 없어지고 괴롭히는 것도 없어지는 것입니다.

어떤 성경 주석가들은 창세기 3장과 요한계시록 21장은 서로 반대된다고 말합니다. 창세기 3장은 에덴동산에서 뱀의 유혹을 받아서 아담과 하와가 선악과를 따먹은 내용입니다. 창세기 3장은 천국을 상실한 내용이고 요한계시록 21장은 천국을 다시 회복한 내용이라는 말을 합니다. 또 창세기 3장은 교활한 마귀가 인간을 죄에 빠뜨리고 멸망시킨 사건이지만 요한계시록 21장은 마귀와 그의 추종자들이 영영히 타는 유황불 속에 던져져서 더 이상 하나님의 자녀들을 괴롭힐 수 없게 되었다고 하는 선언입니다. 창세기 3장에서는 인간이 하나님의 낯을 피하여 도망가는 현장이지만 요한계시록 21장은 인간이 하나님과 영영히 교제하는 현장입니다. 천국은 멀리 떨어진 우주 공간이 아닙니다. 구약성경을 보아도 천국이라고 하는 것은 지상에서 이루어지는 생활이라는 것을 말하고 있습니다.

대표적인 기록이 이사야서 11장 6~9절입니다. "그 때에 이리가 어린 양과 함께 거하며 표범이 어린 염소와 함께 누우며 송아지와 어린 사자와 살진 짐승이 함께 있어 어린 아이에게 끌리며 암소와 곰이 함께 먹으며 그것들의 새끼가 함께 엎드리며 사자가 소처럼 풀을 먹을 것이며 젖먹는 아이가 독사의 구멍에서 장난하며 젖뗀 어린 아이가 독사의 굴에 손을 넣을 것이라. 나의 거룩한 산 모든 곳에서 해됨도 없고 상함도 없을 것이니 이는 물이 바다를 덮음 같이 여호와를 아는 지식이 세상에 충만할 것임이니라"(사 11:6-9). 천국이 되면 새 땅에는 사람도 있고 표범도 있고 뱀도 있는데 어린아이들이 독사의 굴에 손을 넣어도 뱀이 물지 않고 표범도 사람을 잡아먹지 않고 해됨도 없고 상함도 없다고 이사야서 11장에 기록이 되어있습니다.

요한계시록 21장은 거룩한 성 새 예루살렘이 하늘로부터 내려와서 하늘과 땅이 하나로 결합된 천국이 된다고 했습니다. 이것이 새 하늘과 새 땅입니다. 이 '새' 라고 하는 단어는 두 종류가 있습니다. 하나는 전에는 존재하지 않았던 것이 새롭게 존재하게 되는 것입니다. 헬라어로는 "네오스"(νεος)라는 단어를 씁니다. 다른 하나는 이미 존재하던 것을 새로이 리모델링을 해서 새것이 되었다는 것입니다. 이것은 헬라어로 "카이노스"(καινος)라고 합니다. 여기서 새 하늘과 새 땅이라고 하는 이 말에 사용된 단어는 존재하지 않던 것이 새로 생겼다는 것이 아니고 이미 존재하던 것이 리모델링해서 새것이 되었다고 하는 "카이노스"를 사용합니다. 우리가 살고 있는 이 지구는 괴로운 곳입니다. 뱀도 많고 모기도 많고 질병도 많고 병균도 많고 길가다가 갑자기 땅이 꺼지기도 하고 별별 위험이 많습니다. 화산도 터지기도 하고 지진이 나기도 합니다. 우리가 살고 있는 지구는 안전한 곳이 아닙니다. 그러나 새 하늘과 새 땅은 그 질에 있어서 완전히 리모델링을 해서 완전히 새것이 되었다는 것입니다. 죄의 흔적이 완전히 사라진 새 땅이 되는 것입니다. "모든 눈물을 그 눈에서 씻기시매 다시 사망이 없고 애통하는 것이나 곡하는 것이나 아픈 것이 다시 있지 아니하리니 처음 것들이 다 지나갔음이러라"(계 21:4). 지금 우리가 살고 있는 이 지구상에서의 삶은 처음 것입니다. 처음 것은 다 지나가고 눈물도 없고 사망도 없고 애통도 없고 곡하는 것, 아픈 것이 새 하늘과 새 땅에서는 다시는 있지 않다는 말씀입니다. 지금 우리 인간만 그런 세계를 바라는 것이 아닙니다. 짐승도 다 그런 세계가 빨리 오기를 바라고 있다고 로마서가 말하고 있습니다. 로마서 8장 21~22절에 보면 바울은 피조물이 모두 이런 세상을 바라보며 탄식하고 고통하고 있다고 말했습니다. "그 바라는 것은 피조물도 썩어짐의 종노릇 한데서 해방되어 하나님의 자녀들의 영광의 자유에 이르는 것이니라 피조물이 다 이제까지 함께 탄식하며 함께 고통하는 것을 우리가 아나니"(롬 8:21~22). 사도행전 3장 21절에도 베드로가 이렇게 설교했습니다. "하나님이 영원 전부터 거룩한 선지자의 입을 의탁하여 말씀하신바 만유를 회복하실 때까지는 하늘이 마땅히 그를 받아두리라"(행 3:21). 하나님이 만유를 회복해서 죄의 모든 흔적을 제거하실 때까지 하늘이 예수 그리스도를 받아주신다고 했습니다. 그래서 어떤 성경학자는 하나님이 회복하시는 새 하늘과 새 땅은 본래 에덴동산보다도 더욱더 영광스럽고 안전하고 행복한 곳이 될 것이라고 말했습니다. 여러분은 에덴동산에서 사시겠습니까? 아니면 새 하늘과 새 땅에서 사시겠습니까? 에덴동산은 뱀도 있고 좋지 않은 것도 있습니다. 거기서는 죄를 범하면 죽게 됩니다. 그러나 새 하늘과 새 땅은 다시는 죽는 게 없고 그곳은 다시는 유혹하는 자도 없다고 했으니 에덴동산보다 훨씬 좋은 곳입니다. 그리고 요한계시록 22장을 보면 에덴동산에는 생명나무가 하나밖에 없지만 새 하늘과 새 땅에는 생명나무가 양쪽으로 있어서 이 생명나무가 한 달에 열매를 하나씩 맺어서 일 년에 열두 개씩 만든다고 했습니다. 나무 하나에 1월에는 참외가 열리고 2월에는 토마토가 열리고 3월에는 사과가 열리고 4월에는 오렌지가 열리고 5월에는 딸기가 열리고 12월까지 계속 열리면 얼마나 좋겠습니까? 이렇게 생명나무가 매달 다른 열매를 맺고 어떤 병이 걸리더라도 걱정할 필요가 없습니다. 생명나무 잎사귀가 닿으면 만국을 치료한다고 했습니다. 얼마나 놀랍습니까?

교회의 영원한 상태는 어떤 모습이 될 것인가

완성된 교회는 새 하늘과 새 땅에 거한다고 했습니다. 완성된 교회를 가리켜서 하늘에서 내려온 새 예루살렘 성이라고 말을 하는 것입니다. 사도 요한은 미래의 교회의 모습을 두 가지 이미지를 사용해서 설명하고 있습니다. 사람이 제일 아름다울 때가 언제입니까? 신부 단장 했을 때 아닙니까? 그때는 어떤 사람도 다 예쁩니다. 첫 번째 이미지는 신부의 모습입니다. "또 내가 보매 거룩한 성 새 예루살렘이 하나님께로부터 하늘에서 내려오니 그 예비한 것이 신부가 남편을 위하여 단장한 것 같더라"(계 21:2). 천국의 모습이 아름답다는 것을 신부가 그 신랑을 위해서 단장한 것 같다고 했습니다. 인생에서 가장 아름다울 때와 같이 새 예루살렘 성이 아름답더라는 것입니다. 그러나 요한계시록 21장은 이 신부의 모습보다는 예루살렘 성의 이미지를 더 강조하고 있습니다.

거룩한 성 새 예루살렘은 다섯 가지 특징이 있습니다. 첫째로는 하나님의 영광이 있는 성입니다. 우리는 이 하나님의 영광이라는 것이 얼마나 좋은 것인지 모릅니다. 그런데 일단 하나님의 영광이 있으면 해가 필요 없고 달도 필요 없습니다. 하나님의 영광만 있으면 어디라도 광명하다는 것입니다. "하나님의 영광이 있으매 그 성의 빛이 지극히 귀한 보석 같고 벽옥과 수정같이 맑더라"(계 21:11). "성안에 성전을 내가 보지 못하였으니 이는 주 하나님 곧 전능하신 이와 및 어린 양이 그 성전이심이라 그 성은 해나 달의 비침이 쓸데 없으니 이는 하나님의 영광이 비치고 어린 양이 그 등이 되심이라 만국이 그 빛 가운데로 다니고 땅의 왕들이 자기 영광을 가지고 그리로 들어오리라"(계 21:22-24). 새 예루살렘 성은 하나님의 영광이 있어 항상 밝고 어둠이라고는 전혀 없는 곳입니다. 그리고 만국 사람들이 다 와서 하나님께 영광을 돌리는 곳입니다.

두 번째로 새 예루살렘 성은 거룩함이 있습니다. 10절에 보면 거룩한 성 새 예루살렘이라고 했습니다. "성령으로 나를 데리고 크고 높은 산으로 올라가 하나님께로부터 하늘에서 내려오는 거룩한 성 예루살렘을 보이니"(계 21:10). 거룩하지 못한 사람은 아무도 이 성에 들어갈 수가 없습니다. 8절에는 들어갈 수 없는 사람들이 나옵니다. "그러나 두려워하는 자들과 믿지 아니하는 자들과 흉악한 자들과 살인자들과 행음자들과 술객들과 우상 숭배자들과 모든 거짓말 하는 자들은 불과 유황으로 타는 못에 참예 하리니 이것이 둘째 사망이라"(계 21:8). 믿지 않는 사람들, 죄 가운데 그냥 사는 사람들은 들어갈 수 없는 것입니다. "무엇이든지 속된 것이나 가증한 일 또는 거짓말하는 자는 결코 그리로 들어오지 못하되 오직 어린 양의 생명책에 기록된 자들뿐이라"(계 21:27). 어린 양의 생명책에 기록된 참된 그리스도인들만이 이 새 예루살렘 성에 들어가게 된다는 것입니다. 이단자, 사기꾼, 예수 믿지 않고 거역하고 반역하는 사람은 아무도 없다는 것입니다.

세 번째는 이 새 예루살렘은 절대 안전이 있는 곳입니다. "크고 높은 성곽이 있고 열두 문이 있는데 문에 열두 천사가 있고 그 문들 위에 이름을 썼으니 이스라엘 자손 열두 지파의 이름들이라"(계 21:12). 일만 이천 스다디온은 우리 단위로 2,200km입니다. 장과 광과 고가 2,200km입니다. 가로와 세로가 2,200km이면 그건 별것이 아니라고 생각할 수 있지만 높이도 2,200km입니다. 어마어마한 것입니다. 거기에 높은 성곽이 있어 어떤 도둑도 2,200km 담을 넘어갈 수 없습니다. 아무리 이소룡 할아버지라고 해도 2,200km 월담은 불가능한 것입니다. 또 동서남북으로 문이 세 개씩 있고 열두 기초석이 있다고 했습니다. 그러나 열두 문에는 구약 시대의 열두 지파의 이름이 적혀있고 열두 기초석에는 신약시대의 열두 사도의 이름이 적혀 있습니다. 새 예루살렘 성은 어마어마하게 큰데 이것은 구약의 성도들, 신약의 성도들인 참된 그리스도인들이 다 들어간다는 의미입니다. 그 이름이 생명책에 기록된 사람들만 들어가는 것입니다. *"성문들을 낮에 도무지 닫지 아니하리니 거기는 밤이 없음이라"(계 21:25).* 하나님의 영광이 있기 때문에 밤이 없습니다. 낮만 있는데 낮에도 문을 닫지 않습니다. 문을 닫지 않아도 감히 누가 들어오지 못하고 절대로 안전한 것입니다. 요즘은 시골에 전원주택을 짓고 살고 싶어도 도둑이나 강도가 들어올까봐 못 삽니다. 철벽으로 지은 아파트에 철문을 삼중으로 해도 불안합니다. 밑에서 드릴로 뚫고 올라오는 사람이 있기 때문입니다. 창문에도 철창을 해서 감옥에 있는 사람과 비슷하게 삽니다. 그래도 불안한데 이 새 예루살렘 성에는 완전한 안전이 있다는 것입니다. 어떤 위험도 없고 아무런 해도 없고 어떤 거짓 선지자도 들어올 수 없는 이 새 예루살렘 성에는 완전한 안전이 있습니다.

또 새 예루살렘 성 안에는 하나님과 인간 사이에 끊임없는 교제와 조화로움이 있습니다. *"내가 들으니 보좌에서 큰 음성이 나서 가로되 보라 하나님의 장막이 사람들과 함께 있으매 하나님이 저희와 함께 거하시리니 저희는 하나님의 백성이 되고 하나님은 친히 저희와 함께 계셔서 모든 눈물을*

그 눈에서 씻기시매 다시 사망이 없고 애통하는 것이나 곡하는 것이나 아픈 것이 다시 있지 아니하리니 처음 것들이 다 지나갔음이러라"(계 21:3-4). "또 내게 말씀하시되 이루었도다 나는 알파와 오메가요 처음과 나중이라 내가 생명수 샘물로 목마른 자에게 값없이 주리니 이기는 자는 이것들을 유업으로 얻으리라 나는 저의 하나님이 되고 그는 내 아들이 되리라"(계 21:6-7).

하나님이 새 예루살렘 성에 함께 계셔서 언제든지 우리가 하나님을 만날 수 있습니다. 우리는 이 땅에 살면서 하나님을 한 번 경험하는 것도 그렇게 간절히 바라는데 새 예루살렘 성은 언제든지 하나님과 무한정 교제가 이루어지는 곳이니 얼마나 좋은 곳입니까?

그리고 다섯 번째로 이 새 예루살렘 성은 국제적인 사회가 될 것입니다. 거기는 각 세계 민족들이 다 들어오게 될 것입니다. 만국에서 구원받은 신·구약의 모든 성도들, 생명책에 그 이름이 기록된 모든 사람들이 그 성의 시민이 된다고 했습니다. "사람들이 만국의 영광과 존귀를 가지고 그리로 들어오겠고"(계 21:26). 이 새 예루살렘 성은 한마디로 말해서 인간이 바라고 상상할 수 있는 가장 이상적인 사회가 되는 것입니다. 우리는 어디를 가도 이상적인 사회는 아닙니다. 그런데 이 새 예루살렘 성은 인간이 바라고 상상할 수 있는 가장 이상적인 사회가 될 것입니다. 사도요한이 우리에게 계시해준 천국의 영광은 결코 꿈이 아니고 환상도 아닙니다. 우리에게 현실로 다가올 아름다운 세상이고 완전한 세상이 될 것입니다. 이 땅에서 우리가 백년 살면 좋지만 사실 백년 살기 어렵습니다. 하지만 백년을 못 살아도 그렇게 애통해 할 것 없습니다. 예수 믿는 우리는 새 예루살렘 성에서 영원히 살 것입니다. "보좌에 앉으신 이가 가라사대 보라 내가 만물을 새롭게 하노라 하시고 또 가라사대 이 말은 신실하고 참되니 기록하라 하시고"(계 21:5).

결론

미래의 교회는 이처럼 거룩하고 아름답고 완전한 것입니다. 교회의 모습이 지금은 비록 부족하고 약하더라도 하나님이 다 새롭게 하실 것입니다. 그리고 교회는 영원하고 완전한 인간사회가 될 것입니다. 우리가 이런 영광스러운 미래가 보장되어 있는 교회의 일원이 되었다는 것이 얼마나 큰 축복입니까? 인간 세상의 소망은 교회밖에 없습니다. 스펄전 목사는 자신의 교회가 부흥된 원인은 자기가 설교를 잘해서가 아니라 그 교회 성도들이 교회를 자랑하는 것이라고 했습니다. 교회를 사랑하고 교회를 자랑하니까 사람들이 그 교회로 몰려오는 것입니다. 전도는 우리 성도들이 서로 교회를 사랑하고 교회에 오면 새로온 새신자들을 사랑하면 전도는 저절로 됩니다. 어렵게 생각할 것이 없습니다. 성도들이 서로 사랑하면 그 사랑의 분위기 속에서 정착이 되고 성장하게 되는 것입니다. 교회의 지금 현재 모습은 부족한 것이 많고 흠이 많아도 교회는 위대한 것입니다. 교회의 미래는 참으로 영광스러운 것입니다. 여러분, 교회를 사랑하고 자랑하는 성도가 되시기를 바랍니다.

31

생명나무

요한계시록 22:1-5

"또 저가 수정같이 맑은 생명수의 강을 내게 보이니 하나님과 및 어린 양의 보좌로부터 나서 길 가운데로 흐르더라 강 좌우에 생명 나무가 있어 열두가지 실과를 맺히되 달마다 그 실과를 맺고 그 나무 잎사귀들은 만국을 소성하기 위하여 있더라"(계 22:1~2).

성경에는 나무가 많이 나옵니다. 나무에 대한 공부만 해도 한 학기는 해야 될 것이라고 생각될 정도로 나무가 많고 이 나무는 단순히 보통 나무로 끝나는 것이 아니고 나무가 다 영적인 의미를 갖고 있습니다. 레바논의 백향목, 화석류 나무, 모세가 본 불타는 가시떨기나무, 삭개오가 올라간 뽕나무 등 성경에 나오는 나무는 종류가 많고 의미가 다양합니다.

성경에서 제일 중요한 나무가 두 가지입니다. 이 두 가지 나무는 에덴동산에 있었던 것입니다. 창세기 3장 1절부터 6절에 아담과 하와가 에덴동산에서 중앙에 있는 선악을 알게 하는 나무의 실과를 따 먹었습니다. 이 선악과라는 나무가 도대체 어떻게 생겼는지 그것을 따 먹는 바람에 우리가 늙고 죽는 것이 생긴 것입니다. 아담의 두 번째 죄부터는 아담 개인의 죄입니다. 그러나 아담이 첫 번째로 지은 죄는 하나님과의 언약을 깨는 죄이기 때문에 아담의 허리 안에 있는 우리까지도 다 해당이 되는 것입니다. 그래서 이것을 원죄라고 합니다. 사단의 유혹을 받아서 아담과 하와는 선악을 알게 하는 나무의 실과를 따 먹음으로써 인류를 원죄와 사망의 구렁텅이로 빠뜨리게 되었던 것입니다. 아담과 하와가 선악과 열매를 따 먹은 것이 옛날이야기 같아도 이것이 우리에게 현실로 다가온 것입니다.

그러나 에덴동산에는 그 나무만 있었던 것은 아닙니다. *"여호와 하나님이 가라사대 보라 이 사람이 선악을 아는 일에 우리 중 하나같이 되었으니 그가 그 손을 들어 생명나무 실과도 따 먹고 영생할까 하노라 하시고"*(창 3:22). 에덴동산에는 선악과만 있는 것이 아니고 생명나무도 있었는데, 꼭 인간은 먹으라는 건 먹지 않고 먹지 말라는 것은 먹습니다. 먹으면 영생하는 생명나무도 에덴동산에 있었는데 그것은 아담과 하와가 먹지 않고 먹으면 사망이 오게 되는 선악과를 따 먹은 이것이 원죄입니다. 죄인이 되기 전에는 아담과 하와가 생명나무를 먹을 수 있었습니다. 그러나 죄인이 된 다음에는 먹지 못하게 되었습니다. 그것은 죄인이 생명나무 열매를 먹어 영생하면 안 되기 때문입니다.

우리가 이런 죄성을 가지고 영생을 한다고 하면 허구한 날 전쟁이 일어날 것입니다. 그래도 늙으면 죽는 것이니 전쟁이 덜 일어나는 것입니다. 영생을 해서 지금까지 이순신 장군이 살아계시고 강감찬도 살아 있다면 어떻게 되겠습니까? 그러니까 하나님이 창세기 3장 24절에 보면 아담과 하와를 에덴동산에서 내어 쫓으면서 *"이같이 하나님이 그 사람*

을 쫓아 내시고 에덴 동산 동편에 그룹들과 두루 도는 화염검을 두어 생명나무의 길을 지키게 하시니라"(창 3:24). 천사들을 두어서 생명나무를 못 먹게 한 것입니다. 죄인이 되어서 하나님을 향한 반항의 정신을 가지고 영생하게 되면 그래서 계속 자녀를 낳아서 하나님을 반항하는 영생하는 죄인들만 만들어내면 안 되기 때문에 하나님이 더 이상 생명나무는 근처에도 가지 못하게 두루 도는 화염검을 두어 생명나무의 길을 지키게 하신 것입니다. 창세기 3장에서 생명나무 길을 지키신 이후로 성경 66권을 다 읽어봐도 생명나무라는 단어가 한 번도 나오지 않습니다. 그러다가 성경 맨 끝 요한계시록 22장에 비로소 생명나무가 나타나게 됩니다.

생명나무에 이르는 길이 차단되다

이 생명나무에 대해서 세 가지를 생각해보겠습니다. 첫째로 아담과 하와가 하나님을 반역한 이후로 인간은 생명나무에 이르는 길이 차단되었습니다. 인간은 어느 누구도 죄성을 가지고는 생명나무에 갈 수가 없게 되었습니다. 길이 차단된 것입니다. 아담과 하와는 하나님의 분명한 말씀을 거역하고 범죄함으로써 인류를 원죄에 빠뜨렸습니다. 그러므로 하나님께로 가는 생명나무의 길을 차단하셨습니다. 차단하신 이유는 "그 손을 들어 생명나무 실과도 따 먹고 영생할까 하노라"입니다. 죄인이 되어서 선악과를 따 먹은 손으로 생명나무도 따 먹고 영생을 할까봐 하나님이 생명나무로 가는 길을 막아놓으셨다는 것입니다. 생명나무는 실제 나무이고 영적인 의미를 지닌 나무입니다. 생명나무의 실과는 영생을 주는 실과입니다. 영생은 인간이 하나님과 영원히 교제하는 고차원적인 삶을 의미합니다. 단순히 시간적으로 영원히 산다는 것은 아닙니다. 불신자도 그런 의미의 영생은 있습니다. 불신자도 지옥에서 영원히 삽니다. 하지만 지옥에서 영원히 사는 것을 영생이라고 하지 않고 영벌이라고 합니다. 완전한 삶, 기쁨과 만족이 있는 삶, 평화와 의미가 있는 삶이 영생인 것입니다. 하나님과 아무런 방해 없이 교제가 지속되는 삶이 영생입니다. 그러나 아담과 하와와 그 후손들은 생명나무에 이르는 길이 차단되었습니다. 그런데 하나님은 인간이 생명나무에 이르는 길을 영구히 차단해 놓지 않으셨습니다.

다시 나타난 생명나무

요한계시록 22장에 생명나무가 다시 나타나게 되었습니다. 그러나 이제는 에덴동산에 나타난 것이 아니라 하늘에서 내려온 새 예루살렘에 생명나무가 다시 나타나게 되었습니다. "또 저가 수정같이 맑은 생명수의 강을 내게 보이니 하나님과 및 어린 양의 보좌로부터 나서 길 가운데로 흐르더라"(계 22:1-2상). 새 예루살렘 성 완성된 천국에는 도시 한복판으로 생명수강이 흘러갑니다. 강 좌우에는 생명나무가 있는데 하나가 아니라 여러 개가 있습니다.

요한계시록 주석을 쓴 윌리엄 헨드릭스라는 분이 말하기를 새 예루살렘 성 생명나무는 하나가 아니라 수없이 많다고 했습니다. 에덴동산과 같은 축복인데 에덴동산보다도 훨씬 더 풍성한 축복을 새 예루살렘 성이 갖고 있다는 것을 의미한다고 말을 했습니다. 이 새 예루살렘 성에는 아무라도 능히 셀 수 없는 수많은 사람들이 그 성에 살 수 있게 될 것이라고 했습니다. 오직 어린 양의 생명책에 그 이름이 기록된 사람들이 전 세계에서 와서 그 도시의 주민이 될 것입니다. 에덴동산에서의 생명나무는 하나님이 영생을 주시는 분이시라는 상징이었습니다. 그러나 새 예루살렘 성에 사는 사람들은 그것이 상징이 아니라 영생을 실제로 누리는 것입니다. 상징으로 있는 것과 누리는 것은 다른 것입니다. 거기는 죽지 않고 배고프지 않고 추한 것도 없고 아픈 것도 없습니다. 인간의 마음속에 가지고 있는 모든 소원이 다 이루어지는 성이 바로 새 예루살렘 성입니다. 얼마나 감사합니까. 새 예루살렘 성의 생명나무는 얼마나 축복이 풍성합니까. 생명나무가 달마다 다른 실과를 맺는다고 하는 것은 그만큼 천국에 축복이 풍성하다는 것을 의미합니다.

그 잎사귀는 만국을 소성케한다고 했습니다. 생명나무의 잎사귀가 특별한 효능이 있다는 것입니다. 소성이라는 것은 우리말로는 치료입니다. 이 생명나무의 잎사귀가 만국 백성들을 다 치료하는 것입니다. 생명나무 잎사귀는 죄를 치료하고 슬픔을 치료하고 고통을 치료하고 모든 질병을 완전히 치료합니다. 이 생명나무는 영원하고 결코 상실될 수 없는 하나님의 축복이 가득한 삶을 말합니다. 이 생명나무가 이제는 에덴동산에 있지 아니하고 새 예루살렘 성에 있다는 것입니다. 오직 예수 믿고 구원받은 사람들만이 영생을 얻고 새 예루살렘 성에 들어가고 생명수를 마시고 생명나무 열매를 먹고 생명나무 잎사귀의 효능을 체험하며 살게 될 것입니다. "저희가 주의 집의 살진 것으로 풍족할 것이라 주께서 주의 복락의 강수로 마시우시리이다 대저 생명의 원천이 주께 있사오니 주의 광명 중에 우리가 광명을 보리이다"(시 36:8-9). 우리는 복락의 강수를 마시며 생명나무 실과를 따 먹으며 생명나무 잎사귀로 모든 저주를 다 치료받고 영생을 누리며 새 예루살렘 성에 살게 될 것입니다. 하나님이 우리에게 이런 언어로 상징적으로 알려주셨는데 우리가 그 실제를 보게 되면 얼마나 더 축복된 것이겠습니까? 신랑이 신부의 그림자만 봐도 좋은데 신부를 진짜로 만나면 얼마나 좋겠느냐는 것입니다.

생명나무에 접근이 허락되다

그러나 중요한 진리는 이것입니다. 하나님은 이제는 인간에게 생명나무에 접근할 권리를 허락하기 시작하셨다는 것입니다. 죄인들이 생명나무에 접근할 길을 열어 놓으셨다는 것이 신약시대의 은혜입니다. "나는 알파와 오메가요 처음과 나중이요 시작과 끝이라. 그 두루마기를 빠는 자들은 복이 있으니 이는 저희가 생명 나무에 나아가며 문들을 통하여 성에 들어갈 권세를 얻으려 함이로다"(계 22:13-14). 생명나무에 나아갈 수 있는 길이 열렸습니다. 그리고 이 성에 들어갈 권세를 얻을 수 있게 되었습니다. 그러나 예수님이 말씀하시기를 그 두루마기를 세탁하는 자들이 복이 있다고 하셨습니다. 모든 사람은 옷을 입고 다닙니다. 더러운 옷 입고 다니는 사람도 있고 깨끗한 옷 입고 다니는 사람도 있습니다. 그런데 영적인 면에서 내가 스스로 착하고 선행으로 살아서 천국 갈 수 있다고 생각하는 사람은 더러운 옷을 입고 다니는 사람입니다. "대저 우리는 다 부정한 자 같아서 우리의 의는 다 더러운 옷 같으며"(사 64:6상). 예수 그리스도를 구주로 믿은 사람은 예수 그리스도의 100% 깨끗한 의의 예복을 입게 되는 것입니다.

"내가 여호와로 인하여 크게 기뻐하며 내 영혼이 나의 하나님으로 인하여 즐거워하리니 이는 그가 구원의 옷으로 내게 입히시며 의의 겉옷으로 내게 더하심이 신랑이 사모를 쓰며 신부가 자기 보물로 단장함 같게 하셨음이라"(사 61:10). 하나님은 우리 죄인들에게 더러운 옷을 벗기고 구원의 옷을 입히십니다. 신부가 더러운 옷 입고 결혼식장 가면 되겠습니까? 다 벗고 하얀 드레스 입고 가야합니다. 더러운 옷을 벗고 예수 그리스도의 의의 겉옷으로 갈아입은 사람만 생명나무에 나아갈 수 있고 그 거룩한 새 예루살렘 성에 들어갈 권세를 입게 되는 것입니다.

예수 믿는 것은 그 두루마기를 빠는 것입니다. 요한계시록 22장에 "복이 있도다"라는 말이 일곱 번이 나옵니다. 7이라고 하는 것은 완전수입니다. 그 일곱 번 가운데 제일 마지막이 바로 요한계시록 22장 14절입니다. "그 두루마기를 빠는 자들은 복이 있으니 이는 저희가 생명 나무에 나아가며 문들을 통하여 성에 들어갈 권세를 얻으려 함이로다"(계 22:14).

다른 말로 하면 예수 그리스도를 구주로 믿고 의의 예복을 받은 사람은 복이 있다는 말입니다. 이제 완전한 복, 영생의 복, 생명나무 실과를 따먹을 수 있는 권리를 얻게 되었기 때문인 것입니다. 이것은 오로지 예수 그리스도를 믿음으로 오는 것입니다. 우리 모두는 다 예수 믿어 의의 예복을 이미 입은 사람인 줄로 믿습니다.

결론

그러므로 하늘나라 새 예루살렘 성, 천국에 들어가서 생명수 강가에서 함께 만나고 생명수 실과 나눠 드시며 함께 행복한 영생을 누릴 수 있게 되기를 바랍니다.

32

마지막으로 계시된 그리스도 요한계시록 22:6-16

"보라 내가 속히 오리니 이 책의 예언의 말씀을 지키는 자가 복이 있으리라 하더라"(계 22:7).

본문은 요한계시록의 결론 부분입니다. 이 부분에는 계시록의 주제가 나타나고 있습니다. 그것은 계시록뿐만 아니라 성경전체의 주인공인 예수님입니다. 구약성경은 예수님이 오심을 말하고 있고 신약성경은 예수님이 오셨고 믿는 자는 구원을 받는 다는 것을 말하고 있습니다. 성경전체는 예수님을 떠나서는 결코 이해할 수 없고 신약성경의 마지막 부분인 요한계시록 22장의 주제도 예수 그리스도입니다.

누가복음 24장 25절과 26절에서 부활하신 예수님은 엠마오로 가는 두 제자에게 이렇게 말씀 하셨습니다. "가라사대 미련하고 선지자들의 말한 모든 것을 마음에 더디 믿는 자들이여 그리스도가 이런 고난을 받고 자기의 영광에 들어가야 할 것이 아니냐 하시고."(눅 24:25-26). 모세 율법도 구약성경도 예수 그리스도를 증거 하는 것입니다. 구약을 설교해도 신약과 결코 다를 수가 없습니다. 선지자의 글도 다 예수 그리스도를 증거 하는 것입니다. 스가랴서를 봐도 예수 그리스도를 증거 하는 것입니다. 시편도 예수 그리스도를 증거 하는 것입니다. 요한계시록의 중심에도 하나님의 어린 양 예수 그리스도가 나타나고 있습니다. 요한계시록의 마지막에도 예수 그리스도가 나타나고 있습니다. 그러므로 설교자들의 최고의 설교제목은 예수 그리스도가 되어야 하는 것입니다.

유명한 설교자 스펄전 목사는 학생들에게 가르칠 때에 "예수 그리스도를 설교하라. 그리하면 예수 그리스도의 백성들이 모일 것이다."라는 말을 했습니다. 설교의 주제도 예수 그리스도, 모든 성도들의 소원도 그리스도를 좀 더 깊이 알고 체험하고자 하는 것이 되어야 합니다. 그리스도가 성도의 삶의 중심이 되어있지 않다면 그 성도는 이미 영적인 전쟁에서 지고 있는 사람입니다.

요한계시록을 사람들이 신비한 비밀문서로 풀어서 666, 777, 천 년 왕국, 칠 년 환란 등을 이상하게 해석하기도 합니다. 요한계시록을 그렇게 푸는 것은 아주 이상한 신학입니다. 끝까지 그리스도를 믿지 않은 자들을 666을 받은 자들이라고 했는데 666은 실패의 수입니다. 그들의 인생은 실패, 실패, 실패라는 것을 나타내는 것이 666입니다. 요한계시록은 교회의 다섯 원수가 있는데 이 원수들은 교회를 핍박하고 괴롭게 하지만 어린 양 예수 그리스도가 마지막 날에 재림하시어 승리를 줄 것이라는 말씀입니다. 어떤 선수가 계속 지다가 마지막에 쳐서 KO로 이긴다면 누가 이긴 것입니까? 중간에 터진 선수가 이긴 것입니까? 마지막에 이긴 선수가 이긴 것입니까? 마지막에 이겨야 이기는 거지 중간에 이기는 것은 아무 소용이 없습니다. 우리 성도들은 비록 이 땅에서는 핍박도 받고 고난도 당하고 환란도 당합니다. 예수 믿는 사람이라고 해서 핍박도 없고 환란도 없고 어려움도 없고 고난도 없다는 것은 거짓말입니다.

그러나 마지막 날에는 우리가 이기는 것입니다. 어린 양 예수 그리스도가 역사의 주인이 되셔서 마지막에는 교회에 승리를 주신다는 것이 요한계시록의 대주제인 것입니다. 우리는 이길 사람입니다. 우리는 넉넉히 이깁니다. 그러므로 그리스도를 믿는 사람들은 좌절감을 갖고 살아서는 안 되는 것입니다.

속히 오실 그리스도

요한계시록 마지막 부분에 사도 요한은 예수 그리스도를 다섯 가지로 소개하고 있습니다. 첫째로 그리스도는 속히 다시 오실 분이시라는 그리스도의 재림을 말하고 있습니다. "보라 내가 속히 오리니 이 책의 예언의 말씀을 지키는 자가 복이 있으리라 하더라"(계 22:7). "보라 내가 속히 오리니 내가 줄 상이 내게 있어 각 사람에게 그의 일한대로 갚아 주리라"(계 22:12). "이것들을 증거하신 이가 가라사대 내가 진실로 속히 오리라 하시거늘 아멘 주 예수여 오시옵소서"(계 22:20). 요한계시록 마지막 부분에서 세 구절에 걸쳐서 나오고 있는 것은 예수님이 진실로 속히 오리라라는 말씀입니다. "내가 곧 오고 있는 중이다."라는 뜻이 아닙니다. 왕래발착 동사로서 현재진행형으로 미래를 나타내는 것입니다. "나는 곧 올 것이다."라는 말입니다.

요한계시록은 여섯 번이나 그리스도가 오신다는 것을 반복해서 말하고 있습니다. 요한계시록 6장 12절부터 17절에도 그리스도의 재림으로 인해 진노의 큰 날이 온다고 말합니다. 요한계시록 11장 17절과 18절에도 그리스도의 재림으로 주의 이름을 경외하는 자에게는 상주시고 땅을 망하게 하는 자들은 멸망시키신다고 합니다. 또한 요한계시록 14장 14절부터 16절에도 그리스도의 재림으로 인해서 세상 끝 날에 추수가 있을 것이다 말하고, 요한계시록 16장 14절과 15절에도 그리스도가 도적같이 재림하신다 말하며, 요한계시록 19장 11절부터 16절에도 백마 타고 오는 그리스도가 만왕의 왕 만주의 주로서 하늘의 군대와 함께 오신다 말합니다. 요한계시록 20장 11절에도 그리스도가 재림하셔서 무론대소하고 죽은 자들을 모두 백보좌 심판대에서 심판하신다고 했습니다. 요한계시록은 반복해서 그리스도가 재림하시는 것과 재림하실 때 일어날 일들을 말씀하고 있는 것입니다.

예수 그리스도가 재림하시면 인류 역사는 종말이 오는 것입니다. 시간이라고 하는 것은 영원한 것이 아닙니다. 시간은 그리스도의 재림으로 종말이 오게 되고 우리 성도들의 고난도 종말이 온다는 것입니다. 그러므로 조금만 참고 계시면 그리스도가 재림하실 것이고, 그러면 우리의 괴로운 인생길도 다 끝나게 되고, 영원히 영광스러운 날이 올 것입니다. "모든 사람에게 구원을 주시는 하나님의 은혜가 나타나 우리를 양육하시되 경건치 않은 것과 이 세상 정욕을 다 버리고 근신함과 의로움과 경건함으로 이 세상에 살고 복스러운 소망과 우리의 크신 하나님 구주 예수 그리스도의 영광이 나타나심을 기다리게 하셨으니 그가 우리를 대신하여 자신을 주심은 모든 불법에서 우리를 구속하시고 우리를 깨끗하게 하사 선한 일에 열심하는 친 백성이 되게 하려 하심이니라"(딛 2:11-14). 예수님이 다시 오신다고 하는 재림은 우리 성도들에게는 복스러운 소망입니다. 재림을 기다리는 사람들은 이 세상 속에서도 정욕을 피하여 경건하게 사는 것입니다. 우리를 위해서 고난 받으시고 죽으시고 부활하신 그리스도는 영광가운데 다시 오실 것입니다.

"볼지어다 구름을 타고 오시리라 각인의 눈이 그를 보겠고 그를 찌른 자들도 볼 터이요 땅에 있는 모든 족속이 그를 인하여 애곡하리니 그러하리라 아멘"(계 1:7). 예수님이 영광가운데 오실 것입니다. 모든 사람이 다시 오시는 예수 그리스도를 보게 될 것입니다. 성경은 그리스도가 속히 오리라고 했습니다. 이천 년 전에도 속히 오리라라고 했고 지금도 속히 오리라라고 했습니다. 이 "속히"라고 하는 말은 인간의 관점이 아니라 하나님의 관점으로 생각해야 될 단어인 것입니다.

"사랑하는 자들아 주께는 하루가 천 년 같고 천 년이 하루 같은 이 한 가지를 잊지 말라"(벧후 3:8). 우리는 이천 년 지났다고 해도 하나님은 이틀 지난 것입니다. 하나님의 시간 개념과 우리의 시간 개념은 굉장히 다른 것입니다. 예수님은 속히 오십니다. 우리의 개념으로 1~2년 내에 오신다는 말이 아닙니다. 그러나 속히 오실 것입니다. 우리가 살고 있는 시대에 안 오실지도 모릅니다. 어떤 사람들은 1988년 오신다고 하고, 92년에 오신다고도 했으며 2000년에 오신다는 소리도 있었으나 이 모든 소리는 다 이단입니다. 아마도 예수님은 복음이 땅 끝까지 전파되면 오신다고 했으니 이슬람권이 무너지고, 중국이나 인도 등의 나라에도 복음의 부흥이 일어나고 이슬람 세계에 전쟁이 한 번 일어나 거기도 무너지고 복음이 들어가는 이런 경로가 있어야 그리스도 예수님이 재림하실 것입니다.

그러나 예수님이 재림하시는 것이 앞으로 천 년 뒤라고 할지라도 그것은 하나님에게는 하루에 불과한 것입니다. 예수님이 다시 오십니다. 믿으시기를 바랍니다. 그러면 앞으로 천 년 뒤에 오시는 예수님을 지금부터 생각할 필요 없다고 생각하시는 분도 있을 것입니다. 천 년 뒤에 오시는 종말은 일반적 종말입니다. 그러나 우리는 언제라도 죽을 수가 있습니다. 개별적 종말은 언제라도 올 수 있는 것입니다. 우리는 죽게 되면 곧바로 예수님을 뵙게 됩니다. 예수님의 재림은 우리 각 사람에게 주관적으로는 엄청나게 가까울 수도 있다는 것입니다. 우리는 항상 예수님의 재림을 기다리는 마음으로 살아야 할 줄로 믿습니다.

신성을 지니신 하나님

두 번째로 요한계시록 22장은 예수 그리스도는 신성을 가지신 하나님이심을 재확인하고 있습니다. 예수님은 단순한 인간이 아닙니다. 인성만 가지신 것이 아니라 신성을 가지신 하나님이십니다. "**나는 알파와 오메가요 처음과 나중이요 시작과 끝이라**"(계 22:13). 알파는 헬라어의 첫 단어이고 오메가는 헬라어의 제일 마지막 글자입니다. "**주 하나님이 가라사대 나는 알파와 오메가라 이제도 있고 전에도 있었고 장차 올 자요 전능한 자라 하시더라**"(계 1:8). "가라사대 두려워 말라 나는 처음이요

나중이니"(계 1:17하). 이 알파와 오메가라고 하는 표현은 하나님만이 사용할 수 있는 타이틀입니다. 인간이 "나는 알파와 오메가다."라고 하면 안 되는 것입니다. 예수님이 나는 알파와 오메가라는 말씀을 하실 때에는 예수님이 신성을 가진 신적인 존재, 하나님이라는 말씀을 하는 것입니다.

교회 역사를 보면 예수 그리스도의 신성을 부인하는 사람들이 많습니다. 4세기에 아리우스는 예수님은 하나님도 아니고 인간도 아니고 중간적 존재라고 했습니다. 그 사람이 장로였는데 헛소리를 하다가 결국은 이단이 되었습니다. 또 17세기에 소시너스라고 하는 사람도 그리스도의 신성을 부인해서 이단이 되었습니다. 그리고 19세기에 유니테어리언 주의, 만인 구원설 주의자 모두 그리스도 예수의 신성을 부인합니다. 그리고 오늘날 여호와의 증인도 그리스도의 신성을 부인하는 사람들입니다. 성경의 진리를 거역하는 이단입니다. 그런 사람들하고 대화하지 마시기 바랍니다. 이단과 대화해서 유익한 것 아무것도 없습니다. 하와가 뱀하고 대화해서 유익한 것 보셨습니까? 성경은 이단에 속한 사람들과 인사도 하지 말라고 했습니다. 집에 들여서 밥도 같이 먹지 말고 문도 열어주지 말라고 했으니까 절대 가까이 하지 마시기를 바랍니다. 그리스도의 신성을 부정하는 사람들은 무조건 이단입니다.

십자가에 달려 우리의 죄를 속죄하신 그리스도는 육신을 입고 오신 하나님이신 것입니다. 신성을 지니신 하나님이신 것입니다. 일위 하나님이 성부, 이위 하나님이 성자, 삼위 하나님이 성령 이렇게 하나님은 삼위로 되어있으면서도 한 분이십니다. 우리가 이 위대한 교리를 삼위일체교리라고 합니다. 하나님이 삼위라는 것을 부정해도 안 되고 한 분이라는 것을 부정해도 안 됩니다. "너희는 자기를 위하여 또는 온 양떼를 위하여 삼가라 성령이 저들 가운데 너희로 감독자를 삼고 하나님이 자기 피로 사신 교회를 치게 하셨느니라"(행 20:28). 사도 바울은 예수 그리스도의 피를 하나님의 피라고 했습니다. 예수 그리스도의 신성을 완벽하게 선포하고 있는 표현입니다. 그러므로 예수 그리스도는 우리의 삶에 있어서 최고 순위를 차지하는 존재가 되어야 됩니다. 신앙생활을 해도 예수님을 변두리로 취급해서 살아서는 안 됩니다. 예수님이 우리의 삶에 중심이 되어야 합니다.

"아비나 어미를 나보다 더 사랑하는 자는 내게 합당치 아니하고 아들이나 딸을 나보다 더 사랑하는 자도 내게 합당치 아니하고"(마 10:37). 사람이 가장 사랑하는 존재는 누구겠습니까? 아들이나 딸, 그리고 부모 아니겠습니까? 그런데 그리스도 예수님은 그들보다도 더 우선순위를 차지하는 존재가 되어야 된다는 말씀을 하셨습니다. 스펄전 목사의 전기에 보면 그런 이야기가 나옵니다. 부인과 결혼을 했는데 목사님이 하도 바빠서 집에도 제대로 못 들어오니까 부인이 어느 날 마음의 섭섭함을 말했습니다. 그래서 스펄전 목사님이 "나는 당신 남편이기 전에 하나님의 종이요 하나님이 시키시는 일을 먼저 하고 당신을 돌보아야 할 것이요"라고 말해서 스펄전 목사님의 부인이 위로를 받고 그 다음 부터는 내 남편이기 이전에 하나님의 종이라고 생각하고 대하기 시작했다는 이야기가 나옵니다.

심판주이신 예수 그리스도

셋째로 계시록 22장은 예수 그리스도가 심판주이시라는 것을 증거합니다. 하나님이 온 인간을 다 심판할 날을 정해 놓으셨다고 했는데 그 날 심판하는 심판주가 예수님이신 것입니다. 이 세상에서도 재판할 때 판사를 알면 판결이 아주 유리하게 나옵니다. 그러나 판사를 모르면 판결이 아주 불리하게 나옵니다. 판사를 아는 것이 그만큼 중요한 것인데 우리는 심판주 예수님이 이미 우리에게 너희는 심판이 면죄되었다 내가 너희를 위해서 대신 심판을 받았다고 말씀하시니 얼마나 감사합니까? 그런데 우리에게도 심판은 있습니다. 그것은 상 주시는 심판입니다. 상을 주시려고 해도 심판을 해서 상 받을 사람에게 상을 주시지 예수님이 실수로 안 줘야 될 사람에게 주는 일은 없습니다. 심판주로서 성도들에게는 상을 주시고 악인들에게는 형벌을 내리시는 심판주이십니다.

"보라 내가 속히 오리니 내가 줄 상이 내게 있어 각 사람에게 그의 일한 대로 갚아 주리라"(계 22:12). 우리 그리스도인들은 그리스도께서 상을 주실 것을 기대하고 소망으로 삼고 살아야 됩니다. 예수님이 우리에게 주시는 상은 바로 썩지 않을 면류관입니다. 이 세상에서 받는 상은 다 썩어버립니다. 상금이 수십 억이 되더라도 다 썩어버립니다. 금메달도 나중에는 다 썩어버립니다. 죽었는데 금메달 갖고 갈 겁니까? 그러나 그리스도가 주시는 상은 영원한 상이요 썩지 않는 면류관인 것입니다.

성경에는 우리 성도가 받는 면류관이 세 가지가 있다고 했습니다. 하나는 영광의 면류관입니다. "맡기운 자들에게 주장하는 자세를 하지 말고 오직 양 무리의 본이 되라 그리하면 목자장이 나타나실 때에 시들지 아니하는 영광의 면류관을 얻으리라 젊은 자들아 이와 같이 장로들에게 순복하고 다 서로 겸손으로 허리를 동이라 하나님이 교만한 자를 대적하시되 겸손한 자들에게는 은혜를 주시느니라"(벧전 5:3-5). 또 하나는 의의 면류관입니다. "이제 후로는 나를 위하여 의의 면류관이 예비되었으므로 주 곧 의로우신 재판장이 그 날에 내게 주실 것이니 내게만 아니라 주의 나타나심을 사모하는 모든 자에게니라"(딤후 4:8).

또 하나는 생명의 면류관입니다. "네가 장차 받을 고난을 두려워 말라 볼지어다 마귀가 장차 너희 가운데서 몇 사람을 옥에 던져 시험을 받게 하리니 너희가 십일 동안 환난을 받으리라 네가 죽도록 충성하라 그리하면 내가 생명의 면류관을 네게 주리라"(계 2:10). 천국에서 면류관을 쓰시기를 바랍니다. 목사라고해서 꼭 면류관 쓴다는 법은 없습니다. 각자 자기가 일한 대로 상을 받는다고 했습니다. 아마도 저는 목사 아닌 분들이 더 많이 상을 받으리라고 생각합니다. 그러나 우리 중에 아무도 상을 받을 자격자는 없습니다. 상 받을 자격이 없는데 단지 말씀에 충성하고 수고한 종들에게 하나님이 상을 주신다고 하시니 그러므로 이 상도 은혜의 상인 것입니다. 사실 우리가 지옥 갈 사람이 천국 가는 것만 해도 감사하지 상까지 바라겠습니까? 그런데 상까지 주신다고 하니 얼마나 감사합니까? 사람에게 칭찬과 상을 다 받은 사람은 그리스도로부터 받을 것이 없다고 했습니다.

"그러므로 구제할 때에 외식하는 자가 사람에게 영광을 얻으려고 회당과 거리에서 하는 것같이 너희 앞에 나팔을 불지 말라 진실로 너희에게 이르노니 저희는 자기 상을 이미 받았느니라"(마 6:2). 상 다 드시지 마시고 하늘에서 받을 면류관을 쌓아 가시기를 바랍니다. 너는 천국 가서 무엇을 받고 싶으냐 물어보면 영광의 면류관, 의의 면류관, 생명의 면류관 이렇게 세 가지를 말씀하시기 바랍니다. 그러나 그리스도는 심판주로서 성도들이 수고한 것에 대해서는 상을 주시지만 악인들이 행한 악에 대해서는 벌을 주시는 것입니다. "개들과 술객들과 행음자들과 살인자들과 우상 숭배자들과 및 거짓말을 좋아하며 지어내는 자마다 성 밖에 있으리라"(계 22:15). 옛날 구약시대에 보면 아합과 이세벨도 성 밖에 던져지니까 개들이 밖에 있다가 고기를 먹었습니다. 성 밖에 개들이 있었습니다. 거짓말하고 우상숭배하고 하나님을 대적하는 사람들은 그리스도가 성 밖으로 그들을 내어 쫓아버리십니다. 그리스도가 심판주이신 것입니다.

교회를 돌보시는 그리스도

네 번째로 계시록 22장은 그리스도는 교회를 돌보아주시는 분이시라고 증거하고 있습니다. **"나 예수는 교회들을 위하여 내 사자를 보내어 이것들을 너희에게 증거하게 하였노라"**(계 22:16상). 예수님이 교회들에게 당신의 종을 보내신다는 것입니다. 예수님은 구원받은 모든 사람들로 구성된 우주적 교회에도 관심을 두시지만 지역교회에도 큰 관심을 가지고 계신 것입니다. 소아시아의 일곱 교회에도 편지를 보내어 말씀하신 분도 예수 그리스도이십니다. 교회 가운데 거하시며 교회를 돌보시고 격려하시고 책망하시고 전도하도록 격려해주시는 그런 주님이십니다. 스가랴가 환상 속에서도 화석류 가운데 홍마 타고 계신 분을 보았는데 화석류는 바로 하나님의 백성들인 교회이고 홍마 탄 분은 그리스도 예수님이신 것입니다. 예수님이 교회에 관심을 가지고 돌보고 계시다는 것입니다. 예수님이 교회를 이렇게 관심을 가지고 돌보고 계시다면 성도들도 마땅히 교회에 관심을 가지고 헌신하고 돌보아야 할 줄로 믿습니다.

성도들을 다스리는 왕

다섯 번째로 요한계시록 22장에 예수 그리스도는 성도들을 다스리시는 왕이신 것입니다. **"나는 다윗의 뿌리요 자손이니 곧 광명한 새벽 별이라 하시더라"**(계 22:16하). 다윗의 후손이라는 것은 왕권을 말하는 것입니다. 다윗 후손 이외의 다른 사람은 가짜 왕입니다. 다윗의 후손이 유다 백성들의 참된 왕인 것입니다. 예수님은 구약성경에 약속된 다윗의 후손, 왕권을 가지신 분이신 것입니다. 그리고 광명한 새벽 별이라고 했는데 새벽 별은 왕권을 의미합니다. 새벽 별이 떴다는 것은 왕이 나타났다는 것입니다. 왕권을 의미할 뿐 아니라 소망을 의미하는 것입니다. 새벽 별이 뜨면 밤새 잠 못 자던 사람도 새벽이 되었구나하며 소망을 갖게 되는 것입니다. 그리스도는 인류에 소망을 주시는 왕이신 것입니다. 우리에게는 대통령도 계시지만 대통령은 임기 끝나면 물러가실 분이시고 다른 분이 오시지만 우리에게는 변함없는 왕이 계십니다. 그분은 그리스도 예수님이시고 그분은 우리의 소망이신 것입니다.

결론

요한계시록 22장은 그리스도는 다시 오실 분이시고, 그리스도는 하나님이시고, 그리스도는 우리에게 상 주실 심판주시고, 그리스도는 교회를 돌보시고, 함께하시는 분이시고, 우리의 참 왕이신 것을 증거하고 있습니다. 우리가 살아가는 동안 그리스도께 충성해서 그리스도가 다시 오시는 날 영광의 면류관, 의의 면류관, 생명의 면류관을 받으시기를 바랍니다.

33

초청과 경고와 열망 요한계시록 22:17-21

"이것들을 증거하신 이가 가라사대 내가 진실로 속히 오리라 하시거늘 아멘 주 예수여 오시옵소서 주 예수의 은혜가 모든 자들에게 있을지어다 아멘"(계 22:20~21).

은혜로운 초청

요한계시록의 마지막 말씀에 보면 첫째로 하나님께서는 우리를 초청하십니다. 은혜로운 초청이 있습니다. "성령과 신부가 말씀하시기를 오라 하시는도다 듣는 자도 오라 할 것이요 목마른 자도 올 것이요 또 원하는 자는 값없이 생명수를 받으라 하시더라"(계 22:17). 성경을 해석하는 사람들은 여기서 "오라"라는 말씀에는 언어의 유희가 있다고 합니다. 대문자로 "COME"이라고 쓰면 예수님께 어서 오시라는 말이라는 것입니다. 성령과 교회의 열망을 말하는 것이라는 해석입니다. 그래서 성령과 신부가 오라고 해서 예수님이 응답하셔서 20절에 "오리라 하시거늘 아멘 주 예수여 오시옵소서"(계 22:20)라고 응답을 하셨다는 것입니다. 그러나

"come"을 소문자로 쓰면 듣는 자도 오고 목마른 자도 오고 원하는 자도 오라고 초청하는 초대의 말씀이라는 것입니다. 이 "오라"는 말씀에는 언어의 유희가 있어서 "예수님도 빨리 오시옵소서"라는 의미도 있고 "듣는 자도 목마른 자도 오라"고 하는 초청의 의미도 있고 이 두 가지가 혼합이 되어있는 언어의 유희라는 것입니다. 어쨌든 성령과 신부가 초청을 합니다. 예수님도 오시고 듣는 자도 오라고 하시는 것입니다. 와서 생명수를 받으라는 말씀은 영생을 얻으라는 말씀입니다.

신학을 이해하는 데 있어서 역사상 존재하는 두 파가 있습니다. 하나는 하나님의 주권을 강조하는 칼빈주의가 있고 다른 하나는 인간의 자유의지를 강조하는 알미니안 주의가 있습니다. 알미니안 주의는 이 초청의 말씀인 "오라"라는 단어를 가지고 칼빈주의자들을 공격합니다. 하나님의 예정과 선택을 믿는 자들이여 너희는 듣는 자도 오라 목마른 자도 오라 원하는 자도 오라는 말을 할 수 없는 것이 아니냐고 공격을 합니다. 그러나 칼빈주의 신학을 가진 사람들도 "오라"는 말씀에 불편해 할 이유가 하나도 없습니다. 칼빈주의자들도 "오라"라고 합니다. 이런 말씀을 오해하고 불편해하는 것은 소위 일반적인 소명과 유효적인 소명을 구별하지 못하기 때문에 그런 것입니다. 일반적인 소명이라고 하는 것은 전도자가 하는 것입니다. 모든 사람들을 대상으로 해서 "예수 믿으세요"라고 하는 것은 일반 소명입니다. 그러나 유효적인 소명이라고 하는 것은 성령이 그 가운데서 듣는 자의 마음을 움직여 믿게 하는 것입니다. 칼빈주의도 일반적 소명인 복음 소명을 반대하지는 않습니다.

성경은 모순되는 것처럼 보이지만 모순되지 않습니다. 우리 이해가 모자라기 때문에 그런 것입니다. 이 말씀은 목마른 자가 오고 원하는 자가 오라는 것입니다. 목마르지 않는 사람 오라고 하지 않았습니다. 하나님이 진지하게 초청하시는 분명한 초청의 말씀입니다. 하나님이 물으시는 질문은 분명합니다. 네가 목마르냐는 것을 질문하는 것입니다. 너는 구원받을 필요가 있는 존재라는 사실을 네가 알고 구원에 목마르냐는 것을 물어보시는 것입니다. 또 네가 원하느냐 그것을 물어보는 것입니다. 네가 구원받기를 원하느냐 그러면 와서 생명수를 마셔라는 것입니다. 하나님의 초청은, 성령과 신부의 초청은 목마른 자, 듣는 자, 원하는 자를 초청하는 것입니다. 나는 목 안 마릅니다라고 하는 사람은 초청하는 것이 아닙니다. 나는 말씀도 안 듣겠습니다 이런 사람은 초청하는 것이 아닙니다. 또 나는 원함도 없습니다 구원받기를 원하지 않습니다 이런 사람은 초청하는 것이 아닙니다. 목마른 자, 듣는 자, 원하는 자는 오라라는 말씀인 것입니다.

이런 동일한 초청이 구약성경에도 있습니다. 이사야 선지자가 시장에 서서 이렇게 외쳤습니다. **"너희 목마른 자들아 물로 나아오라 돈 없는 자도 오라 너희는 와서 사먹되 돈 없이 값 없이 와서 포도주와 젖을 사라"**(사 55:1). 저는 이것을 보면 옛날 시장에 뱀 장수가 생각이 납니다. 애들은 가라 돈 없는 어른도 가라 하는 뱀 장수와 비슷합니다. 그런데 뱀 장수와 이사야 선지자와 다른 점이 있습니다. 이사야 선지자는 돈 없는 자도 오라 너희는 와서 사먹되 돈 없이 값없이 와서 포도주와 젖을 사라고 했습니다. **"너희는 여호와를 만날만한 때에 찾으라 가까이 계실 때에 그를 부르라 악인은 그 길을 불의한 자는 그 생각을 버리고 여호와께로 돌아 오라 그리**

하면 그가 긍휼히 여기시리라 우리 하나님께로 나아오라 그가 널리 용서하시리라"(사 55:6-7). 회사에 다니는 사람이 사장님이 잔치를 벌여놓고 오라고 그러면 가야됩니다. 나 안 갑니다 그럴 수 없습니다. 하물며 하나님이 영생을 준비해 놓으시고 초청하시는데 거절한다고 하는 것은 하나님을 향한 큰 모독인 것입니다.

인간은 누구든지 하나님의 은혜스런 초청에 응답해야 마땅한 것입니다. 이것이 복음 초청, 복음 소명이고 일반 소명인 것입니다. 모든 사람을 상대로 하나님이 초청을 하시는 것입니다. 칼빈주의도 이런 일반 소명을 반대하지 않습니다. 단지 칼빈주의자들이 생각하는 것은 하나님의 특별 은혜가 없다면 사람들은 구원에 목말라 하지도 않고 구원받기를 원하지도 않고 하나님 말씀을 듣지도 않는 존재라고 하는 영적인 현실을 아울러 고려한 신학인 것입니다. 하나님의 특별한 은혜, 택하신 은혜가 있어야 사람들은 목말라지고, 복음의 말씀을 듣게 되고, 구원을 원하는 마음을 갖게 된다는 것입니다. 그렇지 않으면 누구라도 하나님을 향해 목마름이나 원함을 갖지 않게 되는 것입니다. 하나님이 목마른 자는 오라 또 원하는 자도 오라 듣는 자도 오라라고 할 때에 사람들은 그 초청에 반응할 능력이 없습니다. 그 초청을 받아드릴 생각이 없는 것입니다. 그런데 하나님이 택한 자에게 주시는 특별한 은혜를 주시면 특별한 은혜를 받은 사람들은 이 초청에 응하게 되고, 복음의 말씀을 듣게 되고, 마음에 갈망이 일어나게 되고, 목마름을 받게 되어 결국은 그리스도께 오는 결과를 낳게 되는 것입니다.

엄숙한 경고

두 번째는 여기에 엄숙한 경고가 있습니다. "내가 이 책의 예언의 말씀을 듣는 각인에게 증거하노니 만일 누구든지 이것들 외에 더하면 하나님이 이 책에 기록된 재앙들을 그에게 더하실 터이요 만일 누구든지 이 책의 예언의 말씀에서 제하여 버리면 하나님이 이 책에 기록된 생명 나무와 및 거룩한 성에 참예함을 제하여 버리시리라"(계 22:18-19). 여기서 예언의 말씀이라는 것은 물론 요한계시록을 의미합니다. 그러나 이 엄숙한 경고는 성경 66권 전체에 그대로 적용되어야 되는 경고입니다. 어느 누구가 성경에서 로마서를 빼라고 할 수 있습니까? 갈라디아서를 빼라 고린도전서 기니까 빼라고 할 수 있습니까? 뺄 권한이 없습니다. 그리고 빼고 내가 쓴 글을 집어넣으라고 할 수 있는 권한이 있는 사람은 아무도 없는 것입니다. 하나님 말씀은 빼도 안 되고 더해도 안 되는 것입니다. 이 경고는 하나님 말씀인 성경의 충분성에 대한 선포입니다. 성경은 구원받기에 충분한 말씀입니다.

"모든 성경은 하나님의 감동으로 된 것으로 교훈과 책망과 바르게 함과 의로 교육하기에 유익하니"(딤후 3:16). 하나님이 숨을 내쉬어서 기록된 말씀이 성경인 것입니다. 그러므로 성경은 충분한 책입니다. 66권으로 충분합니다. 성경은 인간이 구원받고 성화를 이루기위해서 충분한 말씀이라는 의미인 것입니다. 더 보탤 것도 없고 뺄 것도 없습니다. "그의 신기한 능력으로 생명과 경건에 속한 모든 것을 우리에게 주셨으니 이는 자기의 영광과 덕으로써 우리를 부르신 자를 앎으로 말미암음이라"(벧후 1:3). 생명에 속한 것, 구원을 얻기 위해 필요한 모든 것을 주셨고 또 경건에 속한 모든 것, 우리의 거룩한 삶을 위해서 필요한 모든 것을 다 주셨습니다. 생명과 경건에 속한 모든 것은 성경에 다 들어있다는 것이 성경의 충분성입니다. 성경이 세상 모든 학문적 질문에 답하고 있다는 것은 아닙니다. 성경이 법률학의 문제에 답하고 과학의 문제에 답하는 것은 아닌 것입니다. 우리 사람이 구원받고 사람이 바르게 살아가는데 필요한 모든 말씀은 성경 안에 다 들어있다는 것입니다. 이단자들이 구원받으려면 성경만 갖고는 안 되고 다른 것이 더해져야 된다고 합니다. 그래서 그것이 이단인 것입니다. 구원받으려면 성경 말고 내가 받은 계시를 따라야 한다고 하는 것은 이단자인 것입니다.

요즘은 G12라는 셀그룹 운동이 있어요. 셀그룹을 이루겠다는 것은 반대하지 않습니다. 교회도 구역으로 이루어졌습니다. 그러나 이 사람들의 문제는 계시를 자기들이 받는다는 것입니다. 그래서 성경을 지금도 기록한다는 것입니다. 이것이 이단자들이지 어떻게 바른 운동을 하는 것입니까? 계시를 자기들이 받고 이 66권에다가 자기들이 보탭니까? 보태면 이 재앙들에 더 보탠다고 했습니다. 그러므로 이 경고는 인간의 교만에 대한 책망입니다. 하나님 말씀에다가 인간이 더하거나 뺀다는 것은 인간이 하나님보다 더 똑똑하다고 하는 교만을 드러내는 것입니다.

오늘날 이단들의 특징은 하나님 말씀에 더하거나 빼는 것입니다. 그러므로 이단들은 겸손한 사람이 없습니다. 예를 들면 로마 가톨릭은 성경에다가 전통과 교회법을 더했습니다. 그리고는 성경과 동일한 권위를 인정합니다. 교황이 교리를 선포하면 그것이 성경과 동일한 권위를 갖는다는 것입니다. 그것은 악한 태도입니다. 예를 들면 성모마리아는 죽지 않는 몸을 가지고 승천했다는 교리를 교황이 선포했습니다. 그런 것은 성경에 없는 말입니다. 또 마리아는 원죄가 없다는 마리아 무죄설도 성경에 없는 말입니다. 성경에 없는 것이라도 교회가 만들고 교황이 만들면 그것은 하나님 말씀이다라고 가르치는 것은 받아들일 수 없습니다. 신부가 폼 나는 옷을 입고 아무리 훌륭한 일을 하고 수녀가 아무리 가난한 사람을 많이 먹여도 그런 교리를 성경에 덧붙이는 집단을 따를 수 없습니다. 그것은 참으로 교만한 행동입니다.

또 몰몬교는 성경 외에 몰몬경을 더합니다. 몰몬경 까지 믿어야 구원받는다고 하는데 그렇지 않습니다. 몰몬교 구경도 못해도 성경으로 생명과 경건에 속한 모든 것을 다 받을 수 있습니다. 또 요즘 극단적인 카리스마 운동을 하는 사람들이 이상하게 삐뚤어져 갑니다. 설교자가 성령에 취한다고 하고서는 마약 먹고 설교하고 술 먹고 설교하고 아주 이상한 짓들을 많이 합니다. 그러면서 성령에 취했다는 것입니다. 또 어떤 사람들은 하나님 말씀은 예수님이 언제 재림하실지 모른다고 했는데 자기는 안다고 합니다. 성도라 할지라도 언제 예수님이 재림하신다라는 말을 들으면 미혹될 수도 있습니다. 그러나 이렇게 성경에다가 자기가 받은 계시를 더하려고 하는 자는 한마디로 말해서 무조건 이단인 것입니다.

반대로 자유주의 신학자들은 성경에서 많은 글들을 인간의 글이라고 해서 빼버리려고 합니다. 구약성경은 옛날 이스라엘 사람들이 여기저기서 가져다가 문서를 붙여서 만든 것이라고 합니다. 문서가 네 가지 문서가 있는데 조각조각을 붙여서 만들었다고 해서 성경을 틀린 것도 많붙이다가 잘못 붙인 것도 많고 인간의 글이고 다 믿을 거 뭐있냐 이런 식으로 말을 하는 것입니다. 문서를 갖다 붙였든지 어떻게 했든지 간에 성령이 역사하셔서 만든 하나님의 말씀인 것을 믿으시기를 바랍니다. 그러므로 성경 66권 말씀에 덧붙일 수도 없고 뺄 수도 없는 것입니다.

우리는 이것이 얼마나 무서운 경고인가를 주의해 봐야합니다. 말씀에 더하면 이 책에 기록된 재앙들을 그에게 더 하시고 말씀에서 제하면 이 책에 기록된 생명나무와 거룩한 성에 참예함을 제하여 버리겠다고 했습니다. 그런 사람은 천국에 들어갈 수도 없다는 말씀인 것입니다. 얼마나 엄숙한 경고입니까? 하나님의 자녀들은 말씀을 사랑해야 합니다. 성경을 사랑하는 사람이 신령한 사람입니다. 무엇을 맨날 들었다 봤다하는 것이 신령한 것이 아닙니다. 정신에 이상이 생기면 환상을 많이 봅니다. 정신분열증이 걸린 사람들을 보면 음성을 들었다고 합니다. 심방 가서 기도해주면 교만한 눈으로 내려 봅니다. 그러고선 "내가 어제 하늘에 갔다 왔는데 하나님이 나한테 그런 말씀 안하시던데, 내가 하나님보고 그러지 말라고 했는데"라고 합니다. 그런 것은 분열증인 것입니다. 신령한 것은 하나님 말씀을 사랑하고 가까이 하고 읽어야 정상적인 신령한 사람이 되는 것입니다.

우리 하나님 자녀들은 시편기자가 하나님 말씀을 사랑한 그대로 그 자세로 사랑해야 됩니다. "주의 말씀의 맛이 내게 어찌 그리 단지요 내 입에 꿀보다 더하니이다 주의 법도로 인하여 내가 명철케 되었으므로 모든 거짓 행위를 미워하나이다 주의 말씀은 내 발에 등이요 내 길에 빛이니이다 주의 의로운 규례를 지키기로 맹세하고 굳게 정하였나이다"(시

119:103-106). 성경을 바르게 깨닫는다고 하는 것은 인간의 머리만 갖고는 절대로 안 되는 것입니다. 그것은 믿음을 가지고 기도하면서 성령의 가르침을 받아야 되는 것입니다. 성령이 가르치셔야 성경이 열리기 시작하는 것입니다. 그리고 성경이 믿어지게 되는 것입니다. 성경에다가 무엇을 덧붙이려고 하고 빼려고 하는 사람들에게 요한계시록 맨 마지막이 강력한 경고를 주고 있는 것입니다.

간절한 열망

그리고 마지막 20절은 간절한 열망입니다. "이것들을 증거하신 이가 가라사대 내가 진실로 속히 오리라 하시거늘 아멘 주 예수여 오시옵소서"(계 22:20). 예수님이 속히 오기를 바라는 것은 주 예수를 사랑하는 사람들의 열망입니다. 이 세상이 아무리 좋다고 해도 좋은 시간 잠깐 지나면 또 외로운 시간이 오고 행복한 시간이 지나면 고통스러운 시간이 오고 배부른 시간 지나면 배고픈 시간이 옵니다. 이 세상은 항상 빛이 있으면 어두움도 있고 어두움이 있으면 빛도 있고 올라가는 때가 있으면 내려가는 때도 있는 것입니다.

이 세상에서는 좋은 것 같아도 안 좋은 것도 많이 있습니다. 특히 나이가 드시면 외로운 것 같습니다. 사람에게 외로움이 참 문제인 것 같습니다. 여러분 외롭지 않도록 자꾸 교회에 나와서 사람들과 대화하시기 바랍니다. 어떤 분이 자식도 잘 되고 사업도 성공했는데도 나이 들고 자식들 다 나가고 집에 혼자 있으니 파리가 유리창에 붙어 있는 것도 반가

워서 그걸 안 내쫓았다는 것 아닙니까. 인간은 본질적으로 외로운 존재입니다. 예수님이 오셔서 천국에서 죄성이 사라져서 서로 사랑만 하면서 살게 되면 얼마나 좋겠습니까. 예수를 사랑하는 사람들의 열망은 아멘 주 예수여 오시옵소서 입니다.

"*사랑하는 자들아 우리가 지금은 하나님의 자녀라 장래에 어떻게 될 것은 아직 나타나지 아니하였으나 그가 나타내심이 되면 우리가 그와 같을 줄을 아는 것은 그의 계신 그대로 볼 것을 인함이니*"(요일 3:2). 우리는 주 예수님과 같은 형상으로 변하게 됩니다. 죄와 그 흔적들이 완전히 사라지게 되고 예수님과 같은 성화된 형상을 갖게 될 것입니다. 우리 성도들끼리 서로 사랑 하다가도 죄성이 발견되면 서로 싸우게 됩니다. 그러나 그 때가 되면 그런 것이 없어지게 된다는 것입니다. 예수님 재림하시면 우리는 예수님과 같이 될 것이라는 것입니다. 사도요한은 이 세상의 모든 악과 폭력과 전쟁과 슬픔과 질병과 사망이 죄의 결과인 것을 잘 알고 있습니다. 이 모든 것이 완전히 제거되는 것은 예수 그리스도의 재림으로 말미암아 제거된다고 하니까 예수님의 재림을 간절히 열망하게 되는 것입니다. 이 열망은 예수님이 재림하시면 우리 성도들에게 얼마나 큰 영광이 올 것인가 하는 것을 아는 사람들의 열망입니다. 우리는 참 영광스럽게 될 존재입니다.

영광이라는 것이 보통이 아닙니다. 대통령 당선 된 사람이 대통령 보좌에 앉으실 때 뒤에 봉황새가 펼쳐지고 사람들이 와서 축하합니다 하면 얼마나 영광스럽겠습니까. 또 노래하는 가수가 가수상 1등 받을 때 꽃다발을 받고 눈물 흘리면서 노래를 할 때에 얼마나 영광스럽겠습니까.

그러나 그런 영광은 다 지나가는 썩어질 영광이고 우리가 받을 영광은 썩지 않을 영원한 영광인 줄로 믿습니다.

요한계시록 21장과 22장처럼 새 예루살렘의 영광스러운 비전을 보여주는 책은 이 세상 어디에도 없습니다. 그 새 예루살렘의 화장실 바닥이 다이아몬드라고 하면 나머지는 생각할 것도 없는 것이죠. 환상적으로 계시가 되어 있습니다. 이 영광 가운데 영생할 사람들은 예수님의 재림을 열망하는 것입니다. 그리고 이 열망은 예수님을 얼굴과 얼굴을 대하여 뵙고 싶은 사람들의 열망입니다. 이 세상에서 수난과 온갖 모욕을 당하셨던 예수님이 얼마나 영광스러운 존재인가 하는 것을 뵙기를 원하는 사람들은 이런 열망을 갖게 됩니다. 우리의 소망은 예수님이 다시 오시는 것이고 그것이 우리의 산 소망인 것입니다. 예수님이 오시면 역사시대는 종말로 들어가게 되는 것이고 그리고 우리는 새 예루살렘, 새 하늘과 새 땅에서 영생을 누리며 살게 되는 것입니다. 저는 지상 천년왕국 같은 것은 참으로 이단 냄새가 상당히 난다고 생각합니다. 저는 그런 말은 쓰고 싶지도 않습니다. 지상 천년왕국이라는 말은 성경에서 단 한구절도 발견해본 적이 없습니다.

결론

예수님은 제자들에게 내가 다시 올 때까지 깨어 있어 근신하며 부지런히 일하라고 말씀하셨습니다. 우리도 깨어서 근신하며 부지런히 일하는 성도가 되시기를 바랍니다. 예수님이 다시 오시면 우리 모두에게는 황금시대가 올 것입니다. 예수님을 진실로 사랑하는 사람들은 이 열망을 산 소망으로 삼고 살아가시기를 바랍니다. 성경의 마지막 절이 "주 예수의 은혜가 모든 자들에게 있을지어다"라고 한 것처럼 오늘 예수님의 은혜가 우리 모두에게 임하기를 바랍니다.